本书的写作和出版受到国家自然科学基金项目
“基于大数据分析的P2P借贷平台风险承担行为研究”资助
（批准号71573040）

JINRONG DIANDUIDIAN

CONG MINJIAN JIEDAI DAO WANGLUO JIEDAI

金融点对点：

从民间借贷到网络借贷

张海洋◎著

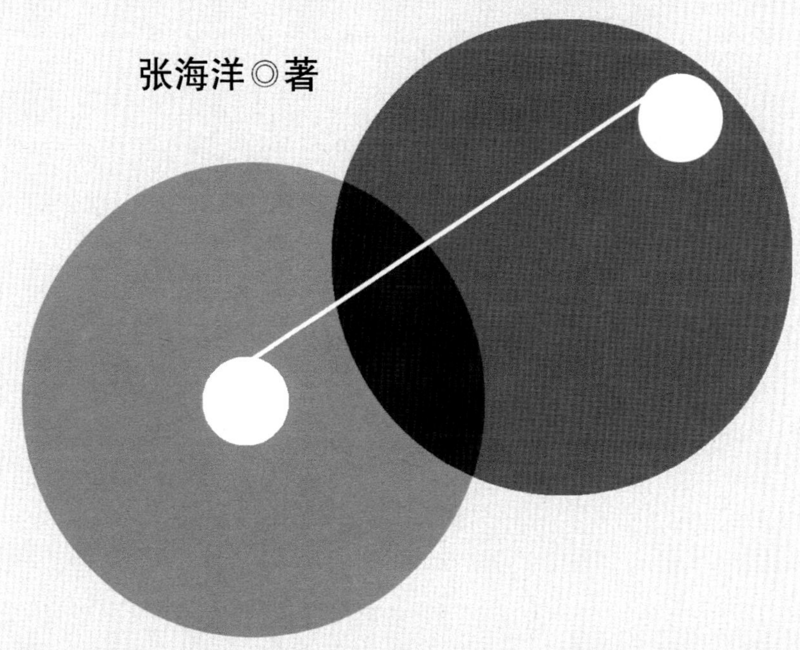

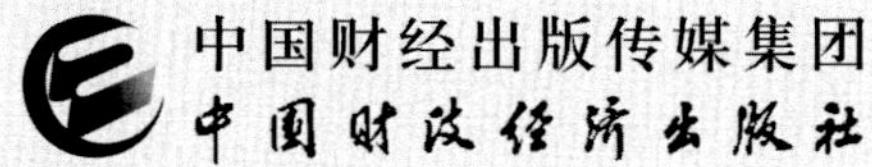

中国财经出版传媒集团
中国财政经济出版社

图书在版编目（CIP）数据

金融点对点：从民间借贷到网络借贷／张海洋著．—北京：中国财政经济出版社，2018. 10

ISBN 978 - 7 - 5095 - 8461 - 3

Ⅰ. ①金…　Ⅱ. ①张…　Ⅲ. ①民间借贷 - 研究 - 中国 ②互联网络 - 借贷 - 研究 - 中国　Ⅳ. ①F832. 4 - 39

中国版本图书馆 CIP 数据核字（2018）第 191432 号

责任编辑：卢元孝　高树花　　　责任印制：刘春年

封面设计：孙俪铭　　　责任校对：张　凡

中国财政经济出版社 出版

URL：http：//www. cfeph. cn

E - mail：cfeph @ cfeph. cn

社址：北京市海淀区阜成路甲 28 号　邮政编码：100142

营销中心电话：010 - 88191537　北京财经书店电话：64033436　84041336

北京财经印刷厂印装　各地新华书店经销

710 × 1000 毫米　16 开　14. 25 印张　230 000 字

2018 年 10 月第 1 版　2018 年 10 月北京第 1 次印刷

定价：68. 00 元

ISBN 978 - 7 - 5095 - 8461 - 3

（图书出现印装问题，本社负责调换）

本社质量投诉电话：010 - 88190744

打击盗版举报热线：010 - 88191661、QQ：2242791300

序

——寻求“去中介”的金融监管新模式

金融业中充满了信息不对称现象。资金从投资人手中出来，投入作为资金运用方的企业中，一般总会发生逆向选择和道德风险这两个问题。传统的金融中介——银行与各种非银行的金融机构——之所以有存在必要，其中一个重要理由便是可以处理逆向选择和道德风险问题，即金融中介机构作为投资人所委托的代表，来监督资金运用人——企业的资金使用状态，来实施贷款归还和增值的目标。这也就是说，金融中介机构，实质上是一种机制设计，它所制定的一整套监督、还贷制度和贷款利率定价制度，无不是为了降低金融业里的信息不对称程度，从而降低金融风险。

但是，生活里还存在一种“去中介”的金融产业形态，这便是遍布于广大乡村和偏远地区的非正规金融（informal finance）与最近二十年中发展起来的“点对点”（peer - to - peer）网贷和“众筹”（crowdfunding）。在这类非正规金融与“点对点”网络金融里，同样存在着逆向选择和道德风险问题，同样存在着还贷风险。然而，在非正规金融与点对点网贷、“众筹”的过程中是不存在金融中介机构的。在缺乏专门的金融中介机构对贷款项目进行监督、追踪，又缺乏资产抵押设置的条件下，如何降低非正规金融和“众筹”项目中的金融风险呢？这实质上是金融业在互联网时代发展所面临的一个新的机制设计问题。

事实上，在应对借贷关系中的信息不对称问题与降低还贷风险上，非正规金融与“点对点”网贷、“众筹”之间，还是存在重要差别的。

非正规金融里实际上是存在着隐性的契约和网络来降低还贷风险的。在乡村和偏远地区广泛存在的非正规金融，如企业之间的贸易金融、亲戚朋友之间的借贷、摇会、各类隐性的典当店与“银背”等形式中，尽管贷款管理没有集中显示为一个专门的中介机构，但社会网络关系已经将金融中介的功能分头落实到位了。还贷风险是通过社会网络的价值为抵押而得以降低的：谁要是欠款不还或者赖账，谁就无法在社区里生活下去。这样的非正规金融又被称为是“建设性的非正规金融”，其融资对象一般是面临非正常消费需求（看病、上学和婚丧事）的村民和从事生产性投资的企业家。应当将这类依靠正常的社会网络关系克服信息不对称问题的“建设性非正规金融”与基于暴力、黑社会的“地下金融”相区别。后者虽然也可归入非正规金融，但其融资对象一般是从事赌博等活动，具有投机性需求的人，其贷款价格会高得离奇，偿债代价往往是以命计算的。

因此，非正规金融尽管是“去中介”金融，但它是以社会网络为基础来降低信息不对称所造成的金融风险的。这里，“去中介”或者“非中介”，只不过是还贷机制发生了变化。而这种转变之所以会发生，往往还是由于，与显性的金融中介相比，“去中介”或者“非中介”的非正规金融网络降低了还贷机制实施的交易成本。

如我们把“正规金融”定义为以正规的金融中介机构为媒介来完成资金融通、增值和回收的融资业务，那么，“点对点”（peer - to - peer）网贷和“众筹”（crowdfunding）也是一种非正规金融。只不过，“点对点”网贷与“众筹”与一般的非正规金融相比，不仅是“去中介”与“非中介”，而且多了一个新特点：借贷双方可以互不认识、可以在借贷过程中互不见面，可以是本来毫无社会网络联系的陌生人。即网贷与众筹中的借贷关系不是基于社会网络才得以建立，而是反过来通过参加“点对点”网贷与“众筹”平台，双方或多方才建立借贷关系。这里，变化的实质是：原来非正规金融借以依托的社会网络现在是电子化、数字化了！

从传统的“非正规金融”发展到目前这种“点对点”网贷与“众筹”，实践本身是一把“双刃剑”：一方面，原来存在于借贷关系中的信息不对称问题现在以更加尖锐的形式凸显了，因为，(1) 参与网贷、众筹的投资人，其面临的是一个从不见面、不熟悉的资金使用者，一个他不能亲自督查、也没有委托专家去监管的投资项目，所面临的不确定性就更大了；(2) 参与众筹的投资人数千万，每个投资人只占一个小小的份额，谁也没有动力去监管投资项目；(3) 由于去中介，众筹项目也聘不到专家来管理、监督投资项目。这种种的信息不对称现象，无疑是加大了金融风险。

事情也有另一方面，为什么互联网、大数据产业发展起来后，网贷和众筹就应运而生呢？这说明点对点网贷和众筹出现本身，就意味着是对以金融中介方式来解决借贷关系间信息不对称及其由此产生的逆向选择、道德风险问题的传统机制的否定，是一种机制革命。网贷与众筹不靠中介，即不靠一个中心来监管，而是直接依靠参与众筹的大众本身的智慧来监管，这是一种将监管模式非集权化的变革。已有众多的行为金融学研究成果显示，参与网贷与众筹的大众智慧总和是超过参与众筹的大众的平均智慧水平的。尽管网贷和众筹的大众智慧目前在某些方面还不如专门的中介机构里的专家水平，但区块链革命的推进，有可能使点对点网贷与众筹在降低金融风险的道路上走出自己的模式。当然，在“去中介”的依托区块链的金融监管模式实现之前，目前世界各国还是将网贷和众筹置于正规的金融中介监管之下，这也是可以理解的。

张海洋同志早在北京大学中国经济研究中心和后来的国家发展研究院读博士期间，就集中精力研究中国乡村的非正规金融问题，他在我指导下所做的博士论文就以“北大－花旗中国农村金融市场”的问卷调查数据为基础，就建设性非正规金融对于经济资源配置的效率提升做了较为深入的研究。从北京大学毕业后，张海洋同志在对外经贸大学金融学院工作期间，又将研究深入网络金融。在他申请到的国家自然科学基金项目与北京市社科项目里，张海洋对于“点对点”网贷做了定性和定量的研究，并将这些研究与非正规金融的理论研究统一了起来，形成了比较系统的理论，在国内金融研究领域里，有一系列成果发表，产生了比较重要的影响。本书是张海洋同志将过去10年里对于非正规金融与“点对点”网络借贷研究成果的一个总结。作为张海洋同志过去的一个导师，有幸先读到本书的书稿，感到十分欣慰，同时也是一个学习机会，后生可畏，写这个短序，表示本人愿意向自己的学生学习，共同继续研究，争取新的进步。

平新乔

2018年9月30日

前　言

最初接触到网络借贷，是在北京大学攻读博士学位之时。当时的研究兴趣之一是民间借贷、非正规金融等，在查阅文献过程中获知国外已经有了通过网络促成借贷交易这种经济活动。毫无疑问，这是一种新型的非正规金融模式，是民间借贷行为在互联网普及后的一种新型表现形式。当时学术界的主流观点认为，民间借贷（私人借贷、合会等）主要存在于“熟人”网络，依赖于亲友之间的互相信任和“非金钱惩罚”来维持契约的执行，毕竟大部分的民间借贷行为甚至连借条这样的书面契约都不会有。在网络借贷这样的非正规金融活动中，并不存在一个熟人网络，借贷双方并不熟悉，大多数情况下可能永远不会见面。因此，以当时的观点看，在中国的社会环境下，借贷双方依靠网络进行直接借贷，无异于“天方夜谭”，不可能成功。

然而，网络借贷行业的发展超出了所有人的预期。自网络借贷模式从英美等国家传入中国后，国内的网络借贷行业很快就出现“爆炸式”的发展。特别是自2013年起，我国的网络借贷行业中无论是平台数量、借贷规模还是参与借贷的人数都呈指数级增长，远远超过英、美等发达国家。这一个发展程中的确有投资人的非理性行为存在，有一些平台出于投机目的而成立，甚至有一些蓄意诈骗的借款人企图趁着投资者、平台和监管部门认知不全面时浑水摸鱼。但事后看，行业能够发展如此之快主要因为监管的宽容，监管当局希望通过金融创新解决中小企业、农户等群体的融资难题。这些群体长期处于金融抑制状态，在正规金融系统难以获得融资：缺乏抵押品，也没有良好的财务记录让银行等正规金融机构相信他们的还款能力。这时正值一个新的名词诞生，称为“互联网+”，意思是各行业和互联网行业结合都可以发生化学反应，产生令人惊喜的效果，并可能解决一些老大难问题。正是在这一背景下，金融监管部门寄希望通过技术进步，解决上述困扰了中国金融业数十年并且始终未能有效解决的难题。网络借贷就是“互联网+”时代中，互联网和金融的完美结合，被赋予了较高的期望。

自2014年秋季，笔者的研究兴趣逐渐转移到了网络借贷行业的研究。这时，行业非理性发展的苗头已经出现，每月都有数十家平台不能如约按时兑付投资人的款项，甚至彻底“跑路”，行业的监管因此被提上日程。网络借贷行业从定义上看，本不至于出现平台的违约，因为网络借贷平台应该是信息中介，只是促成借贷双方的交易。正如婚姻介绍所不必因为所促成的婚姻破裂而承担风险一样，网络借贷平台也不必因为借款人的违约而承担风险。问题的根源在于，几乎所有的国内平台都或明或暗地承诺“保本”甚至“保息”，即保障投资的本金、利息（俗称“刚性兑付”）。笔者当时的统计发现，几乎所有的网络借贷平台或通过关联的子公司或通过设立风险补偿金或通过合作的保险公司来做出这样的承诺。做出这样承诺的目的当然是吸引投资人参与，但客观上增加了平台运营的压力，风险控制稍有不慎，即可能无法实现刚性兑付，从而被迫违约。

既然行业的风险主要来自刚性兑付的承诺，那么为什么会出现刚性兑付就是一个值得探讨的话题。当时的主流观点认为，平台承诺保本保息的原因是中国征信系统不发达，平台和投资人都不能掌握借款人的信用信息，导致了平台不得不为借款人的融资活动进行担保，也只有这样投资人才愿意在平台上投资。如果仅仅比较中国和美国，的确很难反驳这种观点：中国征信系统不发达，平台普遍承诺担保本息；美国征信系统较为发达，当时的两个平台 Lending Club 和 Prosper 都不承诺担保本息。然而，在仔细分析英国的十余家网络借贷平台的放贷合约之后，笔者发现英国的平台也普遍承诺保本保息。这样，主流的观点就不攻自破了，英国和美国的征信系统同样都很发达。仔细思考一下，主流的观点是不自洽的，征信系统不发达，只会让网络借贷平台被迫采用线下审核的方式开展业务，通过人工审核借款人的资料，而不能像英美的平台那样主要依靠线上开展业务。这的确可能导致中国的平台审核速度慢，无法达到美国平台那样的放贷速度（后者的借款人从发起申请到拿到资金最快仅需数小时），但并不必然导致平台的承诺担保行为。

仔细查阅中国、美国和英国的监管规则后，笔者提出了各国对网络借贷信息披露的要求不同是导致网络借贷平台运营模式不同的最根本原因。如果信息披露监管比较严格，平台就期望投资人付出努力去筛选优质的借款人，从而分享这种努力的好处，平台的最优选择是不提供任何担保。如果监管政策对信息披露的要求不严格，或者不存在这样的要求，投资人就无法通过平台所列出的信息筛选优质借款人，因此平台就不得不为借款人提供担保来吸引投资人。美国的网络借贷行业按照证券业进行监管，对信息披露的要求异常严格；中国和英国的网络借贷行业在那一时期监管相对宽松，没有对平台的信息披露有明确要求。正是这样的监管要求差异导致了中国和英国的平台普遍采用担保模式，而美国的平台均不提供担保。笔者用博弈论的分析框架详细地分析和论证了这一逻辑，这是本书第5章的主要内容，原文发表在2016年第16卷第1期的《经济学（季刊）》。

随着行业的发展，对于学术研究而言，一个重要的使命就是弄清网络借贷模式的本质。虽然这种模式中，网络借贷平台也是一种金融中介，但这一中介和传统的金融中介的角色大相径庭。传统的金融中介（如银行），通过建立资金池为借贷双方提供期限、金额、风险等多个维度的“错配”。而网络借贷只是信息中介，投资人和借款人只有对款项的期限、金额、风险等方面的认识达成一致，才可能形成交易，并且监管当局明确要求网络借贷平台不得设立资金池，也就无法实现传统金融中介的职能。因此，不能用传统的金融中介理论来解释这种新型的金融中介模式。

基于之前对民间非正规借贷活动的认识，笔者提出了网络借贷模式是一种金融互助模式这一观点。在人类社会的发展历程中，已经有了私人借贷、合会、合作金融等多种金融互助模式，并且这些模式的出现是有先后顺序的。最早出现的是私人借贷，这种模式或许在私有财产出现以后就已产生。一个人愿意把钱借给另一个人，无疑会期望在自己需要融资时对方也会解囊相助，因此这本质上是一种金融互助模式。然而这种模式有较大的缺陷，它只是私人之间较为松散的互助模式，无法聚集较多的资金，于是合会这种有组织的金融互助模式应运而生。合会的参与人较多，从而可以集聚的资金也大幅度增加。合会有着严密的组织，并且会持续较长时间，参与人定期提供资金到会中，由会员依照约定轮流获取资金，从而实现金融互助。然而，合会的规模也会受到发起人的组织能力、社会网络规模等因素的限制，能够聚集的资金量依然有限。随着社会经济的发展，人们对资金需求的增加，于是诞生了合作金融这种模式。合作金融模式诞生于19世纪中叶的德国，这是一种正规的金融互助机构，合作金融参与者在资金富余时储蓄到互助机构，若需要借款也向互助机构申请。合作金融的参与人一般是同一社群的人，如同一个社区的居民，或同一个行业的从业者。我国政府于2006年倡导成立的“农村资金互助社”就是一种金融互助模式。从私人借贷到合作金融的发展过程，实际上就是互助群体不断扩大的一个过程，代表了传统的金融互助模式的演进。

网络借贷也是一种金融互助，只是这种金融互助模式发生在一个网络社区之中，互助的人群突破了原有金融互助模式的地域限制，范围更广，参与人更多。随着互联网的诞生和发展，很多新的社会学概念也随之产生，“网络社区”即是其中之一。网络社区依赖于互联网，但是社区中的参与者行为又与传统社区中的人群类似，彼此之间有频繁的互动。同时，网络社区有着和现实社区同样的结构要素：成员、空间范围、管理体系、社区共同文化、社区的归属意识等，只是互联网使得人与人交往不再具有自然地理和现实社区等空间界定性质。互联网技术的发展让网络互助社区中参与人的沟通和金融交易变得异常便捷，降低了信息和搜寻成本，使之趋近于零，从而让人们可以扩大金融互助的规模。所以，网络借贷市场上参与者的行为和私人借贷、合会、合作金融等模式一脉相承，是一种金融互助行为。这是社会中面临金融约束的人群不断扩大金融互助圈，以降低自己所受约束程度的过程，这也是人类社会金融互助模式演进的过程。本书的第2章对上述演进逻辑进行了详细论述，原文发表在2017年第3期的《金融研究》。

笔者把民间借贷行为和金融互助相联系，起源于参与组织2008年和2009年两次北京大学国家发展研究院大规模农村金融调查时的发现。基于上述两次调查搜集的数据，笔者发现农村的私人借贷表现出了明显的“穷帮穷，富帮富”特征，即收入较低的人群彼此互相借贷，收入较高的人也彼此互相借贷，而不是想象中的富人单向地把钱借给穷人。这是社会分层现象在农村地区的突出表现，穷人之间金融互助，富人之间金融互助，而不是富人“接济”穷人。产生这种现象的原因是什么？笔者使用搜寻匹配模型分析了背后可能的原因，这就是本书第3章的内容，原文发表在2010年第9期《金融研究》。

网络借贷行业的出现也带来了大量的实证数据，这些数据可以被用来研究参与者行为，从而为检验相关的社会学、经济学和金融学理论提供了良好的基础条件。特别是已有的一些理论利用传统的社会调查数据无法开展研究，利用网络借贷数据则可以迎刃而解。在现实生活中，人们往往倾向于使用华丽的头衔而非朴实的头衔。使用者显然期望这样的行为能够为自己带来好处，然而使用华丽头衔是否真的有好处，会有多大好处？这些问题在已有的社会学、经济学、心理学文献中均未发现明确的证据。因为传统的社会调查方法鲜有涉及头衔这样非正式的称谓问题，导致相关研究因缺乏数据而难以开展。网络借贷行业所产生的数据为这样的研究提供了可能，因为借款人所提交的信息会被平台列出，以供投资者挑选，这其中就会包括借款人的头衔信息。笔者的研究发现，在网络借贷过程中，借款人填写较为华丽的头衔的确可能提高借款成功率，这样的现象对于来自小公司的借款人更为明显。然而，投资者对华丽头衔的偏好并不合理，华丽头衔使用者的违约率并不显著低于朴实头衔使用者，因此人们对华丽头衔的偏好实际上是一种“头衔偏误”。进一步的研究发现，网络借贷平台通过长期重复博弈，并不会被借款人的头衔所迷惑，在设定借款利率时会主要参考事后内部收益率（IRR）。关于上述研究的详细内容在本书的第6章，原文发表于2018年7月的《经济学（季刊）》。

除了上述严谨的学术研究，本书还涉及行业分析和财务分析。在本书的第4章，将利用中国互联网金融协会所披露的数据，分析目前网络借贷行业主要平台的运营、财务等重要特征。由于网络借贷行业从业平台的良莠不齐，尽管有数千家平台正在或曾经运营过，但业务量较大并勇于在互联网金融协会网页上披露自己的运营信息、财务报表信息的平台仅有116家（截至2017年年底）。因此，笔者基于这些主要平台的数据开展行业研究，避免了其他数据因为数据提供者的自身利益而对数据的裁剪。基于平台主动披露的数据，本章将对来自北京、上海、广东的三家具有代表性的平台进行财务报表分析，这三家平台分别是人人贷、拍拍贷和 ppmoney，在网络借贷行业中均具有重要影响。所分析的财务报表已经经过著名的审计事务所审核，可信度较高，并且所含数据详实，是当前网络借贷行业真实运营情况的一个掠影。

本书的内容集结了笔者近十年来从事非正规金融研究的相关学术成果，其中的部分章节内容来自笔者的博士论文。在网络借贷行业发展日趋成熟，监管日益稳健的大背景下，出于敝帚自珍的想法将这些研究成果编辑成书，希望为网络借贷行业的金融从业者，在监管机构从事网络借贷监管政策研究的政府官员和从事网络借贷相关主题研究的专家学者提供参考。文中所用的分析方法既包括严谨的经济模型分析、实证分析、数值模拟，又包括相对易读的行业分析和财务分析。由于涉及的研究方法较多，笔者自知难以精通上述所有的研究和分析方法，因此书中论述难免有不当之处，还望读者能够批评指正。

作　者

2018 年 7 月

目　　录

第 *1* 章

绪　　论

依照金融业的分类，网络借贷行为无疑应归类为非正规金融（informal finance），是借助于互联网技术的非正规金融模式[①]。非正规金融已有数千年历史，互联网技术自 20 世纪 90 年代中期起也逐步普及，但网络借贷模式直到 2005 年方才诞生。这一年在英国诞生了世界上首家网络借贷平台 Zopa，平台作为信息中介，促成资金的供给方（lender，以下称为投资人）和需求方（borrower，以下称为借款人）匹配。其资金流向是从投资人到达借款人，且同一个借款人可以向多个投资人借款，同一个投资人也可以投资于多个借款标的，这样的模式和信息科技行业中的“点对点”（Peer to Peer，P2P）文件传输方式类似，所以行业又被称为 P2P 借贷。由于借款人的款项可以来自多个投资人，类似于众人集资满足一人的融资需求，所以这种模式在英国和美国又被称为借贷众筹（Debt Crowdfunding）[②]。

Zopa 的商业模式无疑是成功的，自成立后年均交易额增长率超过 50%。因而，这种模式很快传播到其他国家：2006 年，美国的 P2P 借贷平台 Prosper 开始运营；2007 年 5 月，美国的 Lending Club 平台成立；2007 年 8 月中国首家网络借贷平台拍拍贷上线运营（零壹财经，2014）。伴随着 P2P 模式的诞生，在我国业已存在了数千年的民间借贷行业又有了新的模式。

① 非正规金融机构是指银行、证券、保险这些正规金融机构之外的金融机构，非正规金融泛指非正规金融机构所从事的金融交易。

② 借贷众筹只是众筹行业的一部分，除了借贷众筹还有商品众筹、股权众筹、慈善众筹等。

1.1 发展现状

虽然 P2P 借贷行业在中国的起步略晚于英国和美国，但发展速度极快，因而对传统金融市场产生了较大的冲击，成为社会热点。从图 1－1 可以看出，从 2007～2014 年年底，我国的网络借贷平台数量近乎呈指数级增长，特别是在 2013 年和 2014 年，平台数量迅速从数十家增长到接近 2 500 家。2013 年也因此被称之为“互联网金融元年”。

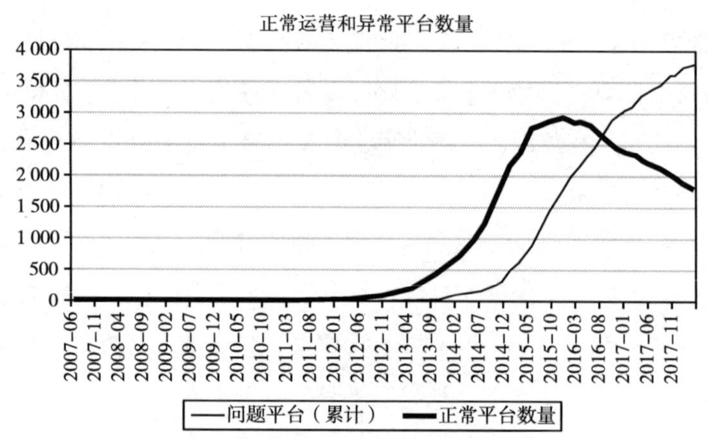

图 1－1　2007—2018 年网络借贷市场的发展

注：数据来自 01 财经（http：//www. 01caijing. com/data/industry. htm）。

我国的网络借贷平台依靠互联网信息技术，把我国金融市场上长期存在的，松散的，并占据了主要市场份额的民间借贷转移至网络之上。民间借贷活动的风险一直比较高，即使转移到互联网上也不会改变这一特征。从图 1－1 中我们可以看出，出现问题的平台（平台兑付困难，或者倒闭）数量自 2013 年之后也在持续增加，每月都有数家或数十家平台成为问题平台。到了 2018 年初，已有接近 4 000 家平台成为问题平台。进入 2015 年后，行业的乱象逐步得到了监管部门的重视，针对网络借贷行业发布了一系列风险提示。正常运营的平台在该年底达到了顶峰，约为 3 000 家，此后逐步下降，到了 2018 年初仅有不到 2 000 家平台处于正常运营状态。

从图 1－2 中可以看出，网络借贷行业的投资人数量在 2017 年 10 月之前一直处于增长趋势，借款人的数量的增长趋势也有同样的特征。虽然网络借贷平台的数量在 2015 年之后即处于下降状态，但此后投资人和借款人数量还在持续增加，表明行业的参与人越来越集中于少量信誉和运营较好的平台，形成一种“马太效应”：强者愈强、弱者愈弱。特别是借款人的数量在 2015 年之后的增长速度甚至超过了此前的增长速度，这一方面反映了我国中小企业和个人融资的困难程度在这一段时间有所增加，另一方面也反映了借款人对网络借贷这一融资形式的认可程度不断增加。

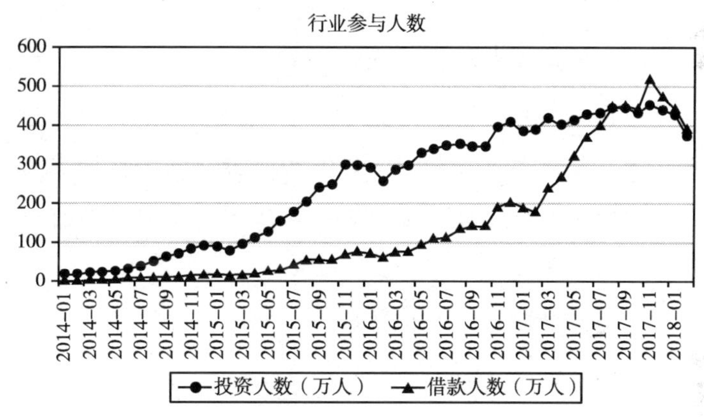

图 1－2 网络借贷市场的参与人数

注：数据来自网贷之家（http：//shuju. wdzj. com/）。

图 1－3 显示，2014 年以来行业的成交量整体呈上升趋势，在 2017 年 7 月达到最大值。在 2017 年 8 月之后，行业成交量略有下降，这应该与日益严厉的监管措施有关。从 2014 年初开始至今，行业的净资金流入一直为正数，表明行业借出的款项的金额超过还款的金额。即便是在 2017 年 7 月之后行业成交量有所下降，行业的资金净流入也是正数，并且维持在较高的水平，平均每月达 200 亿～300 亿元，表明整体上资金还在源源不断地进入网贷行业。

从成交量上看，网络借贷行业所促成的资金融通已经在整个社会的融资结构中具有相当的重要性，如图 1－4 所示。例如，2017 年 8 月网络借贷行业成交量

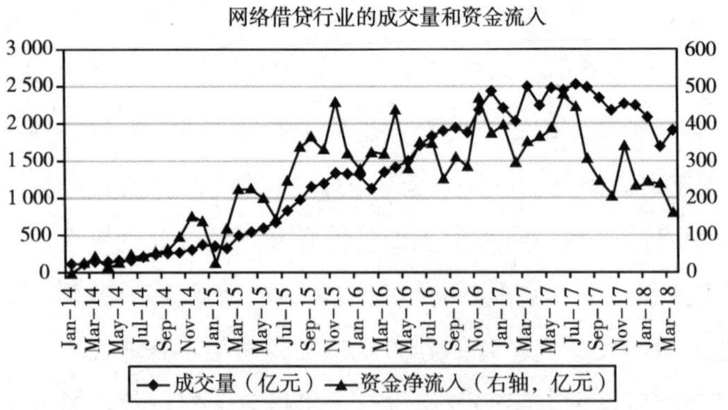

图 1-3　网络借贷市场的成交量和资金流入

注：图中数据来自网贷之家（http：//shuju. wdzj. com/）。

为 2 537 亿元，社会融资规模增量 14 895 亿元①，前者相对于后者的比例约为 17%；2018 年 2 月网络借贷行业成交量为 1 690 亿元，社会融资规模增量 11 741 亿元，前者相对于后者的比例为 14.4%。在 2016 年 7 月，网络借贷行业成交额相对于当月社会融资规模增量的比例一度高达 38.19%。这些数据说明网络借贷这种原本相对“草根”的金融模式已经从最初的“星星之火”，形成了近乎“燎原”的局面，需要监管部门予以足够的重视。

图 1-4　网络借贷市场的规模

注：数据来自中国人民银行网站和网贷之家（http：//shuju. wdzj. com/）。

① 社会融资规模增量是指一定时期内实体经济（境内非金融企业和住户）从金融体系获得的资金额。数据来自中国人民银行网站：http：//www. pbc. gov. cn。

1.2

网络借贷行业的发展背景

我国网络借贷行业发展速度远超过其他国家，这一现象引起了学术界和监管部门等各方面的重视，但是人们对其背后的原因莫衷一是。笔者认为，网络借贷在中国能够形成“星火燎原”之势有三点主要原因：第一，网络借贷起源于传统的民间借贷，后者有着广泛的社会认同；第二，传统民间借贷所依赖的社会“差序格局”正在急速改变，而正规金融的服务依然存在空白，为网络借贷的快速发展提供了客户基础；第三，网络借贷行业所从事的是金融业务，但具有信息行业的某些特征，在发展早期监管部门过多地参照信息产业的监管思路去监管，造成监管缺位。接下来，我们就这三点原因进行深入分析。

1.2.1 起源：民间借贷

追本溯源，网络借贷可追溯到我国社会广泛存在的民间借贷活动。民间借贷，其含义即是指借贷过程中参与各方不以国家授权的金融机构为信用中介，而是由资金出借者直接或间接到达资金使用者。这是完全“民间”的金融活动，虽然国家有相关法律对此类行为进行约束，但其中的风险由参与者自己承担。传统的民间借贷有私人无息借贷、高利贷、私人钱庄、合会等多种形式。

据胡必亮等（2006）的研究，民间私人借贷在中国最早开始于西周时期，距今已有约3000年历史，这也是民间借贷市场上的主要形式。其中大多数行为局限于亲戚和朋友之间，并且无息借款占比较高，大约有40% ~50%的民间借贷属于这种形式。对借款人来说，这是最方便、资金成本最低的借款渠道，但是要承担“人情债”。

私人借贷的另一极端是高利贷，它在我国民间也有着悠久的历史。由于高利贷的高息特征，这一行为被视为放贷人剥削借款人的活动，因而长期受到严格限制。在计划经济时代，农村的集体经营和平均分配使得高利贷丧失了生存土壤，既没有资金的需求，也没有资金的供给。然而自 20 世纪 80 年代以后，伴随着农村改革和社会主义市场经济的迅速发展，高利贷又活跃起来。近年来，随着利率市场化改革的深入，民间借贷相关政策也有松动，在司法上明确对民间借贷中年息低于 24% 的部分予以保护。但对高息部分，即放贷人获取的年息超过 36% 的部分不予保护，即便借款人已经支付也允许索回①。

私人钱庄也是我国传统的非正式金融形式之一。这种模式大约在明朝开始出现，但新中国成立后，私人钱庄被全部取缔。1984 年 9 月，浙江省温州市苍南县的钱库镇政府批准本镇居民方培林开办了新中国成立以来的第一家私人钱庄——方兴钱庄，该钱庄因国家政策变动于 1989 年主动关闭，并没有产生任何不良影响。由于政策限制，此后很多类似于钱庄的民间金融组织转入“地下”，被称为地下钱庄②。他们利用自己的私人关系在存款人和贷款人之间充当“桥梁”作用，又被称为“钱中”“银背”等（胡必亮等，2006），成为民间借贷信息中介。这实际上也是如今网络借贷的雏形。

另一种分布较广的民间借贷形式是合会（Rotating Saving and Credit Associationg，ROSCAs）。国内一般译作轮流储贷会。合会不仅在我国存在，在世界上很多地方都存在。每个会员缴存固定数额的资金所组成的大笔会金，按固定时间间隔，轮流分配给每个会员。胡必亮（2004）根据出资和融资的顺序把合会分为多种形式：摇会（Random ROSCA），即抽签决定获得会金的顺序；标会（Bidding ROSCA），获得会金的顺序通过有次序地拍卖决定；散会（The Discreet ROSCA），按照会员的需求、年龄、影响力等决定获得会金顺序。合会的好处是可以实现会员之间的互助融资，可以帮助会员攒钱来购买大件耐用品，可以强迫会员储蓄等（胡必亮等，2006）。然而，其缺点也显而易见：合会的规模在成立之初就已经确定，不灵活；不能动员外部资金；在会员只想储蓄不想贷款时也不能满足需求等（Aghion and Morduch，2005）。

分析以上诸多民间借贷模式的特征，不难发现它们都是“点对点”（Peer to

---

① 见 2015 年最高人民法院发布的的司法解释：《最高人民法院关于审理民间借贷案件适用法律若干问题的规定》。

② 中国人民银行曾于 2002 年发布文件，要求取缔各类地下钱庄，见《中国人民银行关于取缔地下钱庄及打击高利贷行为的通知》。

Peer）模式，即资金由出借人“点对点”地到达借款人。当前网络借贷行为完全符合这样的特征，虽然有平台居间提供资金撮合，但平台不是信用中介而是信息中介，资金也是由出借人“点对点”地到达借款人。网络借贷不过是互联网技术快速发展和普及的背景下，投资人和借款人借助信息技术开展的民间借贷活动。据张杰（2007）和韩俊（2007）等的估计，在网络借贷模式出现之前，中国近 70% 的借贷资金是通过上述各种民间非正规金融活动完成的。正因为传统民间借贷市场潜力巨大，并且得到了广泛的社会认同，网络借贷这一新型民间借贷模式出现后才得以快速发展。

1.2.2 背景：社会格局的转变

网络借贷迅速发展的社会学背景使我国传统民间金融活动的社会基础正在消失。费孝通在其著作《乡土中国》中分析了中国传统社会的特征，认为中国传统社会是一种圈层结构：每个人都可以以自己为中心，画出一个一个圆圈，并向外扩展，“就像石头落入水中形成的波纹一样”（费孝通，1998）。依据和自己的关系由亲及疏，其他社会成员会自内而外落入不同的圈层之中。作者称之为“差序格局”，与西洋社会的“团体格局”相对。后者指的是西方社会中每个人会处于一个或多个群体之中，每个群体的人与人之间并无明显的亲疏差别，“就像一捆一捆木柴”。中国传统的民间借贷活动正是建立在差序格局之上。民间借贷的“点对点”特征决定了契约双方需要熟识，因此双方彼此会处于对方的“圈层”之中。借款人在借款时按照差序格局的顺序，顺着自己的圈层由内而外依次寻求借款，直至自己的金融需求得到满足。借款的利率也会随着关系的疏远而逐步增高，在靠近圆心的借款对象可能不需要利息，而外层的借款对象索取的融资利率会较高。在还款时，则会依据自己的偿还能力决定顺序：如果借款可以还清，则先还关系较远的借款，后还关系较近的；如果预期到借款不太可能还清，则可能翻转顺序，先还关系较近的，再还关系较远的借款。随着现代经济的发展，传统的乡土社会随之渐渐瓦解，社会逐步由“差序格局”转向团体格局。

发生这种变化的原因有两点：第一，现代社会人口流动日益频繁。传统社会中，人口流动较少，“父母在不远游”“安土重迁”等观点深入人心。即便因为个人发展、职业选择等原因需要离开家乡，在完成使命后还需“告老还乡”“落叶归根”。因此社会的差序格局得以建立，并能够稳定下来。现代社会中，随着城镇化的发展，随着市场经济的深入，随着现代生活观念的不断普及，个人和家庭的迁徙成为常态。因此，社会难以形成传统的差序格局，已经形成的差序格局也会随着人口的流动而不断被打破。

第二，人口流动的范围日益扩大。传统社会中，如无外部因素迫使，个人和家庭通常不会迁徙，即便被迫迁徙，因宗族观念等因素，也会在近处择地而居，以便参加传统的祭祀活动，并维护个人和家庭的社会网络。这实际上也是传统社会中个人和家庭面对生产、疾病等风险时，依靠宗族群体进行相互保险的必然选择。进入现代社会后，国家提供的社会保障日益完善，各种可以降低风险的金融和保险工具也日益普及，不再需要依靠宗族群体相互保险，社会经济活动的范围极大地扩大，人们迁徙的范围远非传统可比。因此，家庭对宗族的依赖被打破，传统的差序格局也就不易建立和维持。

既然差序格局被逐步打破，传统的民间借贷活动的社会基础也就日益瓦解。然而，随着社会经济规模的迅速扩大，人们的金融需求会增加而不是减少。因此，当社会步入团体格局后，民间借贷越来越难以满足人们的金融需求。

人们的金融需求又是客观存在的，可以求助于正规金融机构吗？我国的市场经济是从计划经济逐步改革而来，在计划经济时代，国有金融行业的任务是调动社会资源支持国家建设，特别是重工业建设（林毅夫，2014）。因此，在制度设计上做了一系列安排：第一，金融垄断，以便集中资源。在计划经济时代，关闭所有商业银行，只保留中国人民银行。农村地区只有服务本地的农村信用社，其业务以存款业务为主，大量资金被抽调到城市，被称为“金融抽水机”。在改革开放早期，虽然陆续恢复了一些国有大行，但主要贷款业务也是面向国有企业。第二，利息管制，扭曲资金价格。通过压低存款利率，让国家可以以较低的资金成本吸收金融资源，从而可以以较低的利率把资金贷给国营部门。也即在获得垄断的金融权力后，国有金融机构通过扭曲市场上存款和贷款的价格，实现资源调动的作用。上述两方面的原因，导致了计划经济时代居民和民营企业贷款难。

改革开放以来，随着农村和城市金融改革的不断深入，金融垄断的局面得到一定的改善，新成立了一批股份制商业银行，改制成立了一批城市商业银行，并允许外资银行开展部分业务。民营银行、城市商业银行和外资银行的进入，丰富了原先以国有商业银行和各类城市、农村信用社为主的金融生态，为金融机构之间的竞争创造了条件。竞争的加剧也逐步推动监管机构完善利率市场化，允许金融机构就存贷款利率进行适当浮动，直至完全放开。

虽然金融市场化改革取得了一定的成绩，但应该看到，由于制度变迁需要时间，并且有极强的路径依赖，所以家庭（特别是农户）和中小企业贷款难的问题直至今日也没有完全解决。这些需求的特点是需求急、金额小并且缺乏抵押品，在利率受到管制的情况下，传统金融机构的运营模式和运营效率难以覆盖这部分人群。因为这部分人群的数量庞大，而每个人（企业）的需求又相对较少，故被称为“长尾”人群。如果找到合适的金融服务模式，从长尾人群的金融需求中可以发掘出很大的盈利空间，这正是网络借贷得以快速发展的市场基础。

网络借贷快速发展也有其技术背景，这就是互联网技术的发展和普及。自互联网技术于20世纪60年代在美国诞生后，长期仅限于各国的大学、科研机构和军队等部门使用。技术进步使得网络使用成本逐步降低，随着终端（电脑、手机等）价格的下降，直到20世纪末互联网才逐步进入我国普通家庭。互联网逐步普及的时间段恰好和改革开放以后出生的“80后”和“90后”成长的时间段重叠，他们的成长过程伴随着网络的发展，熟悉互联网，并且在生活中离不开互联网。这一群人在2007年前后逐步走进社会，有了自己可以支配的收入。初入社会的他们收入并不高，没有积累起足够的财富，因而缺乏适合他们投资的传统渠道（如股市、房地产等）。网络借贷行业“小额分散”的投资特征正适合他们，因而他们构成了网络借贷行业中投资者的主体。

综上所述，社会差序格局的逐步瓦解让传统的民间借贷模式难以为继，正规金融机构一时难以完全满足“长尾”人群的需求，让我国的金融市场出现了一定程度的“真空”。恰逢互联网技术的普及，熟练使用互联网的人群逐步成为社会中坚力量，他们的投资特征又正好契合了网络借贷行业的特征。诸多因素促成了我国网络借贷行业出现了远超于他国的发展速度。

1.2.3 外因：监管缺位

网络借贷行业快速发展的过程中，诞生了一个新的词汇：金融科技（fintech）。金融科技是指采用现代信息科技手段，如人工智能（artificial intelligence，AI）、大数据（big data）、云计算（cloud computing）等，解决金融行业所遇到的征信、信用评级、贷款快速审核等问题。这个名词最早在美国的网络借贷行业出现，后被国内互联网金融行业的从业者和研究人员使用，以替代“互联网金融”来描述这个行业。网络借贷的运营模式就是利用现代互联网技术，促成借贷双方的匹配，期间不可避免会涉及贷款审核、信用评级等问题，平台会依据自身的能力或多或少地借助信息科技手段处理这些问题。因此，网络借贷行业被归类为金融科技行业的一部分。

金融科技行业是金融和信息科技两个行业的“杂交”，平台的创立人员往往是来自传统金融机构和IT行业的资深从业者。然而，这两个行业的“基因”，即本质特征又是存在着极大差异的，主要表现在以下方面：

（1）信息科技行业是知识密集型，金融行业知识积累相对较慢。自信息科技行业诞生之日起，其技术进步就可以用“日新月异”来形容，各种硬件的性能呈指数级发展，各种软件、思想、技术也层出不穷。以硬件的发展模式为例，著名的摩尔定律①就是行业发展速度的一个很好总结。相对而言，金融行业的知识积累速度要慢许多，以银行业的存款、贷款和汇款业务为例，这些都已有数百年甚至更长的历史，基本业务模式只是随着信息科技发展有了少许进步，整体变化不大。现代金融学所涉及的资产组合理论、金融衍生品理论等虽然也会不断发展，但相对于信息科技发展的速度还是慢很多。

（2）金融行业是资本密集型，信息科技行业所需资本较少。无论是银行、

① 摩尔定律是由英特尔（Intel）创始人之一戈登·摩尔（Gordon Moore）提出来的。其内容为：当价格不变时，集成电路上可容纳的元器件的数目，约每隔18－24个月便会增加一倍，性能也将提升一倍。换言之，每一美元所能买到的电脑性能，将每隔18－24个月翻一倍以上。

证券还是保险行业，正规金融机构都需要较高的注册资本。这一方面是监管的要求，另一方面也是机构获得客户信任的必然要求。因为金融机构需要拿着客户的资金去运营，如果自身实力不能清晰展示，则很难获得客户信任。这类似于金融机构通常要在繁华地段设立办公机构，并进行豪华装修的行为，都是由于客户和机构之间的信息不对称而导致的，客户需要这些信号去识别出可信的金融机构。相对而言，信息科技行业提供的产品质量容易识别，企业和客户之间的信息不对称程度较低，因此不需要利用较高的资本金、豪华的办公地点等特征去“发送信号”。

（3）金融行业受到严格监管，信息科技行业几乎无监管。因为客户和机构之间信息不对称的存在，金融行业也存在严重的道德风险问题，即机构以高于和客户约定的风险去运营，享受风险带来的收益，但风险带来的损失会由机构和客户共同承担。因此，金融机构必然受到严格的监管，以免带来社会稳定问题。信息科技行业则不存在这样的信息不对称问题，因此所受监管较少，仅有的监管也仅限于信息安全等方面。

同时，信息科技行业和金融行业的激励和发展模式也有较大差异：第一，信息科技行业对员工采用股权激励为主，金融行业对员工采用薪酬激励为主；第二，信息科技行业创业门槛较低，金融行业创业门槛较高；第三，信息科技行业创新速度快，金融行业创新速度慢。网络借贷行业在早期发展的过程中，更多的吸收了信息科技行业的发展模式：因采用股权激励，激励效果较强，员工有动机快速拓展业务；因进入门槛较低，所以借贷平台数量快速扩张；因创新速度快，所以各种业务模式创新层出不穷。两个行业的主要特征对比如表1-1所示。

表1-1　　信息科技行业与金融行业的特征对比

	信息科技行业	金融行业
要素密集类型	知识	资本
主要激励方式	股权	薪酬
行业进入门槛	较低	极高
技术创新速度	快	慢
监管措施	宽松	严格

网络借贷是金融业和信息科技行业结合的产物，诞生之初因定位不清，监管措施滞后，让行业出现了“监管套利”的机会。在网络借贷行业发展的初期，表现出更多信息科技行业的发展特征，创业门槛较低，创业积极性较高，业务模式众多，行业粗放式发展。在监管方面，新诞生的金融科技行业因没有现成的监管依据，参照了对信息科技行业的监管思路，即按照“法无禁止即可为”的原则进行监管。所以平台的数量增长较快，也导致行业集聚了较大的风险。时至今日，金融科技行业的定位已经明确，属于金融行业，应该按照金融行业的规则，持牌经营并受到严格监管。但是，如何化解此前已经积累的风险仍是一个值得思考的问题。

1.3 行业的地区分布特征

图 1－5 中显示的是截至 2017 年年底仍在正常运营的网络借贷平台的分布图。从图中可以明显看出，网络借贷平台分布较多的地方均为经济较为发达的东南沿海一带的省份，以及直辖市中的北京市、上海市。这种分布情况和各地区的经济发展程度和活跃程度相应。广东省的平台数量最多，达到了 322 家，北京

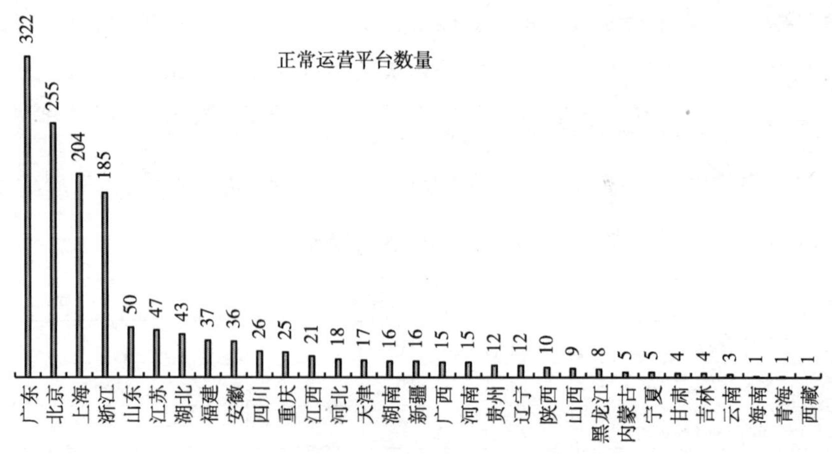

图 1－5　网络借贷平台的地区分布

注：信息来自零壹财经，为 2017 年底的数据。

市和上海市分别有255家和204家，均居于各地区前列。在浙江省，有185家平台正在运营，这一数量也超过了其他省份，考虑到该省原本就是民营经济和民间借贷最活跃的省份，网络借贷模式在该省得到更好的发展符合预期。

图1-6中所画出的是各省问题平台的比例①。从中我们可以发现问题平台比例比较高的省份多为中部省份（山东除外），北京、上海、浙江、广东这样的省市平台数量较多，但是问题平台的比例较低。而山西、河南、河北、湖南这样的中部省份，平台的数量相对较少，其中问题平台的比例又较高。由此可见，一个地区的平台数量未必代表了该地区网络借贷行业的风险，黑龙江、新疆、内蒙古、西藏等边疆省区的平台数量和行业风险都较低，而浙江、广东等省份的平台数量较多但行业风险较低。

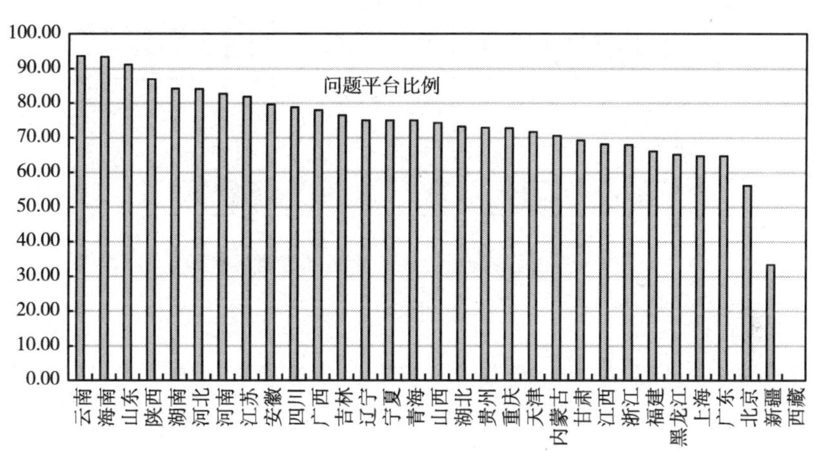

图1-6 各地区问题平台比例

注：数据来自零壹财经，为2017年底的数据。

值得注意的是，尽管参与网络借贷的借款人和投资人分布在全国各地，但不同平台的商业模式和销售策略会有所不同，并且会依据所在地区产生明显的“聚类”效应：各地区平台的借款特征有明显差异。图1-7显示的是网络借贷行业较发达的各地区平台借款的平均期限。从图中可以看出，自2014年以来网络借贷的期限在各个地区之间始终保持较大差异，但同一地区平台的平均期限则保持

① 计算方法为：问题平台数量作为分子，问题平台和正常平台数量之和作为分母。

相对稳定。上海市和浙江省尽管地理距离很近，但借款期限特征差异较大：上海市的平台平均期限在15～20个月之间波动，属于中长期借款；浙江省平台的期限多在3个月以下，属于短期借款。北京市平台的期限也相对较长，平均在10～15个月。这一特征和地区的产业结构有关，也和正规金融市场的发展程度有关。在正规金融相对发达的北京市和上海市，作为非正规金融的网络借贷，发展模式也相对正规。

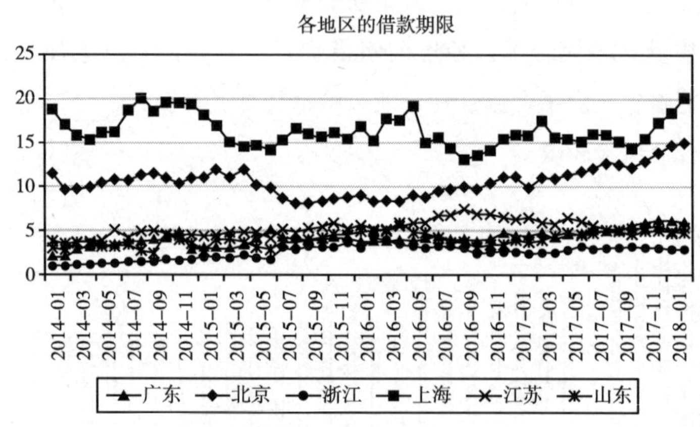

图1－7　网络借贷行业借款期限的地区差异

注：数据来自网贷之家（http：//shuju.wdzj.com/）。

网络借贷的投资利率（综合参考收益率）也有较大的地区差异。图1－8显示，在2014年以来的大部分时间里，山东省平台的利率最高，上海市平台的利率最低。和平台之间借款期限的差异不同，综合参考收益率在各个地区表现出明显的“收敛”趋势，尽管最初最高的年化利率超过30%，最低的年化利率低于15%，但随着时间的推移，到了2018年初，各个地区平台的年化综合收益率均收敛到10%上下。这表明网络借贷行业的确促进了不同地区的资金流动，让综合收益率趋同。从这个意义上看，网络借贷的发展有助于金融包容，即让资金从相对充裕的地区流向资金稀缺的地区，从而降低后者区域内中小企业和个人的融资成本。

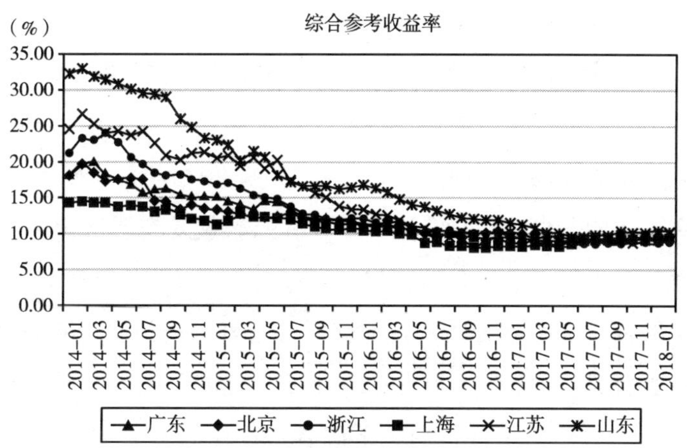

图1-8 网络借贷行业综合收益率的地区差异

注：数据来自网贷之家（http：//shuju. wdzj. com/）。

1.4 平台投资方背景

网络借贷行业的繁荣也吸引了市场上诸多投资方的青睐，除了普通的投资方，最为引人注目的是商业银行、上市公司、国有资本、风险投资（VC）等各方纷纷进入市场。

商业银行原属正规金融机构，随着利率市场化改革的深入，商业银行彼此之间的竞争日趋激烈。随着存贷利差日益缩小，商业银行依靠传统存贷款的盈利空间也逐步萎缩，因此不得不寻求其他盈利渠道。拓展P2P业务正是部分商业银行所寻求的新的利润增长点。商业银行的传统业务受到各类金融监管法规的严格约束，但在开展P2P业务时则和其他同类公司一样，所受约束较少。商业银行在开展贷款业务时，本身已经接触到大量的资金需求方（他们因贷款额度等各类管制无法直接从商业银行贷款）；利用网络借贷平台，又可以用低于其他平台的资金成本获得投资人的投资。同时，作为金融业的“正规军”，商业银行本身具备良好的声誉，强大的信息科技能力，完善的风险管理水平，广泛的网点布局，因此在开展网络借贷活动时会具有较强的竞争力。当然，这也是在目前针对网络借贷监管相对宽松环境下的一种“监管套利”，因而备受争议。

上市公司发起成立的网络借贷平台也比较多。在发展过程中，部分企业为多元化经营，或出于调动金融资源协助自身的供应链建设等原因，可能希望涉足金融业。但金融业是受到高度管控的行业，外部企业如想涉足，则需要满足较高的资本、人员要求才能有资格申请牌照，并且牌照数量受到严格管控。P2P 借贷属于新兴的金融信息中介行业，在监管细则出台之前，成为企业由传统行业进入金融行业的一个跳板。上市公司通常具有较大的规模，资金实力和技术实力较强，和普通的民营平台竞争具有天然优势。并且上市公司通常在所处的行业和领域有一定的影响，已经积累了足够多的上下游客户，他们的金融需求就是潜在的市场，公司可以利用这些长期积累的信息开展网络借贷业务。

部分网络借贷平台由国资企业发起或控股。从前文的分析可以看出，缺乏监管和进入门槛导致我国的网络借贷行业鱼龙混杂，数千家网络借贷平台中的相当部分不具备金融行业所需的风险控制能力、信息技术能力和营销能力。由于国资企业的信誉和各级政府相关联，所以在从事网络借贷时更容易获得投资人的信任。已经有学术研究发现，投资人更愿意投资于国资发起平台上的借款列表：他们的交易活跃度较高，且投资人数量较多，并且“国资系”的平台不易违约（Jiang et al.，2018）。

网络借贷行业的迅速发展也吸引了大量风险投资，这一行业也一度成为投资的“风口”。风险投资的进入极大地增强了所投资平台的资金和技术实力，毕竟截至目前能够实现盈利的平台不多（详细的财务分析见下一章）。同时，由于风险投资公司会在投资之前进行详尽的调查，只有团队、合规、风控等各方面均达到较高要求的平台才可能获得风险投资，因此获得风险投资本身又有极强的信号作用，会吸引更多的出借人（lender），让平台强者愈强。同时，风险投资基金的管理经验也会帮助平台尽快走向规范化的发展轨道，有利于平台长期稳健发展。但不可否认的是，风险投资基金的进入，又对潜在的进入者形成了示范作用，吸引了更多的小贷公司、担保公司等转行成为网络借贷平台，一定程度上加剧了行业的混乱程度。

表 1－2 中列出的是 2017 年底各类平台的相关数据。从中可以看出，在正常

运营的平台中，民营系（即由普通投资方发起的平台）占大多数，达到 1486 家；银行系平台最少，只有 15 家。正如此前所分析，民营系平台的风险较高，已经有近 4 000 家平台出现问题或停业，远超过正常运营的平台。相比较而言，风投系平台的安全性较高，只有 1 家平台成为问题平台。从成交量上看也可以说明问题，风投系平台的单月（2017 年 12 月）成交量达 1 042 亿元，已经超过了民营系的 900 亿元，尽管后者的平台数量约是前者的 10 倍。从投资人和借款人数量看，风投系的“人气”比较好，银行系和上市系平台的平均人气也较高。这表明网络借贷市场的参与人，特别是投资人，在做决策时的确会参考平台投资方的背景。

表 1－2　　2017 年 12 月各类平台相关情况

	民营系	银行系	上市系	国资系	风投系
正常运营平台数量（家）	1 486	15	115	212	153
累计停业及问题平台数（家）	3 983	3	8	44	1
当月成交量（亿元）	900. 26	164. 92	618. 03	205. 09	1 042. 03
当月投资人数（万人）	176. 62	32. 35	121. 25	40. 24	204. 44
当月借款人数（万人）	190. 71	34. 94	130. 92	43. 45	220. 74

注：数据来自网贷之家（http：//shuju. wdzj. com/）。

图 1－9 中列出的是各类平台综合参考收益率的情况。从中可以看出，自 2014 年以来，普通投资人投资于民营系平台的综合参考收益率一直高于其他类

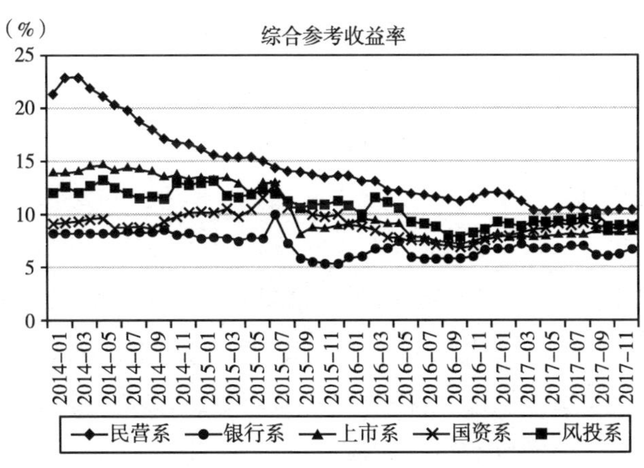

图 1－9　不同类型平台的综合参考收益率

型平台，表明投资人已经预期到此类平台没有雄厚的投资方背景，风险较高，只有回报较高才愿意投资。市场上的整体收益率逐步下降，这对于民营系平台和上市系平台表现得尤为明显，原因可能在于市场逐步回归理性，行业发展早期那种需要通过高息吸引投资人的现象基本消失。相比较而言，风投系、国资系和银行系平台的综合回报率基本平稳，表明这些平台在最初即比较理性，没有通过宣传较高的回报率来吸引投资人。

1.5 运营模式及创新

P2P借贷的原意是“点对点”，即平台作为信息中介撮合借款人和投资人，不提供任何担保，也不设立资金池去帮助借贷双方实现匹配。借款人向平台远程提出借款申请，平台在线上审核，如能通过审核即在平台的网站列出，成为借款列表（list）。投资人也是在网页上浏览借款列表，从中挑选自己中意的借款项目，并自己决定投资的数量。借款应该纯粹是凭信用，没有抵押和担保。

显然，如果按照这样“原教旨”的方式运营，市场上的竞争会很残酷。因为仅做信息中介模式的市场容量有限，或许只能容下几家公司，正如如今的电商行业。为了能够生存，在网络借贷模式诞生后，我国主要平台纷纷进行了运营模式的创新。主要的创新形式有平台增信、资产管理、资产证券化、线下运营等。通过模式创新，平台之间实现了差异化的经营，满足了不同层次、不同偏好的投资人和借款人的需求。

1.5.1 平台增信

网络借贷是陌生人之间的借贷行为，借贷双方在生活中并不熟悉，没有在彼此的“圈层结构”中，通常情况下没有实地见面的机会。借款人的年龄、职业、学历等信息会在网页上列出，但投资人只能看到借款人的昵称，不知道真实姓名，借款人的住址、身份证号等也会被严格保密。因此，平台在市场上的核心竞争力就在于获得投资人的信任，即让投资人放心地投资于其网页上的借款标的。

为了获得这样的核心竞争力，平台采取了多种增信手段。

市场上平台最常用的手段是风险保障金①。风险保障金的来源形式可能有很多，最主要的形式是借款人获得款项的同时，平台从中提取一定比例作为风险保障金。风险保障金会汇集到专用的账户，相当于银行的贷款损失准备金，若借款人违约，则可从中提取资金保障投资人的本金和利息。平台在最初会注入资金以启动风险保障金，此后对投资人的保障仅限于风险保障金账户的余额。

为了避免贷款的违约影响到公司的运营，平台也可能通过关联公司进行担保。这类关联公司可能是平台的子公司，或具有公共的股东。另外，部分平台和分布在全国各地的各类贷款公司合作，由后者在线下为平台发展借款客户，并为此类客户提供担保。

此外，平台还可能和担保公司、保险公司或具有担保资质的小贷公司进行合作，对平台所发放的贷款进行某种程度的担保。这样的做法可以将平台的风险转移到外部，但平台会因此支付一定的费用，并最终转嫁到借款人一方。

1.5.2 资产管理业务

P2P借贷最初的模式中，投资决策是有投资人独立做出，平台只是负责审核借款信息并放到网页之上。投资人需要浏览网页上的信息，做出自己的判断，这无疑要消耗较多的时间和精力。考虑到网络借贷具有“小额分散”的投资特征，投资人实际上需要浏览众多标的信息，但只会在每个中意标的上投资很少的资金，时间成本可能超过了投资收益。这一特点无疑会制约网络借贷行业的发展，因此部分国外平台，如Lending Club开发了自动投标业务，由投资人根据自己的风险偏好、期限偏好、投资分散度偏好等特点去设定投资选项，平台根据这些设定自动地为投资人投资到满足条件的标的。

在国内，平台更为广泛的应对方法是开展类资产管理业务，即开发并向投资人出售网络借贷理财产品。平台在理财产品的属性中，列明其投资方向，预期回

① 不同平台风险保障金的名称不一样，但作用是类似的。

报率，赎回周期等特征，由投资人根据自己的意愿去购买相应的理财产品（理财计划）。由投资人通过购买理财产品，可以节约自己频繁浏览借款列表的时间和精力，并获得相对稳定的投资回报。当然，平台的做法有构建“资金池”进行期限错配的嫌疑，并且平台所出售的理财产品可能并没有像承诺的那样投资于网络借贷，所获资金可能被挪用。

1.5.3 资产证券化

美国的 Prosper 和 Lending Club 都是和该国的银行 Web Bank 合作，在借款成功后，由后者把钱先发放给借款人，然后再到平台上转让债权。这实际上形成了一个资产证券化的过程，美国的监管部门 SEC 也因此按照证券行业的监管规则对该国的网络借贷行业实施监管。在行业发展的早期，很多国内平台也采用债权转让模式，即由平台或合作公司发掘借款人并放贷后，采用债权转让的方式把所形成的债权转让给投资人。这样做的好处是可以快速发放贷款，满足借款人的需求。对于平台来说，也可以快速扩张业务，占领较大的市场份额。

在运营之中，网络平台逐步发现，投资人的资金不仅可以投资于普通借款人，其他的资产也可能吸引投资人。从 2014 年开始，市场上的平台发掘了银行承兑汇票、商业保理、典当债权、不良资产等形形色色的资产。由这些资产的持有方作为借款主体，以上述资产做抵押，到 P2P 平台上融资，从而实现了类似于资产证券化的过程。短期内，大量的次级资产被吸引到网络借贷行业，让行业快速繁荣，但也不可避免地让行业集聚了较高的风险。

1.5.4 线下运营

网络借贷平台最初都是采取“线上”运营，即借款人在网页上申请，平台远程审核，投资人通过浏览网页做出投资决策。但是，在实际运营中，部分平台为了适应中国国情，采用了线下发掘借款人的方式。考虑到我国目前征信系统尚不发达，较高比例的个人和企业在央行的征信系统中没有记录，且各地区的经济发达程度、信用文化、商业习惯等差异较大，完全依赖线上吸引借款人不但业务发展速度较慢，而且容易引起欺诈行为。并且完全依赖线上运营，在贷后管理中就无法及时追踪款项用途，无法对逾期和违约的借款人进行有效催收。现实中，也有部分平台既有线上的业务拓展，也有线下的经营网点和销售人员，即采取混合的方式获取借款业务。线下运营方式无疑大大地增加了运营成本，让网络借贷的技术进步意义荡然无存——网络借贷只是变成了在线上获取投资人的手段。

1.6 本章小结

网络借贷模式起源于英国，但在中国落地生根后，实现了跨越式发展。不但平台的数量远超过了英国和美国，交易量也远非其他国家可以企及。特别是在发展过程中，我国的网络借贷行业吸引了商业银行、上市公司、国有企业等多种资本加入，丰富和发展了网络借贷行业的生态圈。我国的平台还根据中国的特殊国情，对网络借贷的模式进行了诸多创新①，表现出从业者极强的创造力和对中国金融市场深刻的理解。但不可否认，这样的野蛮生长过程也集聚了较大的风险。平均而言，目前网络借贷行业每月所促成的成交量已经达到社会融资规模增量的15%左右，因此如不能有效应对和化解网络借贷行业风险，将可能对实体经济和正规金融系统产生较大的冲击。

① 虽然这些模式创新的大多数会因为日趋严厉的监管政策而消失。

第 2 章

从民间借贷到网络借贷

2.1 引言

2013 年以来，互联网金融突然崛起并成为备受关注的经济现象，作为其中重要组成部分的网络借贷（Pere to Peer Lending，P2P）更是成为焦点。P2P 借贷发展速度异常迅猛，截至 2015 年 12 月底，行业贷款余额已达 9823.04 亿元，是年初的 9.8 倍①。与基于亲缘关系和社区共同体所开展的民间金融和信用合作不同，网络借贷通过互联网促成陌生人之间发生金融交易。这种金融交易形式是人类历史上从未出现的，用现代经济学的“金融中介理论”也难以解释，该理论认为金融中介的存在是因为它们能够提供流动性（Diamond and Dybvig，1983）、代理监督（Diamond，1984）等功能，而网络借贷平台主要是起信息中介的作用。本章将从金融互助的视角对网络借贷的产生进行解释，认为这是互联网技术支撑下，受到融资约束的社会群体为改善约束状况而做的理性选择。

经济学中的“持久收入理论”（Friedman，1957）认为，人们希望在一生中平滑各个时期的消费，避免消费水平的波动。然而，无论是处在传统的农业社会，还是在如今的信息社会，即便排除不确定性的影响，个体的收入总是面临较大的波动：从幼年到中年再到老年，收入会先增加再减少；从事农业生产，在作

① 数据来源：网贷之家网站（http：//www.wangdaizhijia.com/）。

物获得产出之前没有收入，在获得作物产出之后才有收入；投资到某项目后，可能在项目投产之前没有收入，投产之后才有稳定的收入。诸如此类的收入水平剧烈变动将影响人们的消费，如果没有金融活动，消费也会和收入有同样幅度的变动，因而福利会受到较大影响。

为了抵御收入波动带来的不利影响，社会中的个体需要和其他个体或金融机构进行交易，在低收入时借款，在高收入时还贷（Morduch，1995）。金融交易的模式有两种，其一是借助金融中介，其二是开展金融互助。银行是最常见的金融中介，它建立资金池以促成资金供求双方的期限和金额匹配。金融互助模式与金融中介模式的本质区别在于前者不设资金池，如果有“中间人”，只能起到信息中介作用。因而，金融互助的模式中，投资人可以决定并清楚地知道他的钱借给了谁。现有文献中关于金融中介模式已经很多研究（比如 Diamond and Dybvig，1983）等，详细讨论见 Freixas and Rochet，2008），但关于金融互助模式的研究尚少，因此本文主要关注金融互助模式的演进。

笔者认为，如今的网络借贷模式是传统金融互助模式的一种延续。这种模式通过互联网技术把传统金融互助的社区拓展到网络上的虚拟社区，从而实现了更大范围的金融互助。传统的私人借贷中，个人与个人之间借助亲缘网络开展金融互助；在合会中，以亲缘网络为基础，加入其他社区成员，形成更广阔范围的金融互助；在信用合作模式中，以社区为基础，加入其他同行业的从业者，金融互助范围进一步扩大。随着经济的发展，特别是人口流动的加快，传统的亲缘网络、社区关系日趋脆弱，建立在它们基础上的传统金融互助关系也难以为继。与此同时，日益扩大的经济活动规模让人们的融资需求也随之扩大，因而需要继续扩大金融互助的人群，建立在虚拟社区基础上的网络借贷应运而生。

融资约束的原因及其影响是经济学家比较关注的话题。近年的研究表明，人们的投资决策显然会受到融资约束的影响（Belhaj and Bertrand，2009），人力资本的投资也不例外，Lochner 和 Monge - Naranjo（2011）利用融资约束模型，解释了为何在收入相同情况下，大学入学率与能力正相关，以及为何在能力相同情况下，大学入学率和家庭的收入正相关。在大学生做出退学决策时，也会受到信贷约束的影响（Stinebrickner and Stinebrickner，2008）。与上述研究不同，本书研究了融资约束对消费者福利的影响，并分析了融资约束的来源，探讨了人类历史上创造出的改善融资约束的方法。

因金融系统的不完善，发展中国家的企业和农户普遍受到信贷约束，处于金融抑制状态（麦金农，1973；肖，1973）。在微观层面，这种金融抑制的表现之一就是当获得意料之外的银行贷款时企业会用它扩大生产规模而非替代已有的非正规贷款（Banerjee and Duflo，2004）。在使用泰国数据的一项研究中，Paulson 和 Townsend（2004）发现，由于受到信贷约束，农户的财富状况会显著影响他们创业的可能性。为了缓解受约束人群的信贷约束状况，一个可行的办法是大力发展正规的金融机构，然而汪昌云等（2014）发现金融市场化显著降低了农户从正规金融部门的信贷获得。来自民间的金融互助活动恰好填补了正规金融部门的空白。

关于金融互助最具影响力的是 Townsend（1994）的研究，该文利用印度村庄的面板数据研究发现，家庭的消费不会随着家庭同期收入的变化而波动，而会随着村庄整体的消费水平波动，表明村庄中的家庭的确在利用非正规的金融互助行为对抗产出风险。在同一时期的研究中，Udry（1994）利用他在非洲尼日利亚调查的数据发现，金融互助活动对家庭之间相互提供保险的确起到非常重要的作用。然而上述研究也表明，家庭没有实现“完全保险（Full Risk - Pooling）”（Ligon et al.，2002）。与以上基于收入不确定性假设的研究不同，本文的模型显示即使收入没有不确定性，家庭的信贷约束程度也会影响他的效用，因此家庭有改善自己信贷约束状况的动力。改善的方法可以是民间借贷范畴的私人借贷、合会等互助活动（白芸芸和罗鹏，2007），也可以使用更正规的信用合作（Aghion and Morduch，2005），如今的网络借贷则是互联网社会中的新选择。

虽然关于民间金融合约的研究已经得到了较多的重视，但已有的研究重点关注的是在当前阶段非正规金融参与者如选择不同的金融合约（张翔，2015），而本文重点强调不同金融合约的演进过程。在互联网金融快速发展的背景下，本文第一次从逻辑上理清了网络借贷和传统的民间借贷、信用合作的逻辑关系，认为它们都是金融互助模式。但网络借贷和传统金融互助模式在形式上完全不同，前者是建立在虚拟社区之上，而后者建立在实体的亲缘网络和社区共同体之上。有两个因素共同推动了网络借贷的快速发展：第一个因素是传统的亲缘网络、传统社区约束的日趋衰弱；第二个因素是互联网技术，特别是移动互联网技术的不断进步，降低了交易成本。从民间金融发展到网络借贷，这一系列金融互助模式的发展过程是受融资约束的社会个体试图改善约束状况而推动的一种制度演进。

本章安排如下：2.2 节是理论模型部分，用以说明融资约束的形成原因和对个体效用的影响；2.3 节是从个体不断突破融资约束的视角，理解金融互助的演进过程，并着重介绍了网络借贷的特点；2.4 节总结全章的观点，并指出了研究的不足之处；2.5 节是本章的附录，证明文中的引理和定理。

2.2

模型：融资约束的形成原因和后果

假设有代表性的消费者，即期效用函数为 $u(c)$，其中 c 是消费。该函数满足 $u'>0$，$u''<0$，表明消费者的边际效用为正，但边际效用递减。考虑一个 T 时期的最优化问题，消费者的目标是最大化自己的总效用，即：

$$\max_{c} \int_{0}^{T} u(c)\,dt \qquad \text{(P1)}$$

$$s.t. \quad \dot{A} = y - c + rA \qquad \text{(C1)}$$

$$A|_{t=0} = 0, A|_{t=T} = 0 \qquad \text{(C2)}$$

其中，$y = \begin{cases} 0 & 0 \leqslant t < S \\ \hat{y} & S \leqslant t \leqslant T \end{cases}$，表示消费者的收入。在整个时期 T 的前一部分，$t \in [0, S)$，消费者没有收入，在后一部分 $t \in [S, T]$ 中消费者有收入 $\hat{y}$，$\hat{y}$ 和 S 都是外生的。这里的时期 T 可以是生产周期，比如，农民在农业生产获得产出之前没有收入；企业主在产品最终生产出来之前，没有收入。也可以理解为人的生命周期——每个人在成为劳动力之前没有收入，成年以后才有稳定收入①。

约束（C1）表示消费者的资产 A 满足这样的动态过程：资产的变化等于消

① 实际上只要收入有波动，本书的逻辑就是成立的。

费者的收入 y 减去消费支出 c，再加上此前资产投资后获得的收益 rA（如果之前的资产 A 是负值，则 rA 表示需要支付的利息）。这里 r 是投资（即把钱借出）或者借款的利率①。

约束（C2）是优化问题的边界条件，表示消费者不会继承或遗留任何遗产：在期初，消费者的总资产为零；到了期末消费者的总资产也应为零。

为了求得显式解，假定 $u(c)=\ln(c)$，显然该函数满足 $u'>0, u''<0$ 的条件②。

引理 2.1 对于优化问题（P1），若 $u(c)=\ln(c)$，则消费者的最优选择为③：

（1）在整个时期 $t\in[0,T]$，消费都是 $c=\left[\frac{\hat{y}}{rT}(e^{-rS}-e^{-rT})\right]e^{rt}$。

（2）当 $t<S$ 时，资产为 $A=\left[\frac{\hat{y}}{rT}(e^{-rT}-e^{-rS})\right]te^{rt}$；

（3）当 $t\geqslant S$ 时，资产为 $A=\left[\frac{\hat{y}}{rT}(e^{-rS}-e^{-rT})\right](T-t)e^{rt}+\frac{\hat{y}}{r}[e^{r(t-T)}-1]$；

消费者希望在整个 T 时期平滑消费，即在没有收入的时候融资，以获得消费，并在后期收入较高时偿还此前欠下的债务。因此，消费者的资产在 $t<S$ 时逐步减少；到达 $t=S$ 时，资产存量达到最低，记为 A^*，即

$$A^*=\frac{S}{T}\frac{\hat{y}}{r}[e^{-r(T-S)}-1] \tag{2.1}$$

显然，$A^*\leqslant 0$。当 $t>S$ 时，由于有了稳定的收入，可以维持消费并持续偿还之前所欠的债务，所以资产持续增加。

现在考虑消费者受到融资约束的情况，消费者面临如下约束：

$$A\geqslant -B \tag{C3}$$

约束（C3）是消费者的融资约束方程，表示消费者的总资产不能小于 $-B$。

---

① 本模型主要目的是用来说明融资约束的影响因素、融资约束的后果，为保证模型简洁假定借入和出借利率相同，如果假定两者不同也不影响本书的主要结论。

② 采用其他效用函数形式（比如 $u(c)=\sqrt{c}$）也可以求出显式解，但解的表述更为复杂。

③ 为保持正文简洁，书中定理和引理的证明都在附录中。

（C3）等价于 $-A \leq B$，意味着消费者可以向别人融资以平滑消费，但融资总额连本带利总计不超过"融资上限" B。以下分析中，称没有（C3）约束的优化问题为"没有融资约束的优化问题"；称包含（C3）约束的优化问题为"有融资约束的优化问题"。对于后者，当 B 外生给定时，哪些外生条件的改变会让消费者受到信贷约束呢？显然，如果 $A^* < -B$，消费者面临的约束（C3）是紧约束。因此回答这个问题需要判断外生参数变化对 A^* 的影响。如果外生参数变化让 A^* 变小，则消费者更容易受到信贷约束，反之则不容易受到信贷约束。从（2.1）式可知，由于 $S \leq T$，显然：$\frac{\partial A^*}{\partial \hat{y}} < 0$。

同时容易算出

$$\frac{\partial A*}{\partial r} = \frac{\hat{y}S(S-T)e^{-r(T-S)}r-(e^{-r(T-S)}-1)}{T \qquad r^2} = \frac{\hat{y}S}{T}\frac{1-\frac{r(T-S)+1}{e^{r(T-S)}}}{r^2} > 0$$

所以有如下定理：

定理 2.1　若 B 外生给定，则有：$\hat{y}$ 越大，即 $t=S$ 之前和之后收入差距越大，消费者越容易受到融资约束；r 越小，即利率越低，消费者越容易受到融资约束。

定理 2.1 的经济直觉也很明确：$\hat{y}$ 越大表明收入的波动越大，消费者对平滑消费的需求更迫切，需要更多的借贷，因此对于给定的 B 更容易受到信贷约束；利率越低，则消费者在没有收入时融资成本也比较低，因此希望得到较多借款，从而更容易受到信贷约束。

如果消费者受到的约束（C3）是紧约束，那么他的行为将发生改变：

引理 2.2　有融资约束的优化问题中，消费者的最优行为是：

（1）若 $t < S$，消费为 $c = \left(\frac{B}{S}e^{-rS}\right)e^{rt}$，资产为 $A = -\left(\frac{B}{S}e^{-rS}\right)te^{rt}$；

（2）若 $t \geq S$，消费为 $c = \left[-\frac{B}{T-S}e^{-rS} + \frac{1}{T-S}\frac{\hat{y}}{r}(e^{-rS}-e^{-rT})\right]e^{-rt}$，

资产为 $A = \left[-\frac{B}{T-S}e^{-rS} + \frac{1}{T-S}\frac{\hat{y}}{r}(e^{-rS}-e^{-rT})\right](T-t)e^{rt} + \frac{\hat{y}}{r}[e^{r(t-T)}-1]$。

图 2-1 比较了无融资约束情况下和有融资约束情况下消费、资产和效用的

动态变化。图中（A）栏表示的是收入禀赋，在一个自给自足（Autarky）的经济里面，消费者不能投资，也不能融资，这个收入禀赋也是消费者的消费路径；(B）栏表示消费的变化，其中虚线表示的是无约束时的消费路径，加“＊”号的实线表示有融资约束时的消费路径，没有融资约束时消费可以比较平滑，但融资约束让消费路径出现了跳跃；（C）栏表示资产的变化，如果没有融资约束，那么消费者的总资产可以达到 -3.17，然而如果有融资约束（B =2)，消费者的总资产不能突破这一限制，整个资产路径也随之变化；（D）栏表示消费者的效用路径（计算的是从 0 到 t 时刻的总效用），从中可以看出，没有融资约束的情况下，在任何时期消费者的效用都比较高，融资约束降低了消费者的效用。

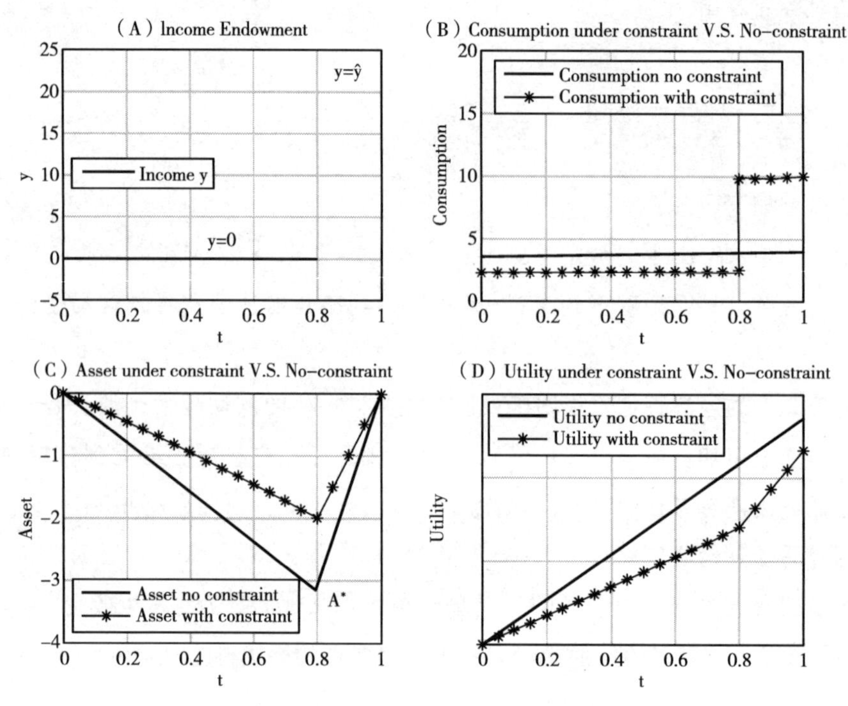

图 2－1　消费、资产和效用变化路径

图中所用参数为：$r=0.1$，$T=1$，$S=0.8$，$\hat{y}=20$，$B=2$。

对于融资约束方程（C3)，B 越大意味着消费者的融资约束越为宽松，反之则表示融资约束越紧。在（C3）是紧约束的情况下，改变 B 会对消费者的效用有什么影响呢？我们有如下定理：

定理 2.2　如果消费者受到融资约束，即 $A^* < -B$，那么 B 越大消费者总效用越高。

定理 2.2 的经济直觉很明确，消费者受到的融资约束越宽松，那么他的总效用越高。显然，不受融资约束（$B = +\infty$）的效用是最高的。图 2－2 从比较静态的角度分析了 B 的变化给消费者效用带来的变化。图（2A）和图（2B）分别显示了不同融资约束下，消费者的资产路径和效用路径。从图（2A）可以看出，如果融资约束是紧约束，消费者的资产路径会随着融资约束改变而改变。从图（2B）可以看出，如果融资约束是紧约束，消费者的效用会随着融资约束改变而变化，融资越受到限制（“融资上限”B 越小），效用越低。

定理 2.2 的前提是消费者受到融资约束，实际上在现实生活中融资约束的确普遍存在，这主要有两个原因，一是借贷活动的交易成本，二是借贷双方信息不对称。交易双方在市场上达成交易，相关的交易费用主要包括搜寻和信息费用，讨价还价和决策费用，监督和执行费用（埃里克·弗鲁博顿和鲁道夫·芮切特，2012：62）。在包括网络借贷在内的非正规的信贷市场上，为实现借贷双方的匹配需要一定的搜寻和信息费用，双方需要讨价还价以确定借贷利率，借出方需要监督款项的用途并督促借款人换款，这些都会产生较高的交易费用，让本可以达成的金融交易无法达成。此外，由于信息不对称的存在，金融市场上的逆向选择和道德风险问题也会让借款人即使愿意以较高利率借款也无法实现均衡的信贷配给（Stiglitz and Weiss，1981）。

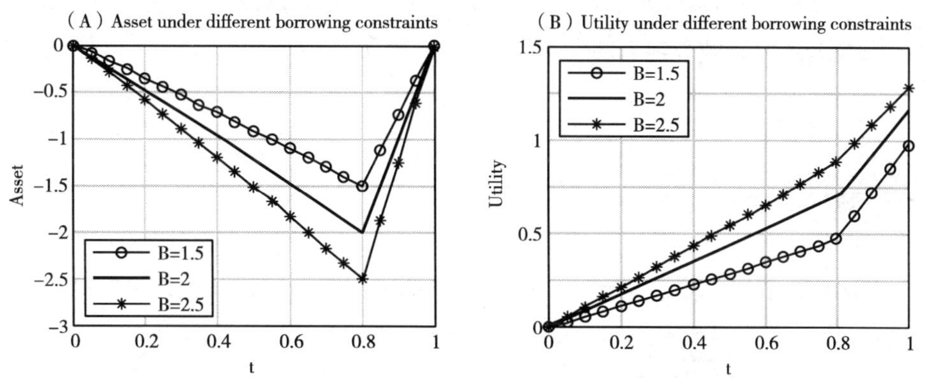

图 2－2　不同融资约束下消费者的资产路径和效用路径

图中所用参数为：$r=0.1$，$T=1$，$S=0.8$，$\hat{y}=20$。

定理2.1和定理2.2的经济含义是：如果“融资上限”B不变，那么$\hat{y}$增加会导致消费者的融资意愿（$-A*$）增加，因此更容易受到融资约束；同时，在受到融资约束的情况下，如果保持$\hat{y}$不变，那么提高“融资上限”B会增加消费者的效用。$\hat{y}$实际上是社会中个体收入波动幅度的一个代表变量，随着经济发展，社会中个体在高收入和低收入时的收入差距加大，比如：随着农业规模化生产，在获得产出前后农民收入波动幅度加大；每个人在成为劳动力之前没有收入，成年以后收入增加的幅度也加大。这种收入波动幅度的增加，让社会个体更容易受到融资约束。影响“融资上限”B的因素有两个：第一，通过扩大金融“互助圈”的规模，增加自己的“融资上限”；第二，随着经济的发展，每个个体的收入也会随之增加，因而即使金融“互助圈”的规模不扩大，每个人的“融资上限”B也有可能增加——他可以从“互助圈”中每个成员那里借到更多的钱。然而，第二个因素完全由经济发展程度所决定，并且由于信息不对称等因素存在，很难大幅改变。社会个体能够改变的是第一个因素，即通过改变金融互助的模式以扩大金融“互助圈”的规模，增加自己的“融资上限”。

综上所述，经济发展会导致收入波动幅度加大，消费者更容易受到融资约束，进而需要扩大金融互助的规模以降低金融约束，从而增加自己的效用。面对融资约束，人们会想方设法降低自己受约束的程度，不断增大自己的金融“互助圈”，这也正是金融互助模式演进的内在逻辑。从常见的私人借贷、合会，到信用合作，再到如今的网络借贷，实际上是社会中受融资约束人群不断扩大融资对象，以缓解或突破融资约束的一种理性选择。

2.3 金融互助的演进

前文分析表明，在融资约束下，社会中的个体有动机相互帮助以提高自己的“融资上限”，从而增加自己的效用。从金融互助模式的演进历史可以看出，这正是一个不断扩大金融“互助圈”规模的过程。本节将依照这一思路分析从私人借贷、合会、信用合作到当前网络借贷的演进。

2.3.1 私人借贷

私人借贷，即在相互熟识的亲戚、朋友之间借贷，是金融互助的最简单形式。这种金融互助方式的优点是交易成本较低，借贷速度快；信息基本对称，避免了信贷市场上常见的道德风险和逆向选择问题；同时，出借人对借款真实用途比较清楚，后期监督也较为容易。此外，私人借贷还通过社会网络对借款人形成了舆论压力，迫使其尽力还贷，因为不还贷的“非货币惩罚”（non - pecuniary penalty）较高。私人借贷的主要形式是为亲戚和朋友之间的无息借款。据考证，民间私人无息借贷在中国最早开始于西周，距今已有约3000年历史（胡必亮等，2006）。

私人借贷的另一极端就是高利贷，这种形式在我国民间也有着悠久的历史。实际上高利贷就是如今网络借贷模式的雏形，因为高利贷一般也有一些“中间人”从中撮合（这些“中间人”提供借贷中介服务，在某些地区被称为“钱中”或者“银背”）。

表2－1　私人借贷的金融互助属性

（A）向个人借出款项信息				
之前是否有借入	样本个数	比例（%）	平均借入金额（元）	平均利率（年息,%）
是	636	34.6	9 355	0.21
否	1 204	65.4	9 552	0.45
总计	1 840	100	9 484	0.36
（B）从个人借入款项信息				
之前是否有借出	样本个数	比例（%）	平均借出金额（元）	平均利率（年息,%）
是	1 056	21.1	11 243	0.58
否	3 958	78.9	10 031	1.43
总计	5 014	100	10 287	1.25

数据来源：2008年和2009年“北大－花旗”农村金融调查。因为大部分是无息借贷，所以平均利率较低。

私人借贷具有明显的金融互助属性。在2008年和2009年北京大学中国经济研究中心组织的“北大－花旗”农村金融抽样调查中，观察到了4 178个农户家庭的1 840 笔借出款项信息和5 014 笔借入款信息。从表2－1中可以发现，34.6%的借出款项发生之前，家庭曾经向对方借钱；21.1%的借入款项发生之前，家庭曾经借钱给对方。表中的信息还显示，对于借出款项，如果之前曾经向对方融资，那么利率平均是0.21%，远低于其他借出款的利率0.45%。对于借入款项，也有这样的规律，如果某项借入款发生之前曾经借钱给对方，则利率平均为0.58%，远低于其他借入款项的平均利率1.43%。这印证了Aghion 和Morduch（2005）的观点：民间的私人借贷有着明确的金融互助属性，借贷活动有相当大的比例是个人之间的相互借贷，并且相互借贷的利率较低。

以私人借贷的形式开展基于亲缘关系的、松散的金融互助，可以实现方便快捷的融资，其借贷成本和违约风险都较低。然而其缺点也较多：（1）金额较小，单个人能提供的富余资金毕竟有限；（2）借款期限不稳定，若出借方需回笼资金，借款人可能需要向其他人继续拆借资金以满足自己的借款期限；（3）金融互助难以保证，举例来说，甲把钱借给乙，并不能确信在自己需要融资的时候乙一定能借钱给自己，因为彼时乙可能没有富余的资金可借出。正因为有以上缺陷，人类社会演化出了合会这种金融形式。

2.3.2 合会

合会（Rotating Saving and Credit Associations，ROSCAs），国内一般译作轮流储贷会，在我国浙江、福建、广西等地长期存在（袁翔珠，2014；邹传伟和张翔，2011）。这一金融互助形式在世界上其他国家，特别是发展中国家也广泛存在，比如在印度称为“Chitfunds”，喀麦隆称为“Njangis”，玻利维亚称为“Pasanakus”（Besley et al.，1993），在我国一般称为“会”（胡必亮，2004）。合会这种金融互助形式不但在大陆地区存在，在台湾地区也是一种重要的非正规金融形式，对帮助会员购买耐用品起到积极作用（Besley and Levenson，1996）。发达国家的合会多在移民群体或少数族裔中存在（Besley et al.，1993），但是在刚果、喀麦隆、尼日利亚等发展中国家，居民参与比例可达到50%～95%（Anderson and Baland，2002）。

合会由“会头”发起并确定合会的规模和周期，其中规模有参加人数和每次支付金额两个维度，周期是指多长时间集会一次。当合会形成以后，会员们定期集会并缴存固定数额的资金，由此聚成的大笔会金按照某种规则轮流分配给每个会员。因为资金具有时间价值，所以每个会员都希望先使用资金。据 Anderson 和 Baland（2002）和 Besley 等（1994）对合会的分类，合会可以分为：摇会（Random ROSCA），即抽签方式随机决定获得会金的顺序；标会（Bidding ROSCA），以会员投标的方式开展英国式拍卖，由愿意此后支付会金最高者获得当期会金；散会（The Discreet ROSCA），在合会形成之初即按照会员的需求、年龄、影响力等决定获得会金顺序。当所有成员都使用（并仅使用）一次会金后，合会的金融互助活动结束。

合会是一种典型的金融互助，在亲缘网络基础上，增加了所在社区的部分其他成员，有效地扩大了私人借贷的范围。其优点是可以实现会员之间的资金融通，帮助会员攒钱来购买大件耐用品，也可以强迫会员储蓄（胡必亮等，2006）。然而，其缺点也显而易见：合会的规模在成立之初就已经确定，不够灵活，如果加入合会以后需要更多的资金则需另外寻找借贷渠道；不能动员外部资金，只能在合会成员之间开展金融互助；会员获得会金的时间不确定，无论是“轮会”还是“标会”，参加人员都不能保证在自己恰好需要贷款时获得贷款。此外，在合会的持续期限内参加合会的会员必须定期储蓄并在某一时期贷款，如果某会员在此期间只想储蓄不想贷款则不能得到满足（Aghion and Morduch，2005）。正因为这些原因，合会这种金融互助形式改善融资约束的能力受到极大限制，因此演化出让存款和贷款更为方便灵活的信用合作。

2.3.3　信用合作

信用合作制度（Credit Cooperative）诞生于 19 世纪中叶的德国，先后传播到世界各地成为世界各国金融体系的重要组成部分（陈耀芳和邹亚生，2005）。信用合作的原理是，社员缴纳股金并在合作社内存款；当社员有融资需求时从社内的资金获得贷款，如若资金不足合作社可向其他合作社调剂资金以满足社员需求。信用合作有两点最重要的原则：（1）门户开放原则，入社自愿，退社自由；（2）集股原则，社员缴纳股金并承担责任。Banerjee 等（1994）指出，信用合作制度之所以能在欠发达地区填补银行业的空白，主要可能有三点原因：信用合作制度有社会惩罚（Social Sanctions）机制，因此会员对待还款不会有机会主义行为；会员之间是一种长期的重复博弈，这样会员不会采取短视行为；会员之间彼此相互了解，可以实施有效的监督。

通常认为我国的农村信用合作社是信贷合作，然而农村信用社自成立之初，就没有实现信用合作的基本要求（谢平，2001）。我国的农村信用合作体系是农业合作化的重要组成部分。最初，农村信用合作和农业生产互助合作、农村供销合作一起，被用来联结农村的经济活动和国家的经济建设，为国家的重工业优先发展战略服务。在发展过程中，因为其治理结构不合理，内部激励约束机制不健全，社员（股东）并无监督农信社经营的动机和能力。同时农信社的经营易受地方政府的干预，信贷资金被用来实现公共财政的职能（金鹏辉，2008；谢平和徐忠，2006）。在经历多次改革后，农村信用社的合作金融属性已荡然无存。

在我国短暂存在的农村合作基金会最初也是按照信用合作的模式建立。此类组织自 1984 年出现，在最初发展章程中规定“入股自愿、退股自由、股权平等”的原则（张元红等，2002），因此“具有社区性、互助合作性，体现了某种金融互助组织的特点”（国家统计局农村经济社会调查队和中国社会科学院农村发展研究所，1998）。然而在此后的发展中，由于各级政府行政力量的参与，逐步违背了合作金融的“门户开放原则”和“集股原则”。导致合作基金会产权不清，会员代表大会虚置，引起管理上的混乱，最终形成大量呆坏账，于 1999 年被中央政府取缔（李静，2002）。

由于农村金融服务的严重不足，自 2006 年以来，银监会开始鼓励设立农村资金互助社这种新型农村金融组织。农村资金互助社基于村庄社区或特定的生产合作社，由全部或部分村民出资入股，组成仅限于满足成员小额借贷需求的信贷基金（麻勇爱和章也微，2011）。王玮和何广文（2008）指出，由于农村资金互助社基于人缘、地缘和亲缘关系，仅在入股社员范围内开展借贷业务，具有信息和成本优势。同时，基于同一社区道德和信念约束，成员之间互相监督制约，防范违约风险，因而能够实现较低的违约率。综上所述，农村资金互助社应是我国现存唯一的信用合作组织形式。

信用合作是一种金融互助，虽然社员的股金和存款资金被归集到一起，但这些资金的贷款对象是合作社内的社员，因此贷款去向很明确——投资人可以通过借款人的借款份额计算出自己资金的去向。信用合作的形式进一步扩大了融资边界，通过信用合作组织，社区内更多的居民可以成为融资对象，个人的融资能力得到了有效的提升，并且融资的期限也更加灵活。然而，基于信用合作的形式，个人融资能力依赖于社区共同体的存在。随着人口流动日趋频繁，这种互助方式的作用受到一定的限制。为了突破这种限制，伴随着互联网技术的快速发展和虚拟网络社区的出现，产生了网络借贷这一金融互助形式。

2.3.4　网络借贷

网络借贷存在的基础是网络上的虚拟社区，如论坛、博客、社交网络等，社区中的用户可以自由、平等地分享信息。实际上，美国最早的网络借贷平台 Prosper 最初就是基于社交网络 Facebook 开展业务。虚拟社区的出现，改变了社会中人与人之间的交流互动方式，也正在改变着人们的行为方式。费孝通在其经典著作《乡土中国》（费孝通，1998）中，对中国社会和西方社会的差别进行了形象的描述。他认为中国社会是一种差序格局，“好像把一块石头丢在水面所发生的一圈圈推出去的波纹，每个人都是他社会影响所推出去圈子的中心”；而西方社会是一种团体格局，“西洋的社会像我们在田里捆柴，……他们常常由若干人组成一个个的团体，在团体里的人是一伙的，对于团体的关系是相同的”。我国传统社会中的私人借贷所依赖的是差序格局中的圈层结构，借贷的顺序、金额、利率、期限依亲疏而定。网络虚拟社区的出现，意味着社会可能加速从差序格局向团体格局转变，因而带来金融互助模式的加速转变，这是我国网络借贷快速发展的时代背景。

网络借贷模式于 2005 年在英国诞生，不同于借助银行等金融中介的间接融资方式，P2P 借贷是一种直接融资，P2P 借贷平台（以下简称“平台”）只起到信息中介的作用，通过匹配资金的供给和需求获取佣金。网络借贷的运作完全借助互联网[①]：借款人（Borrower）向平台提出借款申请，经平台审核通过后，在平台的网页上公布（称为列表，List）；投资者（Lender）浏览这些借款信息，根据自己的投资偏好决定投资到哪个（或哪些）借款人。平台以及在平台网站注册的投资人和借款人构成了一个虚拟的社区，这一“社区”内的个体互相资金融通，社区内的用户也可以自由、平等地相互交流。

网络借贷是一种金融互助，这是因为投资人清楚地知道自己的资金借给了谁（尽管只是网络上的虚拟名称），而且有完全的投资自主权——可以决定投资对象。平台只是起到促成双方匹配的信息中介作用，没有资金池。这是和传统的金融互助一脉相承的，但和金融中介模式有本质区别——在金融中介模式中，由金融中介集中统一地做出投资决策，并且设立资金池以匹配借贷双方的借款金额和借款期限。网络借贷用户借出资金时，一般要求小额分散地借给多个人，以降低风险；借入资金时，也是多个投资人把钱借给他。因此从用户的角度看，借入借出资金都是“一对多”的金融交易，这也和合会、合作金融等有类似之处。借出款项者只知道把钱借给了平台上注册的用户，并不知道借款人的真实身份[②]；同样，融资者也只知道是平台上注册的用户把钱借给他，不知道出借人的真实身份。从这个意义上说，网络借贷可以看作是平台上所有的注册用户之间的金融互助。

由于网络借贷平台一般只有几年的历史，有些用户只在平台借出资金，没有融资；另一些人只融资，没有借出资金。但这并不影响网络借贷的金融互助属性，一种金融形式是否是本文所理解的金融互助，不在于已经发生或必然发生相互借贷，而在于借贷的参与方限于特定群体之内。网络借贷平台为注册用户提供了金融互助的可能性，这与合作金融机构是一样的。在合作金融中，一定时期以内也会出现只存款不贷款（或只贷款不存款）的客户，但合作金融机构设立的目标就是金融互助（如我国的新型农村金融组织：农村资金互助社）。

---

① 网络借贷在我国的发展过程中，运作模式为适应国情作了一些调整，比如开展线下调查，通过“风险准备金”提供某种程度的担保，甚至建立法律不允许的“资金池”等，限于篇幅不详细讨论。

② P2P有多种模式且在不断发展变化中，主流的模式是出借人和借款人双向匿名，但也有的模式中出借人某种程度上知道借款人真实信息甚至认识借款人。

作为互联网时代的金融互助模式，网络借贷有如下特点：

2.3.4.1　交易便捷化

得益于网络支付技术的进步和移动互联网技术的发展，网络借贷活动中借款还款都在互联网进行，其效率是传统的金融互助模式难以企及的。根据彼得·兰顿（2013）介绍，在征信系统较为发达的美国，借助互联网技术，信用较好的借款人从提出借款申请到拿到全部借款只需数小时。即便是在我国当前的信用环境中，借款人的融资效率也超过传统银行贷款（零壹财经，2013）。依靠移动互联网技术的支持，如今申请贷款、浏览列表和投资都可以在移动终端上完成，因此虚拟社区内的人群随时随地都可以开展网络借贷活动，进行高效的金融互助。

2.3.4.2　社区虚拟化

传统的金融互助在亲缘网络或社区群体之内完成。互联网时代的金融互助则超越亲缘关系，所依靠的社区也不是传统的实体社区，而是网络上的虚拟社区。网络借贷成员借入或借出款项时，尽管不知道对方的真实身份，但知道对方一定也和自己一样，是网络借贷平台的注册用户。投资人和借款人都需要在平台注册账号，可以在平台提供的论坛里面交流借贷经验，这就形成了一个虚拟的社区。投资活动和融资活动都在社区内完成：社区个体如果资金富余，可以投资到社区内的列表；如果个体有融资需求，也可以在社区内发布列表；社区成员也可以利用其在社区内的债权作抵押，向社区其他成员融资。从这个角度看，网络借贷和信用合作非常相似，不同仅在于后者是实体社区，而前者是虚拟社区。

笔者采用“虚拟社区”这个词，因为参加网络借贷的人员不会限定于“一定范围的地域”，但可以通过网络论坛等工具实现交流，其余特征和社会学意义上的“社区”相同。网络社区有着和现实社区同样的结构要素：成员、空间范围、管理体系、社区共同文化、社区的归属意识等（赵孟营，2006）。只是互联网使得人与人交往不再具有自然地理和现实社区等空间界定性质，网络社区的地域含义已经指向网络空间的某个网站或大网站的社区中（郭玉锦和王欢，2005）。虚拟借贷社区的出现，突破了传统社区的地理限制，极大地扩大了金融“互助圈”的规模。传统金融互助社区一般在县域范围之内，而虚拟借贷社区的范围扩大到了全国范围之内，如果资本可以在国际自由流动，这一互助的范围还将扩大到全球范围。虚拟社区的出现对缓解借贷双方的信息不对称有极为重要的作用。在虚拟社区中，通过“大众点评模式”的用户反馈，实现了高效的信息搜集和信息共享；依靠长时间的数据积累，让信息在人与人之间实现“均等化”；借助网络上的重复博弈机制，贷款利率和贷后违约率都可能随之降低（谢平等，2014）。

2.3.4.3　监督难度大

传统的金融互助通过亲缘关系或社区共同体的监督（Banerjee et al.，1994），确保借款人按约定使用资金并如约归还本息。社区规范的存在，让交易可以作为一种自发秩序而实施，自我实施规范的约束替代了法律和市场规则（王玮和何广文，2008）。然而，网络借贷依赖的社区是虚拟社区，社区成员在生活中并不认识，因而这种社区难以有效发挥群体监督作用。虽然移动互联网的出现让虚拟社区成员可以随时随地沟通，但融资方实际如何使用资金并不为虚拟社区中其他成员所知晓。此外，传统社区的成员很难脱离社区，一旦个体违约，会受到一定的“非货币惩罚”，比如道德谴责等。这种“非货币惩罚”在某种程度上确保了金融合约的执行。在虚拟社区中，违约的个体可以从此退出社区，如果需要融资再加入别的虚拟社区。社区无法“惩罚”违约的成员，因而也失去了对此类成员的约束。因此，网络借贷中，对借款人的监督是此类金融交易模式得以持续的关键。在美国，通过完善的征信系统让借款人和平台构成重复博弈，确保借款人能按时还本付息；在中国，更多的是通过平台工作人员的实地走访调查实现。

2.4 金融互助模式演进的逻辑

从制度经济学的视角看，交易双方在市场上达成交易，相关的交易费用主要包括搜寻和信息费用，讨价还价和决策费用，监督和执行费用（埃里克·弗鲁博顿和鲁道夫·芮切特，2012）。这三种费用在金融市场交易中也存在，并且随着金融互助规模的扩大，相关的交易费用（特别是搜寻和信息费用、监督和执行费用）也增加，表现出边际成本增加的特征。扩大金融互助规模会降低金融约束，让参与者效用增加，但边际效用会递减。这样，在给定时期，对于这一时期的特定人群，就有一个最优金融互助规模，让改变金融互助规模带来的边际效用等于边际成本。如图 2－3（a）、（b）中 *G* 点所示。随着经济发展，收入变动加剧，扩大金融互助规模的边际效用曲线向上移动，最优规模就到了 *G′*（见图 2－3（a）)，这代表了从私人借贷到合作金融的演进过程。互联网技术的发展让沟通和金融交易变得异常便捷，至少会降低交易成本中的信息和搜寻成本，使之趋近于零。表现在图上就是金融互助的边际成本曲线向下移动，因此即使金融互助的边际效用曲线不变，最优的互助规模也会从 *G* 变化到 *G″*（见图 2－3（b)），这就是如今网络借贷产生的内在逻辑。

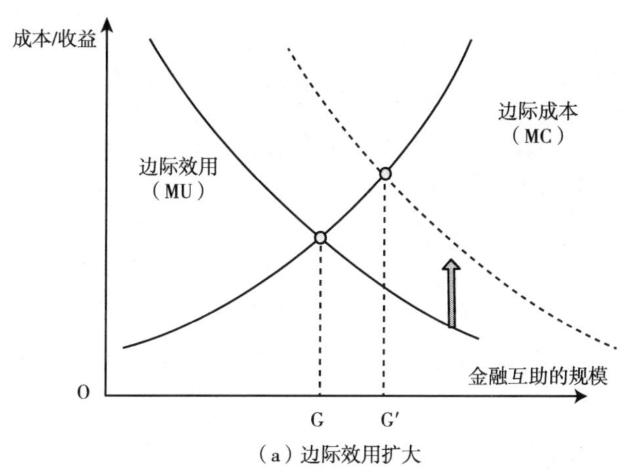

（a）边际效用扩大

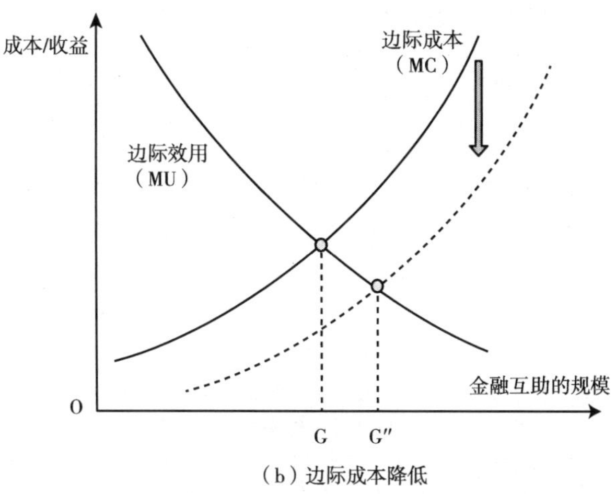

（b）边际成本降低

图 2－3　扩大金融互助规模的边际效用与边际成本

综上所述，金融互助处于何种规模主要由扩大金融互助圈的边际效用和相应的（边际）交易成本决定。边际效用取决于社会经济发展状况和个人的收入波动幅度等因素，而边际交易成本很大程度上与技术进步有关，两者之间的平衡决定了金融互助的规模。①

2.5 本章小结

本章回顾了人类社会金融互助模式的发展脉络，并以缓解融资约束的视角为这一历史演进逻辑做出了统一的解释。文章定义的金融互助是指在群体内部成员之间相互借贷的一种合作形式。私人借贷、合会、信用合作是传统金融互助的具体表现形式，网络借贷是在注册会员群体内部的借贷，也是金融互助的一种。商品、证券、甚至网络借贷债权买卖，虽然也需要注册用户，但因不是借贷行为，不符合金融互助的定义。金融互助的概念也不是无限扩大，非正规金融活动中类似“银背”、地下钱庄等利用资金池从事存贷款业务的类银行金融中介也不符合金融互助的定义，因为他们的存贷款对象都不会限定于群体内部。

为解释融资约束对社会个体的影响，我们构建了一个动态模型。模型显示当个人面对收入的波动时希望减少消费的波动，即平滑自己的消费。为了实现这一目的，需要向社会中其他个体进行融资。如果这种融资行为受到约束，那么个人的效用会受到影响，受到约束的程度越严重，效用受到的影响越大。社会中金融互助的演进过程，从私人借贷到合会，再到信用合作、网络借贷，即是一种不断扩大互助范围，以降低个人所受融资约束程度的过程。

理论模型显示，当收入波动加大和利率降低时，人们平滑消费的需求更为迫

① 在现实中我们可以发现私人借贷、合会、合作金融、网络借贷等种融资方式并存，这主要因为每个人参与金融互助的边际效用都不一样。即使在当今社会，也有相当一部分人群维持较为简单的生存方式（比如主要依靠工资生活），收入波动幅度较小。对于这部分人群，参与金融互助的边际效用就会比较小，这导致他维持较小规模的金融互助圈。对于收入波动较大的人群，维持较大规模的金融互助圈是最优选择。

切，因此更容易受到融资约束。随着社会经济的发展，社会中个体的收入高峰和收入低谷差距越来越大，如果融资能力不改变，这将导致现代社会的个体更容易受到融资约束。为了避免融资约束，从亲戚朋友之间的私人借贷模式，发展到更广范围的合会模式（ROSCAs），再发展到社区范围的信用合作模式（Credit Co-operative），社会个体的融资范围不断扩大。然而由于人口流动的加快，亲缘网络和社区共同体日益衰微，建立在此基础上的传统金融合作模式不能适应当今社会的需求。随着互联网技术的发展，借助网络借贷，社会个体的融资范围突破现有社区的边界，在网络上形成虚拟的金融互助社区，个人的融资能力得到有效提升。

网络借贷依靠虚拟社区，让金融互助的边界极大扩张，但也使得传统金融互助模式下的社区监督变得极为困难。为了让这种新型金融互助模式健康发展，监管政策可以采取如下措施：(1）借助传统的社会环境和法律体系形成惩罚力量。虽然社区是虚拟的，但注册账号应必须实名，并审核借款人真实身份。一旦其违约则可以公开违约行为，让其不但受到法律的惩罚，还会受到虚拟社区中的舆论惩罚。(2）有效利用征信系统。让合格的P2P平台可以查询征信系统，并把违约的借款人信息记入征信系统，让借款人和平台之间在虚拟社区中和现实社会中都能形成重复博弈，以增加对违约借款人的惩罚。(3）强化平台的信息中介作用。平台不得为借款人担保，更不得有资金池，避免平台参与借贷双方的金融交易。总之，必须通过种种监管措施，确保网络借贷的“金融互助”特性，避免其成为金融套利、投机、非法集资的场所，只有这样才能有效降低平台的违约风险以及由此导致的系统性金融风险。

（本文原文发表在《金融研究》2017年第3期）

2.6 本章附录

附录1：引理2.1的证明

为了求解优化问题（P1）。依蒋中一（1999）建议的求解方法，构建汉密尔

顿函数如下，

$$H = u(c) + \lambda[y - c + rA]$$

根据最大值原理的条件：

$$\frac{\partial H}{\partial c} = u'(c) - \lambda = 0 \tag{A2.1}$$

$$\dot{\lambda} = -\frac{\partial H}{\partial A} = -\lambda r \tag{A2.2}$$

由（A2.2）解得，$\lambda = C_0 e^{-rt}$，其中 C_0 为常数。带入（A1）得 $u'(c) = \lambda = C_0 e^{-rt}$。又由于 $u(c) = \ln(c)$，带入得到 $\frac{1}{c} = \lambda = C_0 e^{-rt}$。令 $C_1 = 1/C_0$，得到

$$c = C_1 e^{rt} \tag{A2.3}$$

第一种情况，如果 $t < S$，此时 $y = 0$，消费者的资产的动态变化满足：$\dot{A} = -C_1 e^{rt} + rA$，即 $\dot{A} - rA = -C_1 e^{rt}$。此为线性常微分方程，其解为：

$$\begin{aligned} A &= e^{-\int -rdt}\left[\int((-C_1 e^{rt})e^{\int -rdt})dt + C_2\right] \\ &= e^{rt}[-C_1 t + C_2] \end{aligned}$$

根据边界条件 $A|_{t=0} = 0$，得到 $C_2 = 0$，所以

$$A = -C_1 t e^{rt} \tag{A2.4}$$

第二种情况，如果 $t \geqslant S$，此时 $y = \hat{y}$，消费者资产的动态变化过程变为：$\dot{A} = \hat{y} - C_1 e^{rt} + rA$，即 $\dot{A} - rA = \hat{y} - C_1 e^{rt}$。也是线性常微分方程，其解为：

$$\begin{aligned} A &= e^{-\int -rdt}\left[\int((\hat{y} - C_1 e^{rt})e^{\int -rdt})dt + C_2\right] \\ &= e^{rt}\left[\int \hat{y} e^{-rt} dt - C_1 t + C_2\right] \\ &= -\frac{\hat{y}}{r} + e^{rt}[-C_1 t + C_2] \end{aligned}$$

根据边界条件 $A|_{t=T} = 0$，得到 $C_2 = C_1 T + \frac{\hat{y}}{r} e^{-rT}$，所以

$$A = C_1(T-t)e^{rt} + \frac{\hat{y}}{r}[e^{r(t-T)} - 1] \tag{A2.5}$$

在上述优化问题中，消费者的资产 A 是状态变量，应满足连续性。在 $t=S$ 时，从第一种情况的资产方程（A2.4）和第二种情况所求得的资产方程（A2.5）应该得到相同结果：

$$-C_1te^{rt}|_{t=S} = \{C_1(T-t)e^{rt} + \frac{\hat{y}}{r}[e^{r(t-T)} - 1]\}|_{t=S}$$

整理可得：$C_1 = \frac{\hat{y}}{rT}(e^{-rS} - e^{-rT})$。所以，消费为 $c = \left[\frac{\hat{y}}{rT}(e^{-rS} - e^{-rT})\right]e^{rt}$；

当 $t < S$ 时，$A = -\left[\frac{\hat{y}}{rT}(e^{-rS} - e^{-rT})\right]te^{rt}$；

当 $t \geqslant S$ 时，$A = \left[\frac{\hat{y}}{rT}(e^{-rS} - e^{-rT})\right](T-t)e^{rt} + \frac{\hat{y}}{r}[e^{r(t-T)} - 1]$。

附录 2：引理 2.2 的证明

信贷约束将改变消费者在 $t=S$ 时的边值条件，即在第一种情况和第二种情况下，都需要增加一个边值条件 $A|_{t=S} = -B$。

第一种情况，若 $t<S$，根据（A2.4）式，

$$A|_{t=S} = -\hat{C}_1te^{rt}|_{t=S} = -B$$

得到 $\hat{C}_1 = \frac{B}{S}e^{-rS}$。所以，带入消费方程（A2.3）和资产方程（A4）得到：

在 $0 \leqslant t < S$ 这一时间区间，消费为 $c_t = \left(\frac{B}{S}e^{-rS}\right)e^{rt}$，资产为 $A = -\left(\frac{B}{S}e^{-rS}\right)te^{rt}$。

第二种情况，若 $t \geqslant S$，根据资产的方程（A2.5），和边值条件得到

$$A|_{t=S} = \tilde{C}_1(T-t)e^{rt} + \frac{\hat{y}}{r}[e^{r(t-T)} - 1]|_{t=S} = -B$$

计算得到 $\tilde{C}_1 = -\frac{B}{T-S}e^{-rS} + \frac{1}{T-S}\frac{\hat{y}}{r}(e^{-rS} - e^{-rT})$，同样带入消费方程（A2.3）和资产方程（A4）得到：消费为 $c = \tilde{C}_1e^{-rt} = \left[-\frac{B}{T-S}e^{rS} + \frac{1}{T-S}\frac{\hat{y}}{r}(e^{-rS} - e^{-rT})\right]e^{rt}$；

资产为 $A = \left[-\frac{B}{T-S}e^{-rS} + \frac{1}{T-S}\frac{\hat{y}}{r}(e^{-rS} - e^{-rT})\right](T-t)e^{rt} + \frac{\hat{y}}{r}[e^{r(t-T)} - 1]$。

附录3：定理2.2的证明

记 $M(B) = \frac{B}{S}e^{-rS}$，$N(B) = \frac{B}{S - T}e^{-rS}$，$H = \frac{1}{T - S}\frac{\hat{y}}{r}(e^{-rS} - e^{-rT})$。在消费者受到融资约束的情况下，若 $t < S$ 消费可写为 $c = M(B)e^{rt}$；如果 $t \geqslant S$，消费可写为 $c = [N(B) + H]e^{rt}$。

消费者的总效用为：

$$
\begin{aligned}
U(B) &= \int_0^T u(c)\,dt = \int_0^S \log[M(B)e^{rt}]\,dt + \int_S^T \log[(N(B) + H)e^{rt}]\,dt \\
&= S\log M(B) + (T - S)\log[N(B) + H] + \frac{1}{2}rT^2
\end{aligned}
$$

所以，$\frac{\partial U(B)}{\partial B} = \frac{H + N(B) - M(B)}{M(B)(N(B) + H)e^{rS}}$。注意到其中，

$$
H + N(B) - M(B) = \frac{1}{T - S}e^{-rS}\left[-\frac{TB}{S} + \frac{\hat{y}}{r}(1 - e^{-r(T-S)})\right] > 0
$$

最后的不等号是根据条件 $A^* = \frac{S}{T}\frac{\hat{y}}{r}[e^{-r(T-S)} - 1] < -B$ 得到。所以$\frac{\partial U(B)}{\partial B} > 0$，总效用 $U(B)$ 对于B是递增的。

第 3 章

民间借贷中的分类相聚性质研究

3.1 引言

在婚姻市场上，由于择偶竞争，使得配偶双方能够按照一定的属性，如财富、教育等，各自排序并形成匹配（Becker，1973）。正向分类相聚现象（Positive Assortative Matching，PAM），指的是丈夫的某种属性和妻子的某种属性呈正相关关系。反向分类相聚现象（Negative Assortative Matching，NAM）指的是丈夫的某种属性和妻子的某种属性呈负相关关系。Becker（1973）的研究发现，形成婚姻关系的男女双方在物质资本、教育、身高、种族等方面正向分类相聚，而在工资率等存在替代关系的属性方面反向分类相聚。

这样的分类相聚性质不仅在婚姻市场中存在，在经济中其他方面也可以观察到。Li（2008）对此类文献做了比较详细的综述。例如，在就业市场上，工人的技能和职位是正向分类相聚的。这是因为产出函数中，技能和资本是互补的。所以高技能的工人得到的报酬高于低技能工人得到的报酬，不仅因为他们之间的技能差异，更因为前者得到了更好的工作机会。因此，观察到的工人的工资分布相对于其技能分布向右倾斜。

金融市场上分类相聚现象也得到了很多学者的关注。例如，在关于获得风险投资的企业上市成功率的研究中，Sørensen（2007）发现那些获得有经验的风险投资的公司更容易上市。作者构建了双边匹配模型，以及相应地基于结构方程模型的计量分析，认为其中原因有两方面：其一是这些有经验的风险投资的本身的经验起作用，他们为公司价值的提升作了很大贡献；其二是排序作用——有经验的风投在选择公司的时候就选择了那些有潜力的公司，风险投资和公司是正向分类相聚的。

在一项关于并购与重组中双方的市账比（Market to Book Ratio）的状况的研究中发现，高市账比的公司在并购的时候，一般不会选择是那些低市账比的公司。并购的双方，往往市账比差别不大，即表现出正向分类相聚性质（Rhodes - Kropf and Robinson，2008）。文章引入搜寻摩擦，在搜寻模型的框架下，假定并购双方的资产有互补性质，构造了一个模型以解释这一现象。

发行股票的公司和承销商之间的匹配属性也满足正向分类相聚性质。公司和承销商是双向选择的，并且发行公司的质量和承销商的能力是互补的。因此，在均衡状态下，两者呈现正向分类相聚：高品质的发行公司和高能力的承销商匹配，低品质的发行公司和低能力的承销商匹配。所以观察到的现象是发行公司的品质和承销商的能力正相关（Fernando et al.，2005）。

在民间借贷市场上，一个借贷合约由贷款数量、利率、期限以及抵押担保等要素组成。贷款人会根据自己对流动性、风险的考虑和信息的掌握情况，设计出不同的借贷合约。不同的借款人会根据自己的属性和从事的经营活动，系统而有序地选择不同的贷款合约（Conning and Udry，2007），所以在借贷市场上借贷双方会形成一定的匹配模式。Nagarajan 等（1995）研究了菲律宾非正规信贷市场中借贷双方的职业匹配。借贷双方为了内部化交易成本，使经济活动更为便利，会自发地发生一定的匹配：借出方一般从事与非农业生产而借入方一般从事农业生产。

产生分类相聚性质的充分条件在这些文献中都作了详尽的阐述。在无摩擦的市场上，匹配收益函数的超模性质（Supermodular）是正向产生分类相聚性质的充分条件（Becker，1973；Shimer and Smith，2000）。假定匹配的双方对应的属性分别为 x 和 y，匹配双方需要相互结合才能产生收益，收益函数为 $\varphi(x,y)$。对于任意的 $x_1 < x_2$，$y_1 < y_2$，如果收益函数满足：

$$\varphi(x_2,y_2) - \varphi(x_1,y_2) > \varphi(x_2,y_1) - \varphi(x_1,y_1) \tag{3.1}$$

则称 $\varphi(x,y)$ 满足超模性质（Supermodular）。相应地，对于任意的 $x_1 < x_2$，$y_1 < y_2$，如果收益函数满足：

$$\varphi(x_2,y_2) - \varphi(x_1,y_2) < \varphi(x_2,y_1) - \varphi(x_1,y_1) \tag{3.2}$$

则称 $\varphi(x,y)$ 满足子模性质（Submodular）。这是反向分类相聚的充分条件。

（3.1）式的经济含义是，尽管每个参与人都希望所匹配的对方有较好的属性，但是相对于属性差的参与人，属性较好的参与人从对方的属性改进中得到的收益更大。如果把上式移项后转变为：

$$\varphi(x_2,y_2) + \varphi(x_1,y_1) > \varphi(x_2,y_1) + \varphi(x_1,y_2) \tag{3.3}$$

则更容易看出这一条件和正向分类相聚性质的关系。如果（3.3）式满足，则说明正向分类相聚（即属性好的和属性好的匹配，属性差的和属性差的匹配）满足匹配双方的利益最大化原则。在此条件下，均衡的匹配结果就构成了博弈的核，没有达成匹配的那些人不可能通过形成新的匹配来使整体的收益得到帕累托改进（Li，2008）。

如果市场上有摩擦，情况则有所不同。摩擦可能来自信息不对称、信息不完全等信息问题，也可能来自希望匹配的双方彼此搜寻的时间成本。Shimer 和 Smith（2000）在搜寻模型中证明了分类相聚属性也是成立的，但是需要加上比条件（3.1）更为严格的条件。在模型中，每个没有形成匹配的参与人以一定的速率随机地碰到另一个没有形成匹配的参与人。他需要在立刻形成匹配，和继续等待以期在下一时刻获得更好的匹配之间做出抉择，而等待是有时间成本的。作者定义了有搜寻摩擦条件下的分类相聚性质，此时不再要求每个参与人只和他属性一样的参与人匹配，允许每个人的匹配集合是和他属性相近的参与人的一个集合。在条件（3.1）成立的情况下，这一模型的均衡是存在的，但是如果使得均衡符合分类相聚性质，则需要加上更多条件。

我们发现，民间信贷资金并不是一致地从富人流向穷人，也不是一致地从穷人流向富人，而是现出较强的正向分类相聚性质：穷人把钱更多地借给了穷人，富人把钱更多地借给了富人。在相对发达的地区，这一特征表现得比较明显。

为了解释这些现象，本文基于 Shimer 和 Smith（2000）的分析框架，建立了搜寻－匹配模型。民间借贷多发生在亲戚朋友之间，但这不是随机地发生。在借贷发生之前，每个需要借入资金的人都会思考借入款会给自己带来多大的收益或效用，并分析款项给每个潜在的借出人带来的收益或效用损失。同样道理，每个借出款项的人在借出资金之前，都会考虑自己借出资金的成本及给潜在的借入资金的人带来的好处。在综合考虑这些因素，并确保借贷的收益大于借贷的成本时借贷才有可能发生。

在设定上，本文放弃了条件（3.1）的要求，只是要求 $\varphi(x,y)$ 满足连续性，单调性。同时与 Shimer 和 Smith（2000）要求 $\varphi(x,y)$ 的对称性不同，本文要求 $\varphi(x,y)$ 对 x、y 具有可分性。在本文的设定条件下，均衡依然是存在的，均衡的匹配集合较好地拟合了从数据中观察到的现象。

本章的 3.2 节介绍研究所用的数据来源及民间借贷关系的基本特征，描述了分类相聚性质的表现。3.3 节构建了数学模型。模型中均衡解的定义，以及均衡的存在性证明在文章的 3.4 部分。3.5 节总结本章的发现和不足。最后，章中定理的证明放在本章的 3.6 节。

3.2 数据及描述统计

本章研究所用的数据来自北京大学中国经济研究中心 2008 年和 2009 年暑假期间组织的农村金融调查。这两次调查都是抽样调查，共访问了分布在陕西省、吉林省、江苏省、云南省、湖南省、黑龙江省的 18 个县市的 4 178 户农户。调查过程中，我们除了记录农户的基本生产、生活、消费、资产配置、储蓄贷款等情况外，还询问并记录了所调查农户参与的民间借贷情况。民间借贷包含农户的借入款和借出款，分别记录了农户近三年以来主要的借入款和借出款的金额、利率、贷款去向等属性。由于农户的借入款中有比较大规模的资金从城市亲戚朋友中流向农村①，不能代表农村内部金融市场的一般属性，所以本文的研究利用的

① 以 2009 年调查的数据为例，样本农户共借入资金 1 328 万元，但仅借出 354.9 万元。因此借入款和借出款之间有较大的不平衡。考虑到我们的抽样是在除县城以外的村庄抽样，可以推断有大量的资金通过亲友借款从城市流向农村。

是农户问卷调查中获得的农户借出款的信息。同一农户可能有多笔借出款，也可能没有借出款。两次调查中共获得 1 881 笔借出款的信息。借出款的基本信息统计如表 3 – 1 所示。

表 3 – 1　　　　农户借出款的基本信息

县别	样本数	其中		平均每笔借出款金额（单位：元）	有息借出款的平均利率（年率,%）
		无息	有息		
府谷县	63	55	8	6 877	13. 3
丹凤县	72	70	1	5 099	1. 5
长安县	92	88	2	7 274	1. 35
图们市	74	66	4	9 011	8. 1
公主岭	82	78	2	4 839	18
德惠市	98	97	1	4 543	14
大丰市	285	277	8	8 794	6. 66
扬中市	198	193	2	12 368	11. 5
常熟市	180	168	6	18 813	7. 33
彝良县	61	59	1	4 411	17
南涧县	72	72	0	5 915	
嵩明县	142	140	2	16 189	9
桑植县	64	62	0	9 871	
岳阳县	104	87	16	7 063	11. 5
醴陵县	74	71	2	5 657	12
龙江县	111	100	5	5 208	12. 74
东宁县	79	72	6	10 400	9. 47
漠河县	30	30	0	4 857	
总计	1 881	1 785	66	9 401	10. 25

观察到的有效借出款中，1 785 笔借出款是无息的，66 笔借出款是有息的，另有 30 笔借出款缺失利率信息。有息借款占总样本数的 94. 9%，说明农户间无息借贷占绝大多数。为数不多的有息借出款所涉及的利率也是比较低的，平均而言只有 10. 25%，和农信社的贷款利率大致相当。平均每笔借出款的金额是比较可观的，总的平均而言达到 9 400 元。个别地区，如经济比较发达的常熟市，单笔借出款金额达到 18 813 元。另外，处于云南省省会昆明市郊区的嵩明县，单

笔借出款也达到了 16 189 元。即便是经济欠发达的彝良县，单笔借出款平均也超过了 4 000 元。这说明农户之间的借贷已经不是传统意义上的小额借贷，几百元甚至几千元的借款已经不能满足一般农户的需求。

从表 3－1 中可以看出，越是发达的地区，民间借贷越是活跃；越是不发达的地区，民间借贷越是冷清。如江苏省的三个县市，借贷发生得远远比吉林省和陕西省频繁。在同一个省内，也表现出如此特征。如在云南省，调查的三个县中，处于昆明市郊的嵩明县借贷发生的频次远远高于南涧县和彝良县。湖南省的岳阳县，民间借贷的繁荣程度也高于桑植县和醴陵市。黑龙江省调查的三个县中，漠河县和东宁县都处于国境线，经济相对于龙江县落后，前两个县的民间借贷发生的频次也小于后者。这与传统的认识不一致，一般认为不发达地区的缺乏正规金融的支持，因此非正规金融会相对更加发达。

图 3－1（a）中描述了借款人与借出款农户的关系。接近 2/3 的借款中借贷双方是近亲关系，另外，包括邻居在内的朋友关系占了总借款样本的 1/4 多。相比较而言，远亲之间的借贷比较少，甚至少于同事之间的借款，和俗语中说的“远亲不如近邻”相一致。

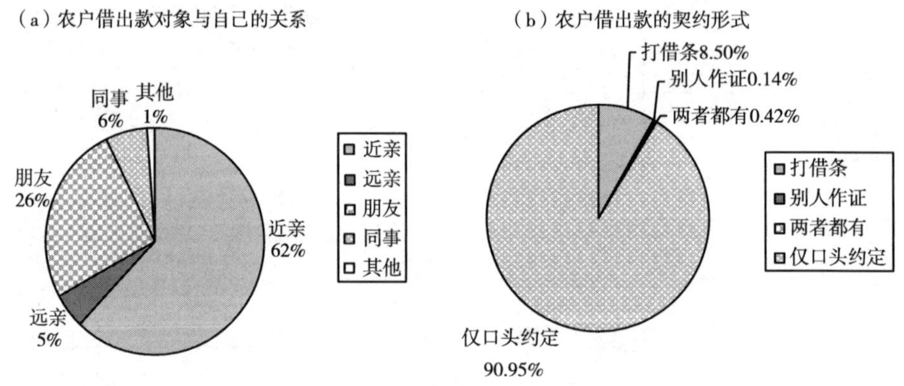

图 3－1　借贷双方关系和契约形式

在图 3－1（b）中描述了借款双方的契约形式。从某种意义上说，借款人之间的熟悉程度决定了双方借贷的契约形式。由于大部分借贷发生在比较亲近的近亲属之间和朋友之间，所以观察到的借款契约大部分是口头约定，占到了样本总数的 91%。通过相对正规的“打借条”方式约定的借款之占样本总数的 8%。而通过“别人作证”来保证还款的方式很少，几乎可以忽略不计。

我们在问卷中设计了“找您借钱的人家里的收入比您家高还是低”这一问题，并给出了三个选项：“高”“差不多”“低”，让访问员根据农户的回答选择。从数据的统计来看，农户回答“差不多”的比例显著高于另外两种选择的比例。图 3－2 中给出的是分地区的统计数据以及所有调查地区的合计统计数据，纵坐标是该地区选择某选项的农户占所有回答该问题的样本的比例。从图中可以看出，绝大多数地区都是借贷双方收入“差不多”的样本最多，高于其他两种情况（借入方比借出方收入“高”或“低”）。总的来看，约 45% 的农户认为向他借款的人收入和自己“差不多”，选择借入方收入比自己“低”的农户和借入方收入比自己“高”的农户均不足 30%。这样的差距在黑龙江省的龙江县最为明显，接近 60% 的农户认为借入方与自己的收入“差不多”，认为借入方比自己收入“高”或“低”的农户分别只有 20% 左右。只有三个地区的农户选择有例外，彝良县、图们市和漠河县。这三个地区都是处于边疆或交通不便的地区。

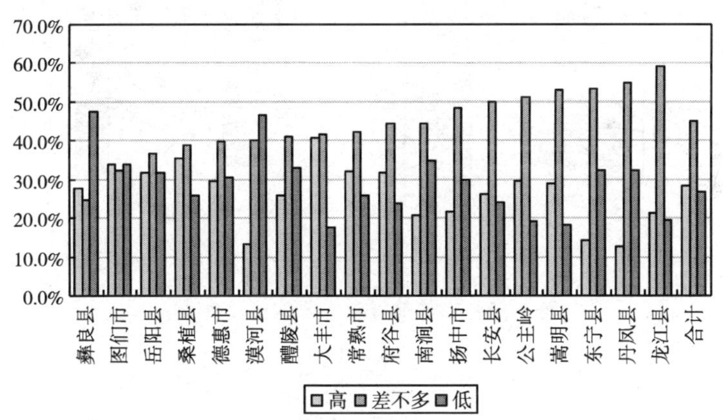

图 3－2　民间借款借贷双方收入比较

注：图中信息为借入方收入比借出方高、低或差不多。

接下来，将农户按照资产数量分类，把所有农户均分为：“最穷”“较穷”“较富”“最富”四类。研究这四类农户各自的借贷特征。

农户资产包括：实物资产（机械设备、运输工具和耐用消费品），金融资产（股票、基金、债券、现金、储蓄、债权），房产，存粮。其中，金融资产和存粮按照年底的实际价值计算。考虑到房产有折旧和升值两方面的因素，且这两方面的影响相互抵消，所以计算房产的价值时按照建设的成本计算。农户实物资产的计算则按照 Paulson 和 Townsend（2004）的方法，把购买时的价格从购买的年份折旧到 2007 年或 2008 年，每年的折旧率为 0.9。

农户分类以后，“最穷”“较穷”“较富”“最富”四类农户对应的平均资产分别为：13 842.73 元，41 768.84 元，86 025.48 元，255 050.2 元。这四类农户的借出款对象和他们的关系如图 3 – 3 所示。虽然四类农户的资产差异较大，但对应于每一类农户，他们都是把钱比较多地借给了和他们收入水平差不多的农户。以“最穷”的农户为例，借出给和他们“差不多”的农户 225 笔借款，远高于借出给比他们收入高的农户（153 笔）和比他们收入低的农户（86 笔）。

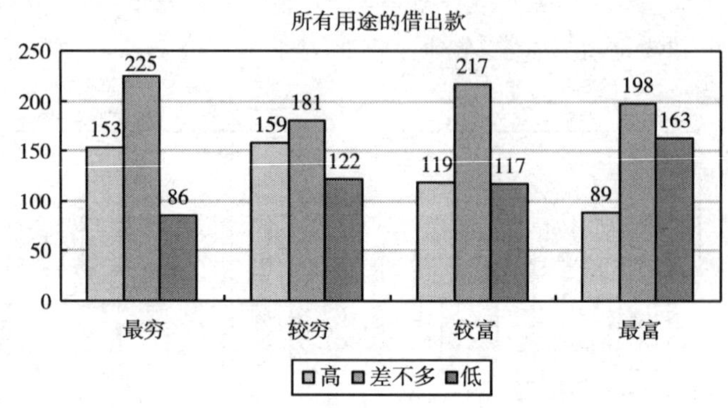

图 3 – 3　农户借贷双方收入比较（A）

注：图中是用于所有用途的私人借贷双方的收入比较。

图 3 – 3 中反映的是所有借款的情况，用于生产目的的借款的情况也是这样，图 3 – 4 中所示的是用于农业生产的借款的情况。每一类型的农户都更多地把钱借给了和自己收入“差不多”的农户。或者说，每一类型的农户在需要借钱时都找和自己收入“差不多”的农户去借。

上述“穷帮穷，富帮富”的性质，仅仅从社会学的角度很难解释。固然，穷人更多亲戚朋友是穷人，富人更多亲戚朋友是富人，但是这并不保证一定是穷人把钱更多地借给穷人，富人更多地把钱借给富人。如果这些个人之间的借款是帮扶性质的，那么应该一致地从富人流向穷人，每个人都把钱借给比自己穷的人。如果这些借款是投资性质的，那么应该一致地从穷人流向富人，每个人都把钱借给比自己富有的人。本章的第三部分使用经济学模型对这种“穷帮穷，富帮富”现象给予了经济学解释。每个需要借入资金的人都会思考借入款会给自己带来多大的收益或效用，并分析款项给每个潜在的借出人带来的收益或效用损失。同样道理，每个借出资金的人在借出资金之前，都会考虑自己借出资金的成本及给潜在的借入资金的人带来的好处。在综合考虑这些因素，并确保借贷的收益大于借贷的成本时借贷才有可能发生。

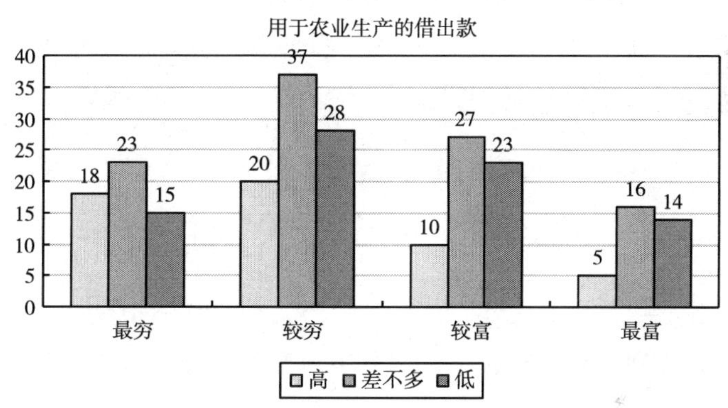

图 3－4　农户借贷双方收入比较（B）

注：图中是用于农业生产的私人借贷双方的收入比较。

穷人的金融活动也没有富人的金融活动频繁。表 3－2 中，列出了穷人和富人的金融活动情况。其中，判别一户农户是否属于“穷人”的标准是，根据他的财富在本县所有调查农户中是否是最低的 5%（标准 1）、10%（标准 2）、25%（标准 3）。两年的调查中，共有 4 178 户农户，对应于以上三种标准，分别有 201 户、412 户、1 040 户农户被定义为穷人。

按照标准 1，穷人中有 7% 的家庭在三年内有借出款，富人中有 28% 的家庭在三年内有借出款。按照标准 2，穷人中有 10% 的家庭在三年内有借出款，富人中有 29% 的家庭在三年内有借出款。按照标准 3，穷人中有 15% 的家庭在三年内有借出款，富人中有 31% 的家庭在三年内有借出款。可见，相对贫穷的农户中存在借出款的家庭比例始终低于富裕农户。

表 3－2　　穷人和富人的金融活动比较

	标准 1（5%）			标准 2（10%）			标准 3（25%）		
	样本数	借入	借出	样本数	借入	借出	样本数	借入	借出
富人	3 977	58.94%	28.14%	3 766	58.98%	28.94%	3 138	59.34%	31.07%
穷人	201	50.75%	6.97%	412	54.61%	10.44%	1 040	56.15%	15.19%
总计	4 178	58.54%	27.12%	4 178	58.54%	27.12%	4 178	58.54%	27.12%

穷人不但有借入款的家庭比例低，有借出款的家庭比例也比较低。按照标准1，穷人中有 51% 的家庭在三年内有借入款，富人中有 59% 的家庭在三年内有借入款。按照标准 2，穷人中有 55% 的家庭在三年内有借入款，富人中有 59% 的家庭在三年内有借入款。按照标准 3，穷人中有 56% 的家庭在三年内有借入款，富人中有 59% 的家庭在三年内有借入款。

3.3

模型基本设定

本部分将使用数学模型解释上一部分中观察到的经济现象。经济中不断产生可以通过资金借贷产生效用的机会。例如，一个家庭中有成员生病，需要从另一个家庭借钱来治病。如果前者借到钱，并且把其成员的病治好，那么会产生一定的效用。又如投资，一个人发现某投资机会，可以产生正的期望收益，但自己的自有资金并不能满足需求。如果他能够及时从亲友处获得借款，则有可能获得投资收益。

为了表述方便，称需要借钱的人为“借入方”（*Borrower*，*B*）。称有富余的资金，可以借出的人为“借出方”（*Lender*，*L*）。虽然同一个人可以既是债权人又是债务人，但是在某一时刻，只能是借入方和借出方其中之一。借入方的收入水平为 x，借出方的收入水平为 y。如果借入方和借出方相互匹配，会产生的收益函数为 $\varphi(x,y)$。我们假定：

$$\varphi(x,y)=\phi(x)+\psi(y) \tag{A3.1}$$

$$\varphi_x(x,y)=\phi'(x)>0,\varphi_y(x,y)=\psi'(y)>0 \tag{A3.2}$$

假定（A 3.1）给定了收益函数对 x 和 y 是可分的。假定（A 3.2）是说借入和借出任意一方的收入水平增加，都会使得收益函数变大。附录中给出了这一假定的具体经济含义。

借入方有三种状态（如图 3－5 所示）：（1）没有通过借钱产生效用的机会。简记为 i(*Idle*)。（2）有产生效用的机会，需要借钱，但没有借到钱，简记为 c(*Chance*)。（3）需要借钱，且借到钱，简记为 s(*Satisfied*)。借入方可以在三种状态下相互转换，转换的方式如图 3－5 左侧所示。当借入方处于 i 状态的时候，可能获得一个产生效用的机会，即状态转变为 c，也可能保持原有的状态 i。当借入方处于 c 状态的时候，可以保持原状；可能失去这一产生效用的机会，状态变为 i；也可能碰到合适的借出方，获得借款，状态变为 s。当借入方变为 s 状态，即退出借贷市场。

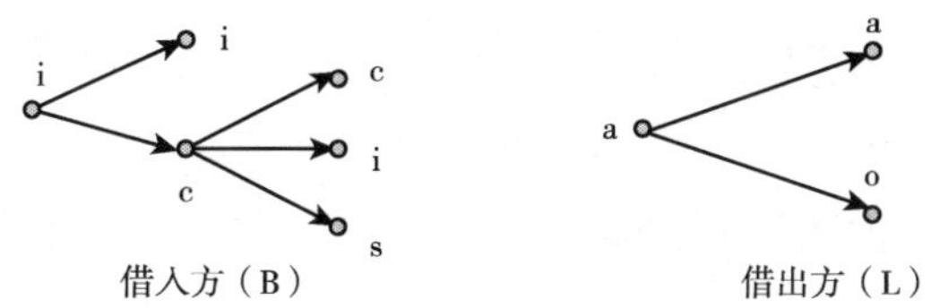

图 3－5　借入方和借出方的状态转换

借出方有两种状态：（1）有钱可以借出，简记为 a(*Available*)。（2）钱已经借出，简记为 o(*Occupied*)。借出方可以在这两种状态下转换，转换的方式如图 3－5 右侧所示。如果借出方处于状态 a，下一时期还可能保持这一状态；也可能碰到合适的借入方，从而转换状态，变为 o。当借出方的状态变为 o，则退出借贷市场。

关于状态转换，笔者采用 Diamond－Mortensen－Pissarides 的分析框架（Diamond，1982；Mortensen，1982；Pissarides，1990），使用普阿松转换率（Poisson arrival rate）来刻画状态的转变。具体来说，借入方从状态 i 转换到状态 c 的转换率为 λ_i，表示在很小的时间间隔 Δ 后，发生状态转变的概率为 $\Delta\lambda_i$。借入方从状态 c 转换到状态 i 的转换率为 λ_c，表示借入方从状态 c 在很小的时间间隔 Δ 后，变为状态 i 的概率为 $\Delta\lambda_c$。

市场中处于 c 状态的借入方和处于 a 状态的借出方只有相遇后才有可能实现

匹配，相遇的速率为ρ，外生给定。在假定（A 3.1）和（A 3.2）下，对于收入水平为x的借入方，有一个借出方最低收入水平$y^*(x)$，当借出方收入水平高于此值的时候可以接受，从而对应一个“借入方接受集合”：$A(x) = \{y \mid y \geq y^*(x)\}$。对于收入水平为$y$的借出方，有一个借入方最低收入水平$x^*(y)$，当借入方收入水平高于此值的时候可以接受，对应一个“借出方接受集合”：$A(y) = \{x \mid x \geq x^*(y)\}$。如果借入方和借出方可以相互接受，则可以达成匹配。因此匹配集合定义为：

$$\mu(x) = \{y \mid y \in A(x) \,\&\, x \in A(y)\}$$

根据以上定义，借入方和借出方是对称的，因此$y \in \mu(x)$当且仅当$x \in \mu(y)$。

经济中不断地有借入方和借出方相互匹配，同时不断产生新的借入方和借出方。状态为i的借入方分布的密度函数为$f^i(x)$，状态为c的借入方分布的密度函数为$f^c(x)$，其中x为借入方的收入。在稳态下，要求这两个分布函数保持不变。因此为了封闭模型，需要如下条件：

$$\dot{f}^i(x) = m_B(x) + \lambda_c f^c(x) - \lambda_i f^i(x) = 0 \tag{3.4}$$

$$\dot{f}^c(x) = \lambda_i f^i(x) - \lambda_a f^c(x) - \rho f^c(x) \int_{\mu(x)} g^a(y) dy = 0 \tag{3.5}$$

（3.4）式中$m_B(x)$为单位时间内新产生的处于i状态且收入水平为x的借入方的速率，产生的渠道可能来自经济中新加入的参与人，也可能与上一时期匹配好的借入方形成新的借款机会。$\lambda_a f^c(x)$表示的是单位时间内从c状态变化为i状态的测度。最后，单位时间内，也有一部分借出方从i状态变化为c状态，所以需要减去$\lambda_i f^i(x)$。均衡状态下，要求处于i状态且收入水平为x的借入方测度不变，即$f^i(x)$不变，所以（3.4）式需要取等号。

（3.5）式中描述了处于i状态且收入水平为x的借入方的测度变化。根据前文描述，测度的变化来自三方面：一是借入方由i状态转化为c状态；二是借入方由c状态转化为i状态；三是借入方和借出方相遇，形成匹配。（3.5）式中三项分别对应着以上三种情况，其中$g^a(y)$是借出方收入分布的密度函数，只有在借出方和借入方能够相互接受的时候才能有状态转换，所以要求使用积分 $\int_{\mu(x)} g^a(y)dy$。在均衡状态下 $f^c(x)$ 也需要保持不变。

从（3.4）、（3.5）两式可以得到：

$$m_B(x) = \rho f^c(x)\int_{\mu(x)} g^a(y)dy \tag{3.6}$$

同样道理，对于借出方，也需要保持处于 a 状态且收入水平为 y 的测度不变，即：

$$\dot{g}^a(y) = m_L(y) - \rho g^a(y)\int_{\mu(y)} f^c(x)dx = 0$$

从而：

$$m_L(y) = \rho g^a(y)\int_{\mu(y)} f^c(x)dx \tag{3.7}$$

（3.6）式和（3.7）式中描述了稳态的条件：对于每一收入水平的借入方，单位时间进入状态 i 的测度等于匹配成功的测度；对于每一收入水平的借出方，进入状态 a 的测度等于匹配成功的测度。$m_B(x)$ 和 $m_L(y)$ 均为外生给定。

3.4 模型求解

模型中，用 W_B 和 W_L 分别表示借入方和借出方的值函数。各自的状态用上标 i、c、a 来表示：W_B^i和 W_B^c分别表示处于 i 状态和处于 c 状态的借入方的值函数，W_L^a 表示处于 a 状态的借入方的值函数。

收入水平为 x 的借入方，处于 i 状态时的值函数为：

$$W_B^i(x) = e^{-r\Delta}\{\lambda_i \Delta W_B^c(x) + (1-\lambda_i\Delta)W_B^i(x)\} \tag{3.8}$$

由于借入方从状态 i 转换到状态 c 的转换率为 λ_i，经过时刻 Δ 以后，值函数只有两种可能：以 $\lambda_i\Delta$ 的概率，值函数变为 $W_B^c(x)$；以（$1-\lambda_i\Delta$）的概率，值函数变为 $W_B^i(x)$。所以（3.8）式右边是这两项相加的结果再贴现到当期。根据连续时间动态规划的思想，值函数在当期的取值应该和此贴现值相等。

（3.8）式整理，并令 Δ→0，可得到：

$$W_B^i(x) = \frac{\lambda_i W_B^c(x)}{r+\lambda_i} \tag{3.9}$$

（3.9）式给出了借入方处于 i 状态和处于 c 状态的值函数之间的关系。从另一个角度，也可以得出（3.9）式。

$$rW_B^i(x) = 0 + \lambda_i[W_B^c(x) - W_B^i(x)] \tag{3.10}$$

（3.10）式为文献中常用的另一种求解此类问题的方法，即直接写出连续时间动态规划问题的贝尔曼方程（Rogerson et al.，2005）。当期值函数乘以贴现率，等于处于此状态每期可能的收益（处于 i 状态当其收益为0），加上状态发生变化的速率乘以值函数的变化。从直觉上，值函数乘以贴现率表示该值函数在每期的“现金流”，等于当期可能得到的收益，加上以后可能发生的改变。

如果处于 c 状态的借入方（收入水平为 x）和处于 a 状态的借出方（收入水平为 y）相遇，并且双方决定形成借贷关系，根据前文的设定，总的收益函数为 $\varphi(x,y)$。采用 Search 理论的一般方法，双方按照一定比例分配合作得到的期望收益：借入方得到 $\gamma\varphi(x,y)$，借出方的收益是 $(1-\gamma)\varphi(x,y)$。

为表述简洁，用 $G(y)$ 表示对应于密度函数 $g^a(y)$ 的处于 a 状态借出方分布函数，$y\in[0,\bar{w}]$；$F(x)$ 表示对应于密度函数 $f^c(x)$ 的处于 c 状态的借入方分布函数，$x\in[0,\bar{w}]$。

收入水平为 x 的借入方，处于 c 状态时的值函数为：

$$\begin{aligned} W_B^c(x) = e^{-r\Delta}\Big\{\rho\Delta\int_0^{\bar{w}}[(1-\alpha(x,y))W_B^c(x)+\alpha(x,y)\gamma\varphi(x,y)]dG(y) \\ +(1-\rho\Delta)[(1-\lambda_c\Delta)W_B^c(x)+\lambda_c\Delta W_B^i(x)]\Big\} \end{aligned} \tag{3.11}$$

收入水平为 y 的借出方，处于状态 a 时的值函数为：

$$\begin{aligned} W_L^a(y) = e^{-r\Delta}\Big\{\rho\Delta\int_0^{\bar{w}}[(1-\alpha(x,y))W_L^a(y)+\alpha(x,y)(1-\gamma)\varphi(x,y)]dF(x) \\ +(1-\rho\Delta)W_L^a(y)+\Delta i\Big\} \end{aligned} \tag{3.12}$$

(3.11) 式和 (3.12) 式中，r 是贴现因子。(3.11) 式中右侧表示，时间经过 Δ 以后，如果遇到借出方，且互相能够接受，则值函数为 $\gamma\varphi(x,y)$，如果不能互相接受则值函数保持 $W_B^c(x)$ 不变；如果没有遇到借出方，则以 $(1-\lambda_c\Delta)$ 的概率保持状态不变，以 $\lambda_c\Delta$ 的概率之函数变为 $W_B^i(x)$。根据动态规划的原理，在当前时刻，值函数的大小应该和经过 Δ 时间后值函数期望值的贴现相等。(3.12) 式的原理和以上相同，不过这里借出方如果处于 a 状态，会得到利息收入，经过 Δ 时间以后利息收入为 Δi，需要放到方程右侧。

(3.11) 式和 (3.12) 式中 $\alpha(x,y)$ 为一指标函数，在双方都能互相接受的时候为 1，否则为 0。也就是说 $\alpha(x,y)=1$ 当且仅当 $x\in\mu(y)$。即：

$$\alpha(x,y)=\begin{cases}1 & \text{如果 } x\geqslant x^*(y) \text{ 且 } y\geqslant y^*(x)\\ 0 & \text{否则}\end{cases} \tag{3.13}$$

如前所述，$x^*(y)$ 为收入水平为 y 的借出方所能接受的最低的 x，而 $y^*(x)$ 是收入水平为 x 的借入方所能接受的最低的 y。在假定 (A 3.1) 和假定 (A 3.2) 下，$x^*(y)$ 和 $y^*(x)$ 的取值通过如下过程确定。

对于给定的借出方收入水平 y，$x^*(y)$ 为使得 $W_L^a(y)$ 和 $(1-\gamma)\varphi(x,y)$ 无差异的 x。当 $x>x^*(y)$ 时，一定使得借出方（收入水平为 y）能够接受这样的借入方（收入水平为 x），这是由 $\varphi_x(x,y)>0$ 保证的。也就是说 $(1-\gamma)\varphi(x^*(y),y)=W_L^a(y)$

所以 $x^*(y)=\varphi^{-1}[W_L^a(y)/(1-\gamma)-\psi(y)]$。其中 $\varphi^{-1}(\cdot)$ 为 $\varphi(\cdot)$ 的反函数，由于假定 (A 3.2)，$\varphi'(\cdot)>0$，所以 $\varphi^{-1}(\cdot)$ 一定是存在的。

同理得到 $y^*(x)=\psi^{-1}[W_B^c(x)/\gamma-\varphi(x)]$。$\psi^{-1}(\cdot)$ 为 $\psi(\cdot)$ 的反函数，根据假定 (A 3.2)，$\psi^{-1}(\cdot)$ 也是存在的。

在双方互相能够接受的时候，借入方和借出方形成匹配，否则两个人都需要继续等待。如果形成匹配，则两方的状态都发生改变，进而引起值函数的改变。

根据 (3.11) 和 (3.12) 整理，并令 $\Delta\to0$。可以得出均衡时 $W_B^c(x)$ 和 $W_L^a(y)$ 满足的条件。

$$W_B^c(x) = \frac{\rho\int_0^{\overline{w}}[(1-\alpha(x,y))W_B^c(x)+\alpha(x,y)\gamma\varphi(x,y)]dG(y)}{r+\rho+r\lambda_c/(r+\lambda_i)} \tag{3.14}$$

$$W_L^a(y) = \frac{\rho\int_0^{\overline{w}}[(1-\alpha(x,y))W_L^a(y)+\alpha(x,y)(1-\gamma)\varphi(x,y)]dF(x)+i}{r+\rho} \tag{3.15}$$

实际上（3.14）和（3.15）也可以直接通过贝尔曼方程求得：

$$rW_B^c(x) = 0+\rho\int_0^{\overline{w}}\alpha(x,y)[\gamma\varphi(x,y)-W_B^c(x)]dG(y)+\lambda_c[W_B^i(x)-W_B^c(x)] \tag{3.16}$$

$$rW_L^a(y) = \rho\int_0^{\overline{w}}\alpha(x,y)[(1-\gamma)\varphi(x,y)-W_L^a(y)]dF(x)+i \tag{3.17}$$

（3.16）式对应的是借入方最优化问题的贝尔曼方程，（3.17）式对应的是借出方最优化问题的贝尔曼方程。从（3.16）式和（3.10）式可以求出（3.14）式，通过（3.17）式可以得到（3.15）式。

注意到 $\alpha(x,y)$ 是 $W_B^c(x)$ 和 $W_L^a(y)$ 的函数。所以（3.14）式右边为函数映射。同理，（3.15）式等号右侧也定义了一个函数映射。所以，整个模型的求解是一个函数映射的问题，找到这一问题的稳定解就得到了均衡。均衡的定义如下：

均衡是一个 $\{W_B^c,W_L^a,m_B,m_L,\mu\}$ 的组合，满足如下条件：

给定 W_L^a,W_B^c 由（3.14）确定；给定 W_B^c，W_L^a 由（3.15）式确定。

给定 $\{W_B^c,W_L^a\},\mu$ 能够最大化各自的值函数，即给定 $\{W_B^c,W_L^a\},\alpha$ 由（3.13）确定，从而确定 μ。

m_B,m_L 由（3.6）式和（3.7）式确定，使处于 c 状态的借入方和处于 a 状态的借出方概率分布保持稳定。

令 C 为从 $[0,\overline{w}]$ 到 R^+ 的有界连续函数的集合，对于 $\forall u\in C$ 定义范数为：

$$\|u\| = \sup_{x\in[0,\overline{w}]}|u(x)| \tag{3.18}$$

在此定义下，C 为完备的线性赋范空间①。在此空间之内，有如下两个映射：

$$T_1(u) = \frac{\rho\int_0^{\bar{w}}[(1-\alpha^u(x,y))u(x)+\alpha^u(x,y)\gamma\varphi(x,y)]dG(y)}{r+\rho+r\lambda_c/(r+\lambda_i)}$$

$$T_2(u) = \frac{\rho\int_0^{\bar{w}}[(1-\alpha^u(x,y))u(y)+\alpha^u(x,y)(1-\gamma)\varphi(x,y)]dF(x)+i}{r+\rho}$$

易见，$T_1: C \to C$ 定义了一个从函数集 C 到自身的映射。$T_2: C \to C$ 也定义了一个从函数集 C 到自身的映射。找到模型的均衡解，等价于找出这两个映射的稳定点 u，使得：

$$u = T_1(u)$$
$$u = T_2(u)$$

我们将利用压缩映射定理证明以上结论。为此，需要证明 $T_1(u)$ 和 $T_2(u)$ 都是压缩映射。我们给出如下引理（以下引理 3.1 和引理 3.2 的证明都在附录中）。

引理 3.1：$T_1(u)$ 和 $T_2(u)$ 均为压缩映射。

压缩映射定理还要求函数空间 $C: [0,\bar{w}] \to R^+$ 是完备的度量空间。这一点，只需证明 $W_B^c(x)$ 和 $W_L^a(y)$ 的连续性即可。因为根据 Stokey 和 Lucas（1999）定理 3.1，有界连续函数的空间在（3.18）定义的范数下，一定是完备的线性赋范空间，从而是完备的度量空间。

引理 3.2：均衡的 $W_B^c(x)$ 和 $W_L^a(y)$ 为 Lipschitz 的，从而是连续函数。

图 3－6 中最下面的图形描述了接受集、匹配集的形态，图形由 MATLAB 画出。图中，所用的收益函数为：$\varphi(x,y) = C_1x + C_2y$，分布函数 $F(x)$ 和 $G(y)$ 都是均匀分布的分布函数。借入方和借出方的收入都标准化到［0，1］区间之内。借入方的收入 x 用横轴表示，根据定义，接受集表示的是对于给定的 x，能够接受的借出方收入水平 y，即 $A(x) = \{y \mid y \geq y^*(x)\}$。$y^*(x)$ 在图中用粗实线给出。从图中可以看出，$y^*(x)$ 并不是单调的，有时递增，有时递减。当 $x < 0.26$

① Stokey and Lucas（1999）定理 3.1。

的时候，$y^*(x)=0$。此后 $y^*(x)$ 开始逐渐变大，到了 0.4 以后，又有一个变小的过程。当 $x=0.58$ 时 $y^*(x)$ 又开始逐渐变大。

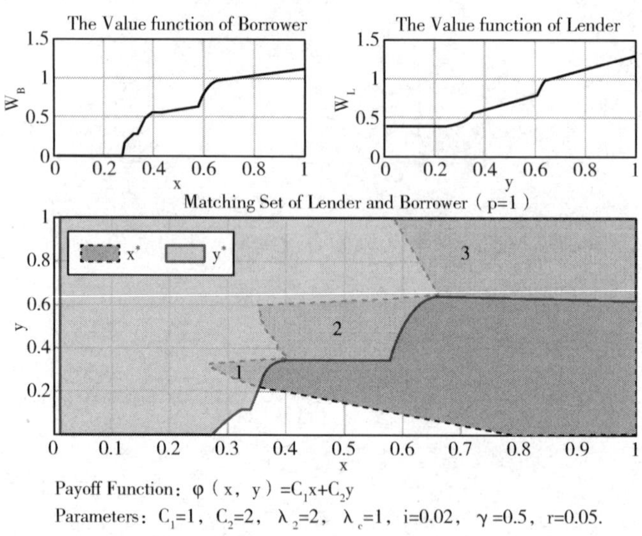

图 3-6　接受集、匹配集和值函数的说明

借出方的收入 y 用纵轴表示。对于每个 y，同样有一个 $x^*(y)$ 决定着 y 的接受集 $A(y)=\{x \mid x \geqslant x^*(y)$。图中虚线表示的就是 $x^*(y)$。同样 $x^*(y)$ 也不是单调的。

根据匹配集要求，$\mu(x)=\{y \mid y \in A(x) \,\&\, x \in A(y)\}$，借入方和借出方能够同时互相接受。图中实线围成的区域和虚线围成的区域的交集都满足此条件。因此最终均衡状态下的匹配集就是这样的交集。对于收入水平为 0.5 的借入方来说，他的匹配集中借出方的收入就约为 0.36～0.62 之间。

在无摩擦的情况下，正向分类相聚性质（Positive Assortative Matching，PAM）指的是：按照某一属性把参与人排序，最好的和最好的匹配，第二好的和第二好的匹配，依次下来，最差的和最差的匹配。在市场有摩擦的情况下（借入方和借出方彼此搜寻有等待成本 r），不能满足这样的要求，每个人可能的匹配对象是一个集合，即各自和自己“属性相近”的人匹配（Shimer and Smith，2000）。

在图 3-6 中，能够匹配的区域有三块，分别用数字标出。每一块中的借入方和借出方的收入都是相近的。第 1 块中，借入方的整体收入水平最低，借出方的整体收入水平也最低；第 3 块中，借入方的整体收入最高，借出方的整体收入水平也最高。这和我们实际调查中观察到借入方和借出方的收入正向分类相聚现象一致。

图 3 - 6 的上半部分对应的是在均衡状态下借入方和借出方的值函数情况，左图是借入方的值函数，右图是借出方的值函数。从图中可以看出，两者的值函数都是随着收入水平增加单调增加的。借入方收入水平在 0.26 以下的时候，值函数都为 0，这是因为此时没有借出方愿意借钱给他。这一点从匹配区域的图像可以看出，当借入方收入水平超过 0.26，才可能出现在匹配区域里面。当借入方收入水平在 0.36 和 0.58 的时候，其值函数都遇到了拐点，这也 x^* 的剧烈变化有关。

借出方的值函数和借入方的值函数类似。当借出方的收入水平在 0.22 以下的时候，值函数保持不变，为 0.4。没有人会向处于这一区间的借出方借钱，因而他们只能把钱储蓄起来获得利息。由于设定的参数中，利率 $i = 0.02$，跨期贴现率为 $r = 0.05$，所以值函数的取值必然是 $i/r = 0.4$。随着借出方收入的增加，其值函数取值也不断增大。在借出方收入为 0.36 和 0.62 的时候，值函数也出现了拐点，这和 y^* 在这两处的剧烈变化有关。

另外，图 3 - 6 中的匹配区域也可以解释穷人的金融活动没有富人的金融活动频繁这一现象。由于所用的分布为均匀分布，所以途中的匹配区域面积表示的就是发生借贷的概率。图中的第 1 块匹配区域，借入方的收入水平和借出方的收入水平都比较低，该块的面积也比较小；第 3 块匹配区域中，借入方的收入水平和借出方的收入水平都比较高，该块的面积也比较大。所以随着收入的增加，发生借贷活动的概率也大大地增加了。对于收入小于 0.26 的借入方和借出方，不会发生借贷活动。当他们需要借钱时，没有人会借钱给他们；当他们有钱能够借出时，也没有人会向他们借钱。

有了引理 3.1 和引理 3.2 的结论，再利用压缩映射定理，就可以证明在这样一个模型中，存在唯一的均衡解。

定理 3.1：在（A 3.1）和（A 3.2）下，模型存在唯一的均衡解。

证明：由 Stokey 和 Lucas（1999）定理 3.2 直接得证。

需要说明的是，随着参与人相遇的速率增加（ρ 变大），匹配区域的形态会发生变化。图 3－7 和图 3－8 中分别对借入方和借出方相遇的速率为 0.5，1，5，10，30，50 的情况作出了图像。和前面的图像一样，图中虚线围成的区域表示的是借出方的接受区域，实线围成的区域是借入方能够接受的区域，两者相交的部分就是均衡的接受区域。从这些图像的比较中可以发现，随着相遇速率的增加，正向分类相聚的表现越来越明显。在图 3－7 中的第一个图像中，相遇速率为 $\rho=0.5$，匹配区域为两块，在这种情况下，虽然表现出一定的分类相聚性质，但是"精度"并不高。在图 3－8 的第三个图像中，相遇的速率为 $\rho=50$。这时，匹配区域近似于一条斜线。在区域的下端，借出方和借入方的收入都比较低；在区域的另一端，借出方和借入方的收入水平都比较高。在匹配区域中，随着借出方的收入增加，借入方的收入也增加。这时分类相聚的"精度"明显地提高了。

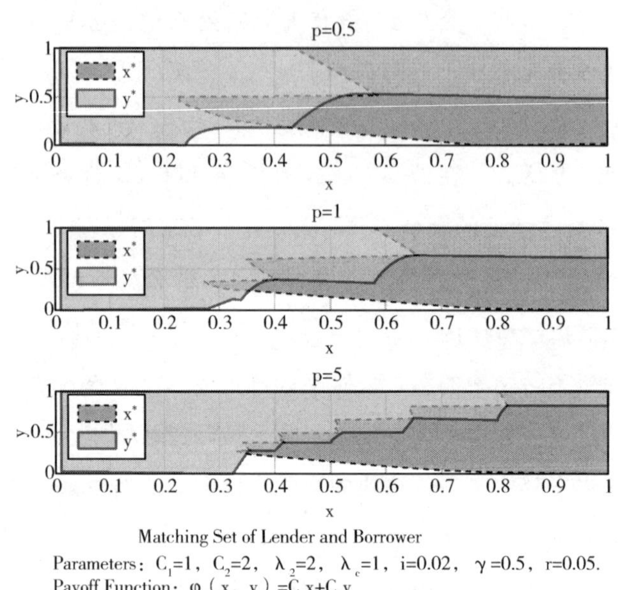

图 3－7　匹配区域的形态变化示意图（1）

这是符合经济直觉的，下一期如果双方很容易相遇，那么在时间成本不变的情况下，每个人都更愿意等待，以期下次获得更好的匹配。反之，如果下一期经

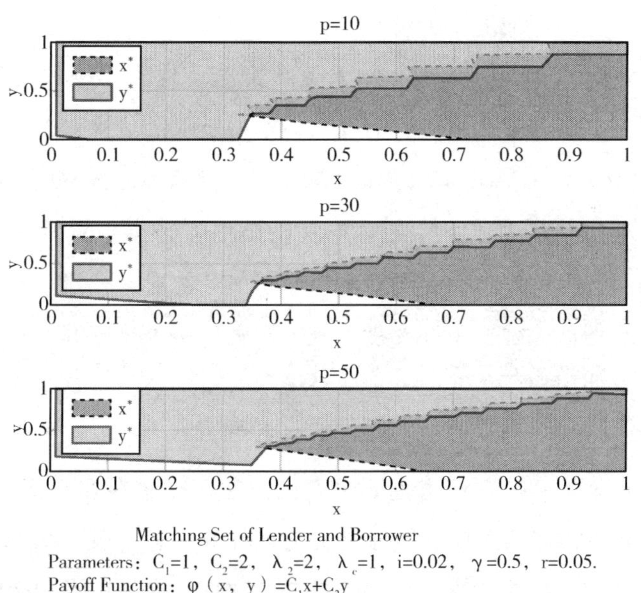

图 3-8　匹配区域的形态变化示意图（2）

济中的参与人很难相遇，则每个人都会更加珍惜当前的机会，降低匹配的门槛。所以在前一种情况下，正向分类相聚的“精度”很高，后一种情况下分类相聚的“精度”很低。

回顾前文的数据分析中，不是更多地把钱借给和自己收入“差不多”的三个地区分别是：图们市、漠河县和彝良县，这三个地区都是处于边疆或交通不便的地区。造成这些地区不同于其他地区的可能原因是，由于当地交通或通讯不便，增加了借贷双方相遇的难度。因而人们借钱的时候，彼此互相选择时正向分类相聚的“精度”比较低。

3.5 本章小结

3.5.1　主要结论

本章研究了农村民间借贷活动中借入方和借出方的收入比较情况，通过对实地调查数据的分析，本文发现了民间借贷的如下特征：

民间信贷资金并不是一致地从富人流向穷人，也不是一致地从穷人流向富人。通过分析比较借入者和借出者的收入，本书发现借贷双方表现出较强的“正向分类相聚”（Positive Assortative Matching）性质：穷人把钱更多地借给了穷人，富人把钱更多地借给了富人。在相对发达的地区，分类相聚特征表现得比较明显。同时，相对贫穷的农户的金融活动明显不如其他农户频繁，不但他们中存在借出款的家庭比例低，他们中存在借入款的家庭比例也比较低。

随后，本章使用搜寻－匹配模型从经济学的角度解释了这一系列现象。市场中的参与双方随机地相遇到一起，相遇后各自需要考虑的是立即达成匹配，还是继续等待下去以期下一时刻能够遇到更好的。在市场中存在等待成本的情况下，如果匹配收益函数满足可分性，连续性和对匹配双方各自收入的单调递增性，则存在唯一的均衡解。这一均衡解的特性符合前述调查数据中得到的结论。

本章的结论也有一定的政策含义。众所周知，金融活动是农户平滑消费和满足生产中现金流的重要手段。目前，由于缺乏抵押品等众所周知的原因，农户从正规金融渠道获得贷款比较困难，大多只能依靠非正规金融。而本章的分析表明，多数穷人只能从和自己类似的穷人那里得到借款。因此，无论借款的数量，还是借款频次都比较小。为了帮助穷人，为他们提供足够的金融服务，鼓励成立真正合作性质的农村金融组织，打破贫困农民和富裕农民之间资金流动的壁垒，应该是一条必由之路。

此外，本章的研究也有一定的理论意义。本章在设定上，放松了 Shimer 和 Smith（2000）中对收益函数 $\varphi(x,y)$ 超模性质的要求，只是要求 $\varphi(x,y)$ 满足连续性，单调性。同时与 Shimer 和 Smith（2000）要求 $\varphi(x,y)$ 的对称性不同，本章要求 $\varphi(x,y)$ 对 x、y 具有可分性。本章的论证表明，在这些设定条件下均衡依然是存在的，并且这一均衡较好地拟合了数据中观察到的现象。

3.5.2 问题及讨论

由于本章的调查数据是抽样调查，很难同时调查到借入款方和借出款方。因此只能获得一方的收入，另一方的收入只能根据调查到的一方的回答来推测。所以本章的分析中，对于收入比较只能相对粗略地比较，而不能精确地分析。

文章中封闭模型依赖于（3.6）和（3.7）式，使得借入方和借出方的收入分布在均衡状态下保持稳定。虽然这并不是本章论证的关键，但是不可否认这是比较强的假定。一个更好的选择是采取 Shimer 和 Smith（2000）所用的方法，假定在匹配完成以后，参与人的概率分布会发生变化，同时已经达成的匹配也会以一定的速率破裂。在均衡状态下，存在稳态的分布。但是这样一来，又需要比较强的假定来维持稳定解的存在性，增加了证明的难度。由于本章的意图主要在于使用数理模型来解释经济现象，为了保持论证的简洁，仅用（3.6）（3.7）来保持分布不变。

此外，因为没有像 Shimer 和 Smith（2000）那样采用很多较强的假定，因而均衡解的特征没有他们所得到的那么完美，不能够对分类相聚作严格的数学定义。同样，由于本章的模型是为了解释经济现象，所以没有对均衡解的特征做进一步精确的数学描述和论证。以上不足之处都需要在进一步的研究中加以充实和完善。[①]

3.6 本章附录

附录 1：假定（A3.2）的经济含义

关于假定（A3.2）的经济含义解释如下：

对于借入钱的人来说，如果及时借到钱，并且所做的事情获得成功，则会产生效用 U，否则效用为 0。事前来看，成功概率记为 p，这一概率是借入者收入的函数 $p(x)$。对于特定的一件事，如投资、治病等，收入低的人把它做成功的概率小一些，收入高的人办成功的概率大一些，即 $p'(x) > 0$。这是因为：（1）一个人的收入积累内生于他的各种能力，一般情况下能力高的人积累的收入要多一些，能力低的人积累的收入少一些。因此，相对来说收入高的人的能力要强一些，当他们获得足够的资源后，会更容易把事情做成功。（2）收入高的人拥有

① 本文原文发表在《金融研究》2010 年第 9 期。

更多的社会资本，因此能动用更多的社会资源来帮助他们做成功一件事情，因此成功的概率大一些。（3）某些事情的完成，需要更多的后续投资，收入高的人可以有更多的资金来追加投资。

对于借入钱的人来说，需要考虑的是资金的机会成本，单位资金的成本记为ρ。每个人资金的机会成本是他收入的函数$\rho(x)$。我们假定，$\rho'(x)<0$，即资金的成本是他收入的减函数。从一个人的收入中拿出部分借给他人，会使自己的产出减少，或者消费的效用减少。因而资金的机会成本大小取决于两方面：资本的边际产出和消费的边际效用。一般情况下，资本的边际产出是递减的，消费的边际效用也是递减的。因此随着一个人的收入增加，借出资金的机会成本也是递减的。

通过以上分析，可以把借入借出双方总的收益函数记为：

$$\varphi(x,y)=p(x)U-\rho(y)$$

$$p'(x)>0$$

$$\rho'(y)<0$$

所以$\varphi_x(x,y)>0$，$\varphi_y(x,y)>0$。当然，以上对（A2）的经济含义解释并不是唯一的，但如何解释不是本文的关键。本文的分析都在假定（A2）下进行。

附录2：引理3.1的证明

证明$T_1(u)$为压缩映射和证明$T_2(u)$为压缩映射完全类似，因此此处仅证明前者。证明需要使用函数压缩映射的Blackwell充分条件Stokey和Lucas（1999）。即证明：

（1）对于$u,v\in C$，若对于$\forall x\in[0,\bar{w}]$，都有$u(x)\leqslant v(x)$，则必然有$[T_1(u)](x)\leqslant[T_1(v)](x)$。

（2）存在$\beta\in(0,1)$，使得$\forall x\in[0,\bar{w}],c>0$，有$[T_1(u+c)](x)\leqslant[T_1(u)](x)+\beta c$。

我们首先说明第一条是满足的。为表述方便，我们把$\alpha(x,y)$分解为：

$$\alpha(x,y)=\alpha_B(x,y)\cdot\alpha_L(x,y)$$

其中$\alpha_B(x,y)=\begin{cases}1 & \text{如果 } y\geqslant y^*(x)\\0 & \text{否则}\end{cases}$

$$\alpha_L(x,y) = \begin{cases} 1 & \text{如果 } x \geqslant x^*(y) \\ 0 & \text{否则} \end{cases}$$

$\alpha_B(x,y)$ 等于 1 当且仅当 $y \in A(x)$，$\alpha_L(x,y)$ 等于 1 当且仅当 $x \in A(y)$

$$[T_1(v)](x) - [T_1(u)](x) =$$

$$\frac{\rho\int_0^{\overline{w}}[(1-\alpha^v)v(x) + \alpha^v\gamma\varphi(x,y) - (1-\alpha^u)u(x) - \alpha^f\gamma\varphi(x,y)]dG(y)}{r + \rho + r\lambda_c/(r + \lambda_i)}$$

另外，注意到，y^* 是由 $W_B^c(x)$ 决定。根据 y^* 的表达式 $y^*(x) = \psi^{-1}[W_B^c(x)/\gamma - \varphi(x)]$，可知道对任意的 x，$[y^*(u)](x) \leqslant [y^*(v)](x)$。而 x^* 不会改变，因为 x^* 是由 $W_L^a(x)$ 决定。所以，对于任意的 x，我们可以用 $y^*(u)$ 和 $y^*(v)$ 将 y 的取值范围划分为如下三部分：

$\alpha_B(u)=0$, $\alpha_B(v)=0$	$\alpha_B(u)=1$, $\alpha_B(v)=0$	$\alpha_B(u)=1$, $\alpha_B(v)=1$
$y < y^*(u)$	$y^*(u) \leqslant y < y^*(v)$	$y \geqslant y^*(v)$

当 $y < y^*(u)$ 的时候，$\alpha_B(u) = 0, \alpha_B(v) = 0$；当 $y^*(u) \leqslant y < y^*(v)$ 的时候 $\alpha_B(u) = 1, \alpha_B(v) = 0$；当 $y \geqslant y^*(v)$ 的时候 $\alpha_B(u) = 1, \alpha_B(v) = 1$。

α_L 的取值不变，或为 0，或为 1。

所以当 $y < y^*(u)$ 的时候，$\alpha^u = \alpha_B(u) \cdot \alpha_L = 0, \alpha^v = \alpha_B(v) \cdot \alpha_L = 0$。

当 $y^*(u) \leqslant y < y^*(v)$ 的时候，$\alpha^u = \alpha_B(u) \cdot \alpha_L = \alpha_L, \alpha^v = \alpha_B(v) \cdot \alpha_L = 0$。

当 $y \geqslant y^*(v)$ 的时候，$\alpha^u = \alpha_B(u) \cdot \alpha_L = \alpha_L, \alpha^v = \alpha_B(v) \cdot \alpha_L = \alpha_L$。

将以上结果带入分子的积分式可得到：

$$\rho\int_0^{\overline{w}}[(1-\alpha^v)v(x) + \alpha^v\gamma\varphi(x,y) - (1-\alpha^u)u(x) - \alpha^f\gamma\varphi(x,y)]dG(y)$$

$$= \int_0^{[y^*(u)](x)}[(1-\alpha^v)v(x) + \alpha^v\gamma\varphi(x,y) - (1-\alpha^u)u(x) - \alpha^f\gamma\varphi(x,y)]dG(y)$$

$$+ \int_{[y^*(u)](x)}^{[y^*(v)](x)}[(1-\alpha^v)v(x) + \alpha^v\gamma\varphi(x,y) - (1-\alpha^u)u(x) - \alpha^f\gamma\varphi(x,y)]dG(y)$$

$$+ \int_{[y^*(v)](x)}^{\overline{w}}[(1-\alpha^v)v(x) + \alpha^v\gamma\varphi(x,y) - (1-\alpha^u)u(x) - \alpha^f\gamma\varphi(x,y)]dG(y)$$

$$= \int_0^{[y^*(u)](x)} [v(x) - u(x)] dG(y)$$

$$+ \int_{[y^*(u)](x)}^{[y^*(v)](x)} [v(x) - (1 - \alpha_L) u(x) - \alpha_L \gamma \varphi(x,y)] dG(y)$$

$$+ \int_{[y^*(v)](x)}^{\overline{w}} (1 - \alpha_L) [v(x) - u(x)] dG(y)$$

以上三部分均为正。其中第一项和第三项为正，由 $v(x) > u(x)$ 直接得到。

第二项中 $v(x) - (1 - \alpha_L) u(x) - \alpha_L \gamma \varphi(x,y)$

$$= (1 - \alpha_L) [v(x) - u(x)] + \alpha_L [v(x) - \gamma \varphi(x,y)]$$

由于 $y^*(v)(x) = \psi^{-1}[v(x)/\gamma - \varphi(x)]$，所以在 $y^*(u) \leqslant y < y^*(v)$ 时：

$$v(x) - \gamma \varphi(x,y) > 0$$

这样，我们就证明了 Blackwell 充分条件的第一个条件。

第二个条件的证明中，我们仍然利用上面证明所用到的符号，并记 $v = u + c$，即 $\forall x, v(x) = u(x) + c$。

其次，注意到：

$$\int_0^{[y^*(u)](x)} [v(x) - u(x)] dG(y)$$

$$\leqslant c \int_0^{[y^*(u)](x)} dG(y)$$

$$\int_{[y^*(v)](x)}^{\overline{w}} (1 - \alpha_L) [v(x) - u(x)] dG(y)$$

$$\leqslant (1 - \alpha_L) c \int_{[y^*(v)](x)}^{\overline{w}} dG(y)$$

$$\leqslant c \int_{[y^*(v)](x)}^{\overline{w}} dG(y)$$

$$\int_{[y^*(u)](x)}^{[y^*(v)](x)} [v(x) - (1 - \alpha_L) u(x) - \alpha_L \gamma \varphi(x,y)] dG(y)$$

$$= \int_{[y^*(u)](x)}^{[y^*(v)](x)} [v(x) - u(x) + \alpha_L (u(x) - \alpha_L \gamma \varphi(x,y))] dG(y)$$

$$\leqslant c \int_{[y^*(u)](x)}^{[y^*(v)](x)} dG(y)$$

最后的不等式是因为，在 $y^*(u) \leqslant y < y^*(v)$ 时，$u(x) - \alpha_L \gamma\varphi(x,y) \leqslant 0$。

所以：$\rho\int_0^{\overline{w}} [(1-\alpha^v)v(x) + \alpha^v\gamma\varphi(x,y) - (1-\alpha^u)u(x) - \alpha^f\gamma\varphi(x,y)]dG(y)$

$\leqslant c\int_0^{\overline{w}} dG(y) = c$

因此：$[T_1(u+c)](x) - [T_1(u)](x)$

$= [T_1(v)](x) - [T_1(u)](x)$

$\leqslant \dfrac{\rho c}{r+\rho+r\lambda_c/(r+\lambda_i)} = \beta c$

其中 $\beta = \dfrac{\rho}{r+\rho+r\lambda_c/(r+\lambda_i)} < 1$

这样就证明了 Blackwell 充分条件的第二个条件。证毕。

附录 3：引理 3.2 的证明

根据（3.16）式和（3.10）式可以求得：

$$W_B^c(x) = \xi_1\int_0^{\overline{w}} \alpha(x,y)[\gamma\varphi(x,y) - W_B^c(x)]dG(y)$$

根据（3.17）可以求得：

$$W_L^a(y) = \xi_2\int_0^{\overline{w}} \alpha(x,y)[(1-\gamma)\varphi(x,y) - W_L^a(y)]dF(x) + i\cdot\xi_2/\rho$$

其中 $\xi_1 = \dfrac{\rho}{r+r\lambda_c/(r+\lambda_i)}$，$\xi_2 = \dfrac{\rho}{r}$。

首先，采用附录 2 中的方法，把 $\alpha(x,y)$ 分解为：$\alpha(x,y) = \alpha_B(x,y)\cdot\alpha_L(x,y)$

这时：

$$W_B^c(x) = \xi_1\int_0^{\overline{w}} \alpha_B(x,y)\cdot\alpha_L(x,y)[\gamma\varphi(x,y) - W_B^c(x)]dG(y)$$

$$= \xi_1\int_{A(x)} \alpha_L(x,y)[\gamma\varphi(x,y) - W_B^c(x)]dG(y)$$

可以看出，对于任意的集合 $M \subset [0,\overline{w}]$ 有：

$$W_B^c(x) \geqslant \xi_1 \int_M \alpha_L(x,y)[\gamma\varphi(x,y) - W_B^c(x)]dG(y)$$

这是因为，根据 $A(x)$ 定义，如果 $y \in A(x)$ 则 $\gamma\varphi(x,y) - W_B^c(x) \geqslant 0$。如果 $y \notin A(x)$ 则 $\gamma\varphi(x,y) - W_B^c(x) < 0$。因此，

$$\xi_1 \int_M \alpha_L(x,y)[\gamma\varphi(x,y) - W_B^c(x)]dG(y) \leqslant \xi_1 \int_{A(x)} \alpha_L(x,y)[\gamma\varphi(x,y) - W_B^c(x)]dG(y)$$

对于 $\forall x_1 < x_2, W_B^c(x_2) - W_B^c(x_1) =$

$$\xi_1 \int_{A(x_2)} \alpha_L(x_2,y)[\gamma\varphi(x_2,y) - W_B^c(x_2)]dG(y) - \xi_1 \int_{A(x_1)} \alpha_L(x_1,y)[\gamma\varphi(x_1,y) - W_B^c(x_1)]dG(y)$$

$$\geqslant \xi_1 \int_{A(x_1)} \{\alpha_L(x_2,y)[\gamma\varphi(x_2,y) - W_B^c(x_2)] - \alpha_L(x_1,y)[\gamma\varphi(x_1,y) - W_B^c(x_1)]\} dG(y)$$

由于 $x_1 < x_2$，所以对于特定的 y，如果 $x_1 \geqslant x^*(y)$ 必有 $x_2 \geqslant x^*(y)$。从而 $\alpha_L(x_1,y) = 1$ 必有 $\alpha_L(x_2,y) = 1$，即 $\alpha_L(x_1,y) \leqslant \alpha_L(x_2,y)$。

另外，根据 $A(x_1)$ 的经济含义，$A(x_1)$ 表示 x_1 可以接受的集合，所以在 $A(x_1)$ 这一区域内，$\gamma\varphi(x_1,y) - W_B^c(x_1) \geqslant 0$。因此：

$$W_B^c(x_2) - W_B^c(x_1)$$

$$\geqslant \xi_1 \int_{A(x_1)} \{\alpha_L(x_2,y)[\gamma\varphi(x_2,y) - W_B^c(x_2)] - \alpha_L(x_2,y)[\gamma\varphi(x_1,y) - W_B^c(x_1)]\} dG(y)$$

$$\geqslant \xi_1 \int_{A(x_1)} \{\alpha_L(x_2,y)\gamma[\varphi(x_2,y) - \varphi(x_1,y)] - \alpha_L(x_2,y)[W_B^c(x_2) - W_B^c(x_1)]\} dG(y)$$

由于 $\varphi(x,y)$ 的连续性，$|\varphi(x_2,y) - \varphi(x_1,y)| \leqslant \kappa|x_2 - x_1|$，其中 κ 为一常数。以上不等式整理可得到：

$$W_B^c(x_2) - W_B^c(x_1) \geqslant \frac{-\kappa\gamma(x_2 - x_1)\xi_1 \int_{A(x_1)} \alpha_L(x_2,y)dG(y)}{1 + \xi_1 \int_{A(x_1)} \alpha_L(x_2,y)dG(y)}$$

同理可证：$W_B^c(x_2) - W_B^c(x_1) \leqslant \dfrac{\kappa\gamma(x_2 - x_1)\xi_1 \int_{A(x_2)} \alpha_L(x_1, y)dG(y)}{1 + \xi_1 \int_{A(x_2)} \alpha_L(x_1, y)dG(y)}$

令 $\bar{\kappa} = \max\left\{\dfrac{\kappa\gamma\xi_1 \int_{A(x_2)} \alpha_L(x_1, y)dG(y)}{1 + \xi_1 \int_{A(x_2)} \alpha_L(x_1, y)dG(y)}, \dfrac{\kappa\gamma\xi_1 \int_{A(x_1)} \alpha_L(x_2, y)dG(y)}{1 + \xi_1 \int_{A(x_1)} \alpha_L(x_2, y)dG(y)}\right\}$

则，$|W_B^c(x_2) - W_B^c(x_1)| \leqslant \bar{\kappa}|x_2 - x_1|$。从而 $W_B^c(x)$ 是 Lipschitz 的。根据江泽坚和孙善利（2005）定理 9.1，$W_B^c(x)$ 也是连续的。

使用同样的思路也可以证明 $W_L^a(y)$ 是 Lipschitz 的和连续的，过程略去。

附录 4：数据来源和调查方法

本章的研究基于农户抽样调查的微观数据，数据来自于北京大学中国经济研究中心 2008 年和 2009 年暑假期间组织的农村金融调查。2008 年调查了陕西省、吉林省、江苏省三省，2009 年调查了云南省、湖南省、黑龙江三省。这两次调查都是抽样调查，共访问了上述 6 省的 18 个县市的 4 000 余户农户。获得有效问卷 4 178 份，其中 2008 年 2 227 份，2009 年获得 1 951 份。

此两次调查均为抽样调查，每次调查首先按照经济发展状况，在经济发达省份、中等发达省份和欠发达省份各选一个，选取了上述省份。按照同样的原则，在每个省又选取了三个县（或县级市、区），分别是：陕西省的府谷县、丹凤县、长安区；吉林省的图们市、公主岭市、德惠市；江苏省的大丰市、扬中市、常熟市；云南省的彝良县、南涧县、嵩明县；湖南省的桑植县、岳阳县、醴陵市；黑龙江省的龙江县、东宁县、漠河县。

每个县内，样本农户的选择方法为：先随机抽取 10～15 个村庄，再在村庄内部抽取农户。农户的抽样方法为等距随机抽样，即在每个村根据土地登记簿或户籍登记簿先随机确定起点，再按照一定的间隔抽取家庭。

两次调查均采用问卷调查的方式，由调查员进入农户家里和农户访谈并填写问卷。问卷共有如下几部分组成：家庭基本情况，生产经营情况，家庭收入结构，家庭资产结构，家庭消费结构，家庭的在近三年的金融活动等。最终样本的分布为：陕西624户，吉林772户，江苏831户，云南省690户，湖南省658户，黑龙江省603户。详细的分部如表3－3所示：

表3－3　调查样本在各地区的分布

陕西省（624）			吉林省（772）			江苏省（831）		
府谷县	丹凤县	长安县	图们市	公主岭	德惠市	大丰市	扬中市	常熟市
177	206	241	335	237	200	313	276	242
云南省（690）			湖南省（658）			黑龙江省（603）		
彝良县	南涧县	嵩明县	桑植县	岳阳县	醴陵市	龙江县	东宁县	漠河县
246	212	232	202	216	240	200	230	173

两次调查的各地区家庭规模差异不大，这从表3－4第三列可以看出。平均家庭人口最少的东宁县为户均3.23人，而平均家庭人口最多的是醴陵市户均4.81人。全部样本平均而言，户均4.07人。但是家庭中外出务工的人数在地区间差异较大。工商业比较发达的常熟市，平均每户有2.56人外出务工。黑龙江省龙江县，由于农业生产发达，人均耕地数量多，所以外出务工人数也比较少，户均只有0.66人。全部样本平均而言，每户农户有1.31人外出务工。

从事种植业的农户比例和各地区土地资源禀赋有关。虽然漠河县的行政区域较大，但境内多为森林覆盖，且气候寒冷不适宜农作物生长，所以从事种植业的农户只有50.9%。陕西省丹凤县从事种植业的农户比例最高，达到96.6%。全部样本平均而言，86%的家庭从事种植业生产。

表3－4　样本农户的人口和从业情况

县别	样本户数	平均家庭人口数	家庭平均外出务工人数	从事种植业的家庭比例	从事养殖业的家庭比例	从事自营工商业的家庭比例
府谷县	177	4.12	0.99	96.0%	70.1%	23.2%
丹凤县	206	4.5	1.34	96.6%	45.1%	20.9%
长安县	241	4.53	1.32	92.9%	8.7%	20.7%
图们市	335	3.28	0.72	79.1%	39.1%	6.6%

续表

县别	样本户数	平均家庭人口数	家庭平均外出务工人数	从事种植业的家庭比例	从事养殖业的家庭比例	从事自营工商业的家庭比例
公主岭	237	4.14	0.88	95.8%	52.3%	12.2%
德惠市	200	4.17	0.72	94.5%	28.5%	15.0%
大丰市	313	3.4	0.94	96.5%	18.5%	20.4%
扬中市	276	4.22	2.26	80.8%	22.1%	33.3%
常熟市	242	4.52	2.56	75.2%	13.2%	34.7%
彝良县	246	4.61	1.46	95.9%	93.5%	25.2%
南涧县	212	4.28	0.96	93.4%	82.5%	17.0%
嵩明县	232	4.59	1.53	92.7%	72.8%	31.9%
桑植县	202	4.17	1.56	82.2%	61.4%	27.2%
岳阳县	216	4.21	1.83	78.7%	53.7%	39.4%
醴陵市	240	4.81	1.85	92.1%	39.2%	40.4%
龙江县	200	3.45	0.66	78.0%	22.5%	16.5%
东宁县	230	3.23	0.87	70.4%	11.7%	17.4%
漠河县	173	3.35	0.98	50.9%	26.0%	29.5%
总计	4 178	4.07	1.31	86.0%	41.3%	23.6%

越是落后的地区，从事养殖业的农户比例越高。从表 3－4 第六列可以看出，云南省从事养殖业的农户比例要远高于其他省份。并且，在该省相对落后的彝良县 93.5% 的农户从事养殖业，要高于另外两个县。这和地方的禀赋、生产习惯有关，也可能由于贫困农户更需要通过养殖业来分散风险。全部样本平均来看，41.3% 的农户从事养殖业生产。

自营工商业的从业情况并无太多地域特征。醴陵市 40% 的家庭都有自营工商业，而图们市仅有 6.6% 的家庭从事。全样本平均而言，23% 的农户经营着自营工商业。

附录 5：源代码

主函数

```
    % 定义参数
    C1 =1
    C2 =2
    r =0.05
    lamda_c =1
    lamda_i =3
    gama =0.5
    interestrate =0.02
    a_bar =1
    N =100
    % 程序运行记录
    fid = fopen('log.txt','w');
    fprintf(fid,'This log file record the epsinon term in the while
    cycle \n');
    fclose(fid);

    speed =[ 0.5,1,5,10,30,50]
    x = linspace(a_bar/N,a_bar,N);
    y =x;
cd  'D:\MATLAB7\work\match'
    i =1
for rho = speed
    x_star = zeros(1,N);
    y_star = zeros(1,N);
    WL_a0 = zeros(1,N);
    WL_a1 = ones(1,N);
    WB_c0 = zeros(1,N);
    WB_c1 = ones(1,N);

    epsilon1 =1
    epsilon2 =1
```

```
    while  epsilon1 >0.002 |epsilon2 >0.002
        WB_c1 = WB_c0;
        WL_a1 = WL_a0;
        % 现在开始计算"企业方"的均衡
        % 更新 WB_c0
        WB_c0 =
rho * dig_int1(a_bar,N,C1,C2,gama,WB_c0,x_star,y_star)./(r + rho + r
 * lamda_c./(r + lamda_i));

        % 现在开始计算"资本方"的均衡
        % 更新 WL_a0
        WL_a0 =
(rho * dig_int2(a_bar,N,C1,C2,gama,WL_a0,x_star,y_star) + intere-
strate)./(r + rho);

        % 更新 x_star
        tempvar = (WL_a0./(1 - gama) - y * C2)./C1;
        x_star = max(tempvar,0);
        x_star = min(x_star,a_bar);

        % 更新 y_star
        tempvar = (WB_c0./gama - x * C1)./C2;
        y_star = max(tempvar,0);
        y_star = min(y_star,a_bar);

        epsilon1 = sqrt((WB_c0 - WB_c1) * (WB_c0 - WB_c1)')
        epsilon2 = sqrt((WL_a0 - WL_a1) * (WL_a0 - WL_a1)')

        fid = fopen('log.txt','a');
        fprintf(fid,'epsnon1 = % 10.5f   epsnon2 = % 10.5f \n',epsi-
        lon1,epsilon2);
```

```
        fclose(fid);
    end

    WL_a = (WL_a1 + WL_a0) /2;
    WB_c = (WB_c0 + WB_c1) /2;
    output = [WL_a;WB_c;x;y_star;y;x_star];
    myfile = sprintf('. \\recods \\0 % d - speed = % g.txt',i,rho)
    fid = fopen(myfile,'w');
    fprintf(fid,'% 7.3f % 7.3f % 7.3f % 7.3f % 7.3f % 7.3f \n',out-
put);
    fclose(fid);

    i = i +1
end
```

主函数中所调用的函数 - 计算积分

```
    function tmp = dig_int1(a_bar,N,C1,C2,gama,WB_c0,x_star,y_star)
    x = linspace(a_bar /N,a_bar,N);
    y = x;
    tmp = y;
    interval = a_bar - a_bar /N;
    delta = interval /(N -1);
    for i =1:N;
        % s 表示给定的 x
        s = x(i);
        for j =1:N;
            % t 表示给定的 y
            t =  y(j);
          % 计算出 y 对应的函数值
          if s > =x_star(j) & t > =y_star(i)
              f(j) = gama * (C1 * s + C2 * t) /interval;  % 均匀分布
```

```
        else
            f(j) = WB_c0(i)/interval;        % 均匀分布
        end
    end

    % 对于给定的 x 计算积分
    tmp(i) = delta * trapz(f);
  end

function tmp = dig_int2(a_bar,N,C1,C2,gama,WL_a0,x_star,y_star)
  x = linspace(a_bar/N,a_bar,N);
  y = x;
  tmp = y;
  interval = a_bar - a_bar/N;
  delta = interval/(N - 1);
  for i = 1:N;
      % t 表示给定的 y
      t = y(i);
      for j = 1:N;
          % s 表示给定的 x
          s =  x(j);
          % 计算出 x 对应的函数值
          if s > = x_star(i) & t > = y_star(j)
            f(j) = (1 - gama) * (C1 * s + C2 * t)/interval;    % 均匀分布
          else
            f(j) = WL_a0(i)/interval;        % 均匀分布
          end
      end

      % 对于给定的 y 计算积分
      tmp(i) = delta * trapz(f);
  end
```

绘制 图3-6的程序

```
    i = 0
    cd  'D:\MATLAB7\work\match';

for rho = speed

    % 图形编号

    j = mod(i,3) + 1
    f = (i + 1 - j)/3 + 1
    i = i + 1

    myfile = sprintf('.\\recods\\0%d-speed=%g.txt',i,rho)
    fid = fopen(myfile,'r')
    input = fscanf(fid,'%g %g %g %g %g %g',[6,N]);
    fclose(fid);

    WL_a = input(1,:);
    WB_c = input(2,:);
    x = input(3,:);
    y_star = input(4,:);
    y = input(5,:);
    x_star = input(6,:);

    % figure(f)
    % subplot(3,1,j)

    % 值函数 - WB_c
    % figure(i)
    k = figure('Visible','off')
```

```
    subplot(3,2,1)
    plot(x,WB_c,'LineWidt',2)
    title(' The Value function of Borrower')
    xlabel('x')
    ylabel('W_B')
    grid on

    % 值函数 - WL_a
    subplot(3,2,2);
    plot(y,WL_a,'LineWidt',2)  ;
    title(' The Value function of Lender')
    xlabel('y')
    ylabel('W_L')
    grid on


    subplot(12,1,5:11)

    MYFACEALPHA = 0.3;
% patch of x_star
    patchy1 = linspace(a_bar/N,a_bar,N);
    patchy2 = linspace(a_bar,a_bar/N,N);
    patchy = [patchy1,patchy2]

    patchx1 = x_star;
    patchx2 = a_bar * ones(1,N);
    patchx = [patchx1,patchx2];

    patch ( patchx, patchy,' b',' LineStyle',':',' FaceAlpha', MYFACEAL-
PHA,'EdgeAlpha',1,'LineWidt',2)
```

```
    xlabel('x');
    ylabel('y');

    mytitle = sprintf('Matching Set of Lender and Borrower( \\rho = %
g)',rho);
    title(mytitle);

    hold on

% patch of y_star
    patchx1 = linspace(a_bar/N,a_bar,N);
    patchx2 = linspace(a_bar,a_bar/N,N);
    patchx = [patchx1,patchx2]

    patchy1 = y_star;
    patchy2 = a_bar * ones(1,N);
    patchy = [patchy1,patchy2];

    patch(patchx,patchy,'y','FaceAlpha',MYFACEALPHA,'EdgeAlpha',1,'
LineWidt',2)

    % 标注 1,2,3
    text(0.3,0.3,'1')
    text(0.5,0.5,'2')
    text(0.8,0.8,'3')

    legend('x^* ','y^* ','Location','NorthWest')
    grid on
    hold off

    % 参数注释:
```

```
    subplot(12,1,12)
    axis off
    notetxt1 = sprintf('Parameters: $ $C_1 = % d,C_2 = % d, \\lambda_{i} = % g, \\lambda_{c} = % g,i = % g, \\gamma = % g,r = % g . $ $',C1,C2,lamda_i,lamda_c,interestrate,gama,r)

    text('Interpreter','latex','String',notetxt1,'Position',[0 -1],'FontSize',10)
    text('Interpreter','latex','String','Payoff Function: $ $ \varphi(x,y) = C_1x + C_2y $ $','FontSize',10,'Position',[0 0])
    % text(0,0,notetxt2)
    % set(ht,'FontSize',14)

    mypic = sprintf('. \\recods \\0 % d - speed = % g(patch).jpg',i,rho);
    mypic2 = sprintf('. \\recods \\0 % d - speed = % g(patch).pdf',i,rho);

    % print('-dpdf',mypic2)
    saveas(k,mypic,'jpg')

end
```

绘制图 3 -7 和图 3 -8 的程序

```
    i = 0
    cd  'D: \MATLAB7 \work \match';

for rho = speed

    % 图形编号
    j = mod(i,3) + 1
    f = (i + 1 - j) /3 + 1
    i = i + 1
```

```
    myfile = sprintf('.\\recods\\0%d-speed=%g.txt',i,rho)
    fid = fopen(myfile,'r')
    input = fscanf(fid,'%g %g %g %g %g %g',[6,N]);
    fclose(fid);

    WL_a = input(1,:);
    WB_c = input(2,:);
    x = input(3,:);
    y_star = input(4,:);
    y = input(5,:);
    x_star = input(6,:);

    figure(f)
    set(f,'PaperType','A4')
    subplot(4,1,j)

    MYFACEALPHA = 0.3;
% patch of x_star
    patchy1 = linspace(a_bar/N,a_bar,N);
    patchy2 = linspace(a_bar,a_bar/N,N);
    patchy = [patchy1,patchy2]

    patchx1 = x_star;
    patchx2 = a_bar * ones(1,N);
    patchx = [patchx1,patchx2];

    patch(patchx,patchy,'b','LineStyle',':','FaceAlpha',MYFACEAL-
PHA,'EdgeAlpha',1,'LineWidt',1.5)
    xlabel('x');
    ylabel('y');
```

```
    mytitle = sprintf('\\rho = % g',rho);
    title(mytitle);

    hold on

% patch of y_star
    patchx1 = linspace(a_bar/N,a_bar,N);
    patchx2 = linspace(a_bar,a_bar/N,N);
    patchx = [patchx1,patchx2]

    patchy1 = y_star;
    patchy2 = a_bar * ones(1,N);
    patchy = [patchy1,patchy2];

    patch(patchx,patchy,'y','FaceAlpha',MYFACEALPHA,'EdgeAlpha',1,'
LineWidt',1.5)

    legend('x^* ','y^* ','Location','NorthWest')
    grid on
    hold off

    % 参数注释:
    if j = =3
        subplot(4,1,4)
        axis off
         text ('Interpreter','latex','Position', [0.15 1],'String','
Matching Set of Lender and Borrower','FontSize',10);
        notetxt1 = sprintf('Parameters: $ $C_1 = % d,C_2 = % d, \\lamb-
da_{i} = % g, \\lambda_{c} = % g,i = % g, \\gamma = % g,r = % g . $ $',C1,
C2,lamda_i,lamda_c,interestrate,gama,r);
```

```
    text('Interpreter','latex','String',notetxt1,'Position',[0 0.8],'
FontSize',8)
        text('Interpreter','latex','Position',[0 0.6],'String','Pay-
off Function: $ $ \varphi(x,y) = C_1x + C_2y $ $','FontSize',8)


    end
        mypic = sprintf('. \\recods \\0% g.jpg',f);
        saveas(f,mypic,'jpg')
end
```

第 4 章

重点网络借贷平台的财务和风险分析

现有的学术和商业研究中，尽管已有一些关于我国网络借贷行业整体状况的统计分析，但相关分析的基础是商业性网站提供的数据。由于商业利益存在，相关网站有可能对数据进行修饰，从而导致研究结果的可信度受到质疑。自网络借贷的行业主管部门（中国银监会）制定并颁发《网络借贷信息中介机构业务活动信息披露指引》后，中国互联网金融协会也制定了相应的信息披露标准和要求，要求协会的成员单位在协会的官方网站披露注册资本、运营情况等基本信息，还要求披露经过审计的财务报表。这样我们就可以利用这些披露的数据，特别是财务数据，对网络借贷平台进行相对细致和可靠的分析。①

4.1 成立时间和地域分布

截至 2017 年 12 月 31 日，获准在互联网金融协会官网披露信息的平台有 116 家，分布在安徽、北京等 10 个省市。平台分布较为集中的省市为京沪粤三地，其中北京市 45 家，广东省 22 家，上海市 19 家。这样的分布和地区经济发展程

① 利用这样的信息披露数据还有一个好处就是可以剔除不太正规平台的影响。由于行业早期的入行门槛较低、监管较为宽松，国内已经有了数千家平台，但大部分平台业务量很少，甚至一部分平台已经“跑路”。所以如何获取行业有效的数据成为学术研究的难点。互联网金融协会作为半官方性质的机构，它承担了行业参与者与监管部门对话的职能。因此能够获准在互联网金融协会官网披露信息的平台在合规经营程度、公司规模、市场份额等方面都居于行业前列。并且因为是半官方的机构，所以在此披露的信息相对于其他信息来源会更加准确可靠。本章的所有分析都是以互联网金融协会披露的数据和信息为基础，网址为：https：//dp. nifa. org. cn/HomePage。

度以及网络借贷行业发展程度是相适应的，也说明了本章选取的平台具有较强的代表性。[①] 虽然样本数量不多，但是数据的真实性、平台的可靠性和代表性完全满足学术研究的要求。

从表 4-1 可以看出，样本平台的成立时间主要集中在 2012 年之后，此前的年度总计只有 10 家平台成立。2013 年被称为"互联网金融元年"，正是这一年，网络借贷这一金融模式开始为大众熟知，并产生广泛影响。[②] 平台成立的高峰在 2014 年，仅样本中的平台就有 48 家成立于该年度，占样本总数的 41.4%。到了 2015 年，新平台诞生的速度略有下降，但仍有 21 家平台成立；直至 2017 年，仍有 3 家平台成立。值得一提的是，目前广为人知的、信誉较好的平台大多在行业萌芽期即诞生。如 2007 年成立的翼龙贷、2010 年成立的人人贷、2011 年成立的拍拍贷等。声誉的积累需要时间，只有经历了大浪淘沙般的筛选，那些风险控制较好、经营稳健的平台才能存活下来。

表 4-1　　样本平台的注册时间和地域分布

	成立时间									
注册地址	2007	2009	2010	2011	2012	2013	2014	2015	2016	2017	合计
安徽省							2	1			3
北京市	1		1	1	2	8	21	5	4	2	45
广东省		1			3	3	8	6	1		22
江苏省					1	1	3		1		6
江西省							1				1
山东省					1		2				3
陕西省							2		1		3
上海市			1	3	1	3	6	3	1	1	19
天津市								1			1

① 截至 2017 年底，正常运营平台数量排名前三位的是广东、北京、上海，数量分别为 410 家、376 家、261 家。见网贷之家编写的《2017 年中国网络借贷行业年报》。

② 在行业诞生的初期，很多非专业人士甚至会认为"网络借贷"与"互联网金融"是同一概念。实际上"互联网金融"的范畴较大，不仅包括网络借贷，还包括众筹、网络支付、数字货币等多个方面。

续表

注册地址	成立时间									
	2007	2009	2010	2011	2012	2013	2014	2015	2016	2017	合计
浙江省		1		1		2	3	5	1		13
总计	1	2	2	5	8	17	48	21	9	3	116

注：表中统计的平台为主动（并经许可）在中国互联网金融协会网站披露信息的平台。这些平台均为规模较大、运营相对规范的平台。信息来自：https：//dp. nifa. org. cn/HomePage，本章数据全部来自于此。此处平台成立时间以网站上线时间为准。有些公司虽然成立较早，但在成立初期从事线下小额贷款业务，只是趁着网络借贷崛起的时刻才开始转型为线上业务。

4.2 平台基本信息

样本平台的平均注册资本超过 1 亿元，如表 4－2 所示。在广东省平均注册资本超过了 2 亿元；在西部的陕西省，3 家平台的平均注册资本也超过了 4 000 万元。在实缴资本这一指标上，我们发现它和注册资本比较接近，平均也达到 9 297万元。虽然互联网金融相对于正规金融行业进入门槛较低，但即便是这样“草根”特性十足的金融信息中介机构，注册资本也已远超过普通的公司。由此可预见的是，无论社会如何发展，技术如何进步，金融业的进入门槛也不会降到和其他行业那样低。毕竟无论何种属性的金融机构，其本质都是“拿着别人的钱去经营”，如果不表现出雄厚的实力，不会得到投资人的信任。

表 4－2　　主要网络借贷平台的地域分布和基本信息

注册地址	主动披露信息平台数量	平均注册资本（万元）	平均实缴资本（万元）	平均员工总数	其中：正式员工	资金存管比例	获得电信许可比例
安徽省	3	19 000	19 000	63. 0	49. 3	100. 0%	33. 3%
北京市	45	8 446	6 216	160. 9	148. 1	93. 3%	95. 6%
广东省	22	21 774	20 867	191. 1	180. 5	90. 9%	86. 4%
江苏省	6	6 000	4 667	83. 5	79. 7	100. 0%	33. 3%
江西省	1	6 480	6 480	130. 0	130. 0	100. 0%	100. 0%
山东省	3	7 333	4 167	172. 7	152. 0	100. 0%	100. 0%

续表

注册地址	主动披露信息平台数量	平均注册资本（万元）	平均实缴资本（万元）	平均员工总数	其中：正式员工	资金存管比例	获得电信许可比例
陕西省	3	4 447	4 113	44.0	44.0	66.7%	100.0%
上海市	19	9 063	7 771	746.4	667.7	89.5%	73.7%
天津市	1	5 000	5 000	84.0	84.0	100.0%	0.0%
浙江省	13	6 894	4 860	1 141.2	1 094.8	100.0%	100.0%
总计	116	10 868	9 297	366.6	337.7	93.1%	85.3%

注：信息来中国互联网金融协会的信息披露网站：https：//dp.nifa.org.cn/HomePage。

平台的员工人数在各个地区差异较大，最多的是来自浙江省的平台，平均超过1 100人；最少的是来自陕西的平台，平均仅有44人。这反映了平台的经营模式在地区之间有特别大的差异。如果贷前审核、贷中管理和贷后催收等诸多环节都由平台自己的员工亲力亲为，那么平台的员工数量就会很多；如果上述环节中的一个或多个外包给其他公司（可能是自己的子公司、关联公司）则平台的员工数量就会相对较少。从数据中可以发现，网络借贷平台的员工中，正式员工占比平均达92%，也即平台很少聘用临时工作人员。由于征信系统较为发达，公民的信用记录完善，英美等国家的平台信息审核任务较少，很多审核流程可以借助计算机完成。相对而言，我国征信系统起步较晚，信用记录不全面，并且网络借贷平台不允许接入央行现有的征信系统，因此网络借贷平台大多依靠线下审核借款人的信息。同时，由于网络借贷平台不能把违约信息写入央行征信系统，借款人违约时也不会受到信用评分方面的惩罚，失去了这样重复博弈的机会后，平台的催收也更多依赖人工。上述两方面的原因造成了我国主要网络借贷平台的人员规模较为庞大。

根据电信管理部门对国内互联网网页的监管规定，所有互联网信息网页都需要进行ICP备案。由于各地区对备案的要求不同，部分地区需要平台前置获得金融信息服务许可才能申请备案，所以尽管表4－2中所有平台都已经开始了经营，但其中约15%并没有获得电信备案。分地区来看，北京、浙江、江西、山东、陕西等地区的平台获得电信部门许可的比例较高，而其他地区的比例较低。特别是安徽、江苏两省的平台获得许可的比例仅有1/3，天津仅有的一家平台也没有获得电信部门的网页备案许可。

根据银监会等四部委于 2016 年 8 月发布的《网络借贷信息中介机构业务活动管理暂行办法》，监管部门要求网络借贷平台“实行自身资金与出借人和借款人资金的隔离管理，并选择符合条件的银行业金融机构作为出借人与借款人的资金存管机构”。因此，平台与商业银行合作并进行资金存管就是平台合规的必然要求。表 4 - 2 的数据显示，截至 2017 年年底，已有 93% 的平台实施了资金存管，仍有 7% 的平台没有完成资金存管的要求。相对而言，北京、上海、广州三地的平台完成资金存管要求的比例均为 90% 左右，比例甚至不如安徽、江苏、山东等地。这一方面反映了平台进行资金存管的积极性不高，另一方面也反映了北上广三地的商业银行与平台合作的积极性不高。尽管监管要求平台不得就自身在某银行进行资金存管开展宣传，但由于借款人和平台之间信息不对称因素的存在，“资金存管”这种信号作用是客观存在的。从表 4 - 3 中列出的信息来看，参与网络借贷平台资金存管的银行全部都是城市商业银行或农村商业银行。原因可能在于，银行为网络借贷平台提供资金存管服务从某种意义上是对平台的经营进行背书，大型商业银行不愿意从事这样的业务。目前，市场上已经有部分已经开展了资金存管业务的银行逐步退出这项业务，以避免平台的风险对自身商誉的不良影响。

表 4 - 3　　开展资金存管的银行及其服务平台数量

银行名称	存管平台数目	比例（%）
北京银行	2	1.72
广发银行	4	3.45
贵州银行	1	0.86
海口联合农商银行	4	3.45
恒丰银行	8	6.9
华瑞银行	4	3.45
华夏银行	4	3.45
华兴银行	4	3.45
徽商银行	13	11.21
江苏银行	1	0.86

续表

银行名称	存管平台数目	比例（%）
江西银行	14	12.07
金城银行	1	0.86
廊坊银行	3	2.59
民生银行	3	2.59
南粤银行	1	0.86
平安银行	2	1.72
青岛银行	1	0.86
上海银行	9	7.76
西安银行	3	2.59
厦门银行	13	11.21
新网银行	7	6.03
招商银行	1	0.86
浙商银行	5	4.31
中信银行	2	1.72
无资金存管平台数	6	5.17
总计	116	100

注：信息来中国互联网金融协会的信息披露网站：https：//dp. nifa. org. cn/HomePage。有三家平台正在与商业银行洽谈或部署资金存管过程中。故此处仅有6家平台标示为“无资金存管”。

4.3 平台运营情况

4.3.1 运营指标描述统计

表4－4中列出了2017年10月平台的运营情况数据。平台平均累计交易额已达到278.2亿元，但这一指标的标准差也较大，表明平台的运营规模有着巨大的差异。最大的平台累计交易额接近3 000亿元，而最小的平台交易额累计不到1亿元。平台间这种交易量的差异从（融资）交易笔数、投资笔数都可以看出：融资交易最多超过3 000万笔，最少不足1 000笔；投资交易总笔数最多超过3亿笔，最少的不足1万笔。表中数据显示，投资人和融资人的数量远小于投资和

融资交易的笔数，这表明同一个自然人可能多次投资，同一个自然人或企业法人也存在多次融资的情况。样本平台的累计待偿金额平均为 53 亿元，并且规模不同的平台在该指标上差距也较大，最大的达到约 800 亿元。累计待偿金额是平台风险的重要指标，平台平均投资人数量为 29 万人，以此推算人均待偿余额约为 1.83 万元①，并且数据显示当月平均新增待偿余额仅为 1 亿元，因此行业风险整体可控。

表 4－4　　　　　　　　平台运营数据描述统计

运营指标	样本数	均值	标准差	最小值	最大值
累计总交易额（亿元）	112	278.2	495.4	0.9	2 990.0
累计总交易笔数（万笔）	112	184.5	525.5	0.0	3 110.0
累计投资总笔数（万笔）	112	871.9	3 510.0	0.4	30 200.0
累计融资人总数（万人）	112	63.2	161.1	0.0	969.6
累计投资人总数（万人）	112	29.1	57.3	0.1	376.5
累计待偿金额（亿元）	112	53.0	105.4	0.0	800.0
新增交易额（亿元）	112	11.3	20.7	－15.7	94.4
新增融资笔数（万笔）	112	14.3	44.0	－1.9	293.2
新增投资笔数（万笔）	112	46.7	243.6	－255.4	2 030.0
新增融资人数（万人）	112	5.8	19.2	0.0	172.3
新增投资人数（万人）	112	0.7	2.3	－8.7	16.9
新增待偿余额（亿元）	112	1.0	4.5	－4.2	31.9
累计人均融资量（万元）	112	180.7	359.1	0.6	2 283.1
累计人均投资量（万元）	112	20.5	29.1	0.2	210.2
累计平均每笔贷款金额（万元）	112	71.1	261.3	0.1	2 714.2
新增贷款平均每笔金额（万元）	109	73.6	414.1	－0.2	4 334.3

注：表中所列数字为 2017 年 10 月底平台报送数据，所有新增量为本月相对于上月环比数据。

从表 4－4 还可以发现，平台新增交易额平均为 11.3 亿元，新增融资笔数为 14.3 万笔，但是新增贷款平均每笔金额达到 73.6 万元，这表明单笔金额较大的平台占了较大比例。从数据可以看出，平台新增贷款金额平均值最大的超过了 4 000万元。《网络借贷信息中介机构业务活动管理暂行办法》（以下简称《暂行办

① 考虑到部分投资人会退出平台，实际人均待尝余额会略高于此数。

法》）规定：

> “网络借贷金额应当以小额为主……同一自然人在同一网络借贷信息中介机构平台的借款余额上限不超过人民币20万元；同一法人或其他组织在同一网络借贷信息中介机构平台的借款余额上限不超过人民币100万元；同一自然人在不同网络借贷信息中介机构平台借款总余额不超过人民币100万元”。

由此可见监管部门所要求的“小额”原则在平台当前的经营中依然没有得到很好的贯彻和执行——累计人均融资量平均为180.7万元，远高于监管的规定。并且这种不符合监管规定的现象没有得到缓解的趋势——新增贷款平均每笔金额为73.6万元，而累计平均贷款金额为71.1元。新增量超过累计量，这表明平均每笔贷款的金额甚至有增加的趋势。

平台每月新增融资人数量为5.8万，而新增投资人数量仅有0.7万。考虑到人均投资量会小于人均融资量，所以必然会有大量的融资需求在网络借贷平台不能得到满足，网络借贷市场上的供求矛盾突出。当然，这也是很正常的现象。网络借贷模式创新之处就在于能够让投资者自行决定投资的去向，并不保证所有的融资需求都能够成功。

通过上述分析，我们可以发现：（1）经过一系列严厉的监管手段，行业的风险得到了部分控制，待偿余额稳步减少，行业无序扩张的势头被遏制；（2）监管所要求的，融资应为“小额借款”的目标没有达成，行业平均单笔、单人融资金额均超过上限；（3）行业的参与人数还在持续增加，但投资人数量增长的速度远低于融资人数量增长速度，在传统金融行业受到金融抑制的群体大多数在网络借贷行业依然受到金融抑制。

4.3.2 发展趋势

图4-1中所示的是样本平台平均每月的交易总额。从中可以看出，自2017年5月以来平台的成交额有比较明显的下降趋势，从月33亿元逐步下降到月10

亿元，其中最大的下降幅度正是来自 5 月和 6 月。与此同时，平均每个平台的新增待偿金额也在逐步下降，从 5 月初的 8.22 亿元下降到 12 月的 0.86 亿元。每月新增交易额下降，表明行业正在由之前的“过热”状态逐步冷静，投资者渐渐回归理性。新增待偿金额的下降表明行业的风险也在同步下降，虽然待偿金额总量并没有下降，但是基本没有新增。这一局面的出现，应该归功于监管部门对网络借贷行业所出台的一系列强有力的监管措施，如信息披露、备案等强制要求等。

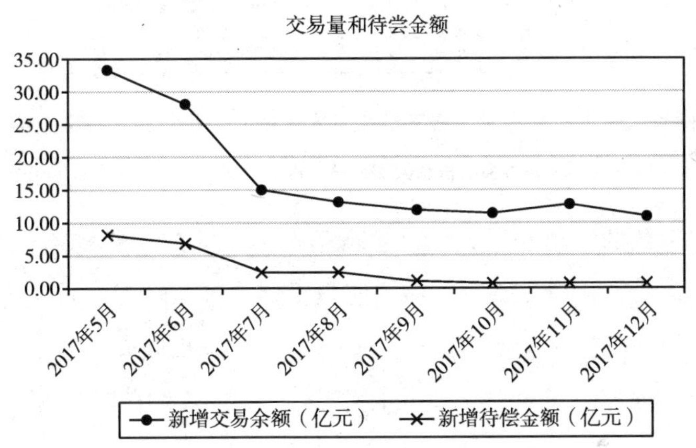

图 4-1　116 家样本平台平均每月新增交易额和新增待尝金额

注：信息来中国互联网金融协会的信息披露网站：https：//dp.nifa.org.cn/HomePage。

与交易量的变化趋势不同，市场参与人数表现出先升后降的趋势（见图 4-2）。在 2017 年 6 月，市场上新增的投资人数量和融资人数量达到最大值，此后每月新增投融资人数逐步下降，虽然在 10 月份略有上升，但此后两个月继续了此前的下降趋势。注意到，市场参与人中，每月新增的投资人数量和融资人数量的变动趋势几乎完全一致，只是新增投资人数量略高于新增融资人数量。这表明，网络借贷这一商业模式具有较强的“双边市场”（Two-sided Market）特性，一边为投资人，一边为借款人（融资方）。两个市场会相互产生外部性，投资人增加会吸引更多的借款人，借款人增加会吸引更多的投资人。在均衡状态下，投资人数量和借款人数量会表现出稳定而同步的变动趋势。

每月新增融资笔数和新增投资笔数与上述投融资人数的变动趋势基本相同，

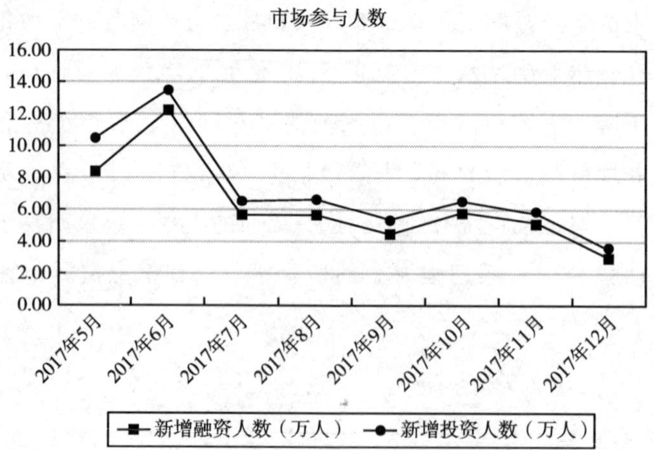

图 4-2　116 家样本平台平均每月新增融资人数和新增投资人数

注：信息来中国互联网金融协会的信息披露网站：https：//dp. nifa. org. cn/HomePage。

但是新增投资笔数的波动性更大，而新增融资笔数的波动性较小（见图 4-3）。每位参与网络借贷的投资人都可能参与多笔投资或多笔融资，并且通常情况下投资时会小额分散地投资到多笔借款标，而每次融资只是形成一笔借款标，所以投资笔数的量会远远超过融资笔数。这样也就造成了前者波动的幅度（方差）远大于后者。

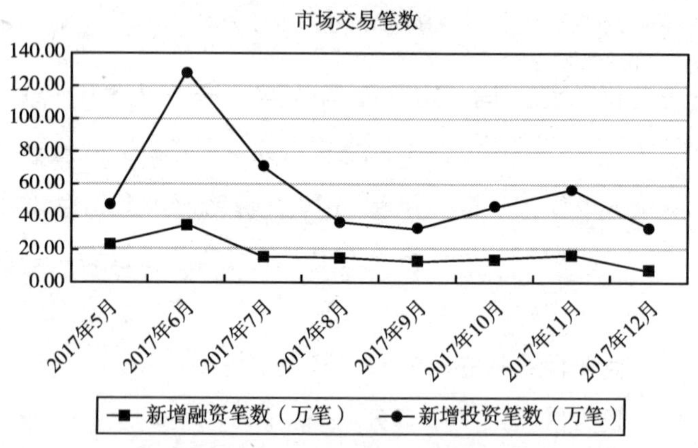

图 4-3　116 家样本平台平均每月新增融资笔数和新增投资笔数

注：信息来中国互联网金融协会的信息披露网站：https：//dp. nifa. org. cn/HomePage。

根据《暂行办法》的要求，参与网络借贷的个人和企业在单个平台的借款余额分别不应超过 20 万元和 100 万元。因此，平台发放的单笔借款更应该小于上述数字。从图 4-4 中，我们可以发现无论是贷款存量的平均额度还是新增贷款平均每笔的金额都超过了 20 万元。这表明在我国网络借贷市场上的借款人大多为企业，这一特征是和英美等国家有本质不同的（发达国家的网络借贷用途以个人消费信贷为主）。从图中我们可以发现平均每笔借款金额稳步下降，新增贷款的平均金额自 2017 年 7 月后也表现出下降的趋势。这表明，行业中的平台正在努力适应监管要求，降低企业和个人的单笔借款量。

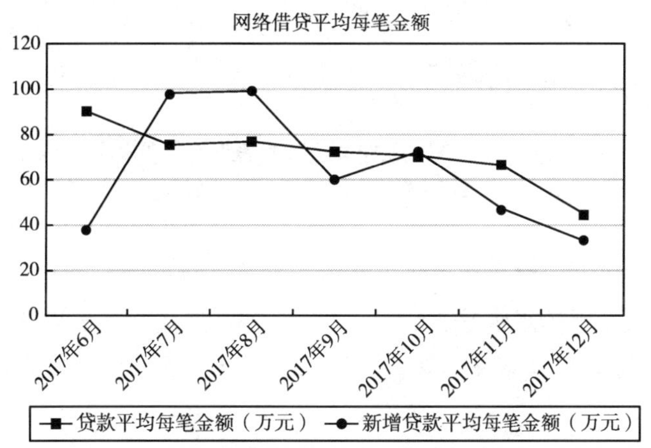

图 4-4　116 家样本平台平均每笔贷款金额和新增贷款平均每笔金额

注：信息来中国互联网金融协会的信息披露网站：https：//dp. nifa. org. cn/HomePage。

图 4-5 显示，网络借贷市场上人均的投融资规模表现出不同的变动趋势。人均投资额自 2017 年 5 月后持续上升，然而自该年 6 月后人均融资额则持续下降。如前所述，人均融资额的下降表明平台的经营正在根据监管要求，限制单个个人和企业的融资量。人均投资量为何会持续上升？一个可能的原因是，市场上关于网络借贷模式的态度发生了分化。如图 4-2 所展现的，市场上新增的投资人数量持续下降，表明从未参与网络借贷的人群正在放缓进入这个行业的脚步，行业对外部资金的吸引力减弱。但是已经处于这个行业的投资人则不断增加对网络借贷模式的信心，不但没有降低投资规模，还在不断增加自己的投资量。人均投资量处于 20 万元左右的水平，而人均融资量在大多数月份维持在 150 万元以

上的水平，这意味着网络借贷平台整体上离监管要求差距较大，合规风险依然存在。

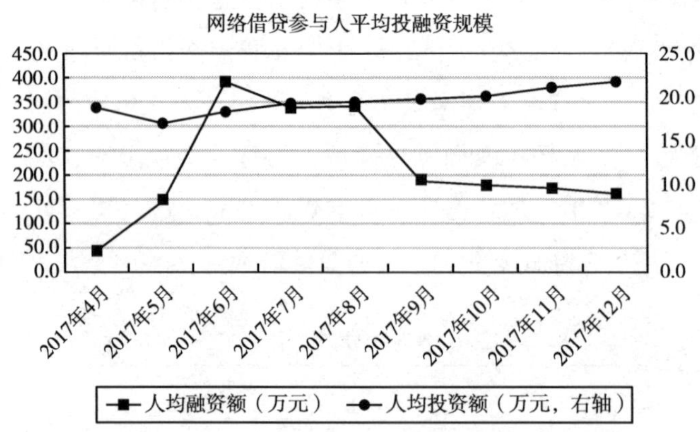

图 4-5　116 家样本平台平均人均投资额和融资额

注：信息来中国互联网金融协会的信息披露网站：https：//dp. nifa. org. cn/HomePage。

网络借贷平台的风险还表现在贷款的集中度较高，最大单笔借款占比和最大十笔借款占比均处于较高水平。从图 4-6 可以看出，行业平均最大单笔借款占比约为 6%，行业平均最大十笔借款占比约为 16% 左右，风险比较集中。如若这些较大的借款人出现违约，则会给平台、行业的声誉产生不利影响，甚至引发投

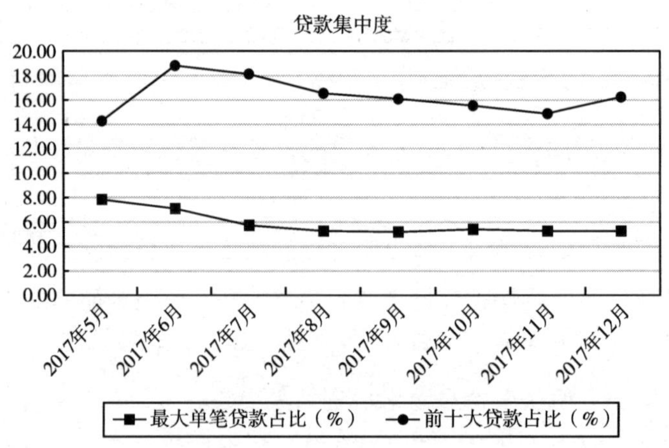

图 4-6　116 家样本平台的贷款集中度

注：信息来中国互联网金融协会的信息披露网站：https：//dp. nifa. org. cn/HomePage。

资人的挤兑行为，让风险从单个平台扩展到多家平台甚至整个行业。从图中我们看到，前十大借款人的借款余额占比从 6 月起略有下降，但到了 2017 年底时甚至有了上升的趋势，需要引起相关平台和监管部门的重视。

总结上述分析，我们可以发现 2017 年行业的发展有如下特征：（1）自 2017 年中以来，行业成交额、参与人数均呈下降趋势，表明行业的确正逐步回归理性；(2) 贷款每笔平均金额和新增贷款每笔平均金额均呈下降趋势，但依然处于较高水平，而且人均融资额高位运行且逐步增加，表明部分平台没有按照监管要求运营；（3）行业平均贷款集中度居高不下，风险始终存在。这些事实表明，尽管行业监管要求较为严格，但因为监管规定刚刚出台，在规定执行的“缓冲期”内部分平台延续了自身的运营思路。监管部门在未来需要加强对平台合规运营的约束力度，大力化解行业历史上集聚的风险。

4.4 财务状况

表 4 –5 中列出了 115 家样本平台的主要财务指标。由于网络借贷平台大多没有上市，所以披露的信息并不统一，因而表中只列出了主要的财务信息，并且某些指标（如应收账款、应付账款等）信息缺失较多。

表 4 –5　行业 2016 年财务指标　单位：万元

财务指标	样本数	平均值	标准差	最小值	最大值
资产总计	115	47 815.7	182 858.3	40.56	1 373 786.0
其中：流动资产合计	114	41 378.0	172 079.8	0.00	1 353 576.0
现金	115	9 492.4	23 988.1	1.12	154 653.5
应收账款	93	3 681.5	14 904.3	0.00	117 756.1
其他应收款	113	29 567.9	155 844.6	0.00	1 244 785.0
负债总计	115	36 993.4	161 818.1	1.89	1 357 549.0
其中：流动负债合计	114	35 370.1	160 144.2	0.00	1 327 730.0
应付账款	82	4 241.9	18 733.4	0.00	137 553.9
其他应付账款	113	28 934.6	150 691.4	0.00	1 317 183.0
所有者权益合计	115	10 822.3	44 974.8	–55 662.93	368 746.8

续表

财务指标	样本数	平均值	标准差	最小值	最大值
营业总收入	114	18 857.7	52 277.4	0.00	403 582.7
营业总成本	115	18 291.1	48 553.0	61.89	375 866.4
营业成本	94	4 184.2	11 676.9	0.00	83 821.9
税金及附加	112	87.9	224.1	0.00	1 628.4
销售费用	106	7 249.4	21 564.6	0.00	183 204.6
管理费用	115	7 608.4	25 209.0	31.14	180 139.2
财务费用	114	90.4	799.0	-2 002.18	6 763.9
营业利润	115	807.9	8 813.6	-27 589.41	56 754.8
利润总额	115	106.6	4 802.4	-19 628.92	17 844.4
净利润	115	149.6	5 157.3	-18 310.62	32 549.5
经营活动产生的现金流量净额	114	-361.5	29 219.7	-221 680.60	122 069.5
投资活动产生的现金流量净额	114	-2 250.5	10 361.3	-90 313.36	10 991.9
筹资活动产生的现金流量净额	94	8 011.9	33 819.3	-12 077.26	319 425.3
现金及现金等价物净增加额	114	3 994.3	20 093.0	-88 496.33	103 785.0
年末现金及现金等价物余额	108	9 511.1	23 359.3	1.12	130 672.5

注：表中所列出的是网络借贷行业财务指标的描述统计量。因网络借贷平台大多没有上市，所披露的信息标准不一，故有部分指标没有涵盖全部平台。116 家平台中只有 115 家平台披露了 2016 年的财务报表，所有的信息均来自网贷平台信息披露系统 https：//dp. nifa. org. cn/HomePage。

2016 年行业平均资产量约为 4.78 亿元，平均负债为 3.7 亿元，平均所有者权益为 1.08 亿元。有 15 家平台的所有者权益为负值，已经资不抵债，最低达到 -5.57 亿元。整体上看，行业负债率较高，流动负债平均约为 3.5 亿元，占负债的比例约为 95.6%。作为信息中介机构，网络借贷平台本应仅提供“撮合”服务，即帮助借贷双方实现匹配，不应该出现如此巨额的和高比例的应收、应付款项。出现较高负债比，以及高比例应收、应付款项的原因可能在于多数平台在开展业务时，委托第三方（通常为自己的子公司、关联公司）开展贷款发放业务，并委托第三方机构处理投资人的资金。这样的运营模式可以让平台规避监管部门的要求（不设资金池等），但显然背离了网络借贷应有的“P2P”（Peer to Peer，点对点）特征。

行业的运营成本较高，平均营业成本达到 1.83 亿元，占营业收入 1.89 亿元的 96.8%。这导致了行业平均的营业利润只有 807.9 万元，净利润平均只有 149.6 万元。由于行业方兴，而且数千家平台正开展激烈的竞争，每个平台都付出了巨额的销售费用，平均达到 7 249.4 万元。同时，行业的管理费用也较高，平均甚至超过了销售费用，达到 7 608.4 万元。有 58 家平台的净利润为负值，处于亏损状态，净利润最低的一家平台亏损额达到 1.83 亿元。

虽然行业整体上亏损的平台较多，但由于股东对未来前景看好，全年行业平均筹资活动进展顺利，相应的现金流净额达到 8 000 余万元。尽管经营活动和投资活动的现金流净额都为负值，全年行业整体的现金及现金等价物净值平均增加了近 4 000 万元。加上历年的积累，年末行业平均的现金及现金等价物余额达到了约 9 500 万元。因此，整体上看行业的现金较为充裕。

4.5 风险承担

表 4-6 中列出的是利用“CAMEL 评级”法对行业中样本平台进行评级后的结果，从中可以判断出各项指标从 2015 年到 2016 年的变化。网络借贷行业的公司属于金融业，但这又与银行等金融机构的运营模式有着较大差异，因此以下的评级指标是在银行业“CAMEL 评级”方法的基础上，结合网络借贷行业的特点，并利用相对有限的数据计算得到：“资本充足”指标的计算方法是用公司所有者权益除以公司的资产。“资产质量”指标计算方法为公司的应收账款（包括应收账款和其他应收款）除以公司的总资产，这样计算的依据是国内的网络借贷公司大多通过子公司或合作公司放贷，并在平台上开展债权转让。由于此类资产中必然会有一定数量的资产处于“应收状态”，因此应收款项的占比一定程度上反映出公司资产中实际用于运营的比例。“管理能力”指标采用了两种描述方式，第一种是用管理费用占总资产的比例，第二种是用营业成本占营业收入的比例。“流动性”指标采用的计算方法是公司资产中现金的比例。

表 4-6　　行业风险指标

CAMEL 评级指标（2015）

指标	观测值	均值	标准差	最小值	最大值
资本充足	109	0.2	1.22	-6.35	1
资产质量	109	0.45	0.33	0	0.99
管理能力 1	100	0.51	1	0	6.43
管理能力 2	87	2.21	2.37	0.09	14.81
盈利能力	100	-0.15	2.06	-7.07	10.92
流动性	109	0.27	0.28	0	1

CAMEL 评级指标（2016）

指标	观测值	均值	标准差	最小值	最大值
资本充足	115	0.28	0.94	-6.08	1
资产质量	115	0.49	0.32	0	0.99
管理能力 1	115	0.39	0.77	0.01	7.1
管理能力 2	110	2.07	2.88	0.09	17.88
盈利能力	115	0.03	1.68	-4.47	14.62
流动性	115	0.3	0.37	0	2.9

注：数据来自中国互联网金融协会的信息披露网站上各平台披露的财务报表，经过计算得到。

对比各项指标在 2015 年和 2016 年的表现，我们可以发现如下特征。第一，行业的资本充足情况逐渐变好，从 2015 年的 0.2 变成 2016 年的 0.28，并且标准差也变小。这表明 2016 年全年中，行业正吸引着大量的外部股权投资。第二，资产质量变好，平台平均应收款项的比例从 0.45 上升到 0.49，表明资产中能够直接产生利润的资产比例变高①。第三，行业整体的管理能力增强，管理费用占总资产的比例由 0.51 下降到 0.39；营业成本占营业收入的比例也在同期由 2.21 下降到 2.07。第四，行业中样本平台的盈利能力显著增强，在 2015 年平均的利润率为 -15%，处于亏损状态，到了 2016 年则变为 3%，行业整体扭亏为盈。第五，行业的流动性也有所改善。网络借贷行业是现金较为充裕的行业，在 2015 年行业资产中现金的比例高达 27%，到了 2016 年更是在

① 当然，应收款项的比例上升也可能是资产质量下降的表现，即发放的贷款回收困难。但考虑到从 2015 年到 2016 年，国内整体的实体经济运营状况没有显著改变，故贷款回收难易程度不应有显著改变。因此应收款占比的改变应主要来自平台实际用于运营的资产占比的改变。

此基础上增加到 30%。

综上所述，我们可以发现相对于 2015 年的情形，2016 年整个网络借贷行业的风险显著下降。从资本（capital adequacy）、资产（asset quality）、管理（management）、盈利（earnings）和流动性（liquidity）这五个维度去看，行业平均的风险状况都在显著改善。形成这样局面最可能的原因在于自 2016 年年初以来行业监管日趋于严厉，迫使各平台注意自身风险控制。虽然在某种程度上行业的成交额、成交量等指标会受到一定的影响，但网络借贷和传统金融业一样，风险控制是第一要务。

4.6 典型平台的财务报表分析

4.6.1 人人贷

人人贷商务顾问（北京）有限公司（下称“人人贷”）是中国最早的网络借贷信息中介服务平台之一，成立于 2010 年，注册资本为 1 亿元，并完成实缴。主要业务是采用“点对点（P2P）”的方式为小微企业提供经营性信贷服务，平台采用线上、线下互为补充的模式：线上开发投资者与线下开发借款人同步进行。平台的盈利来自借贷双方的手续费，以及在撮合借贷双方过程中所赚取的息差。平台根据信息披露要求，在中国互联网金融协会网站披露了 2016 年年报，接下来我们将根据该年报数据对公司的财务报表进行分析（见表 4－12、表 4－13、表 4－14）。[①]

4.6.1.1 财务比率分析

基于 2016 年年度人人贷公司的审计报告，计算出财务比率如表 4－7 所示：

① 作为非上市公司，平台所披露的 2016 年 12 月 31 日的资产负债表、2016 年度的利润表和现金流量表中的信息并不完整，因此在以下分析中结合了其他来源的信息。

表 4 -7　　人人贷平台 2016 年度财务比率

比率名称	本期比率	上期比率
净利率	12.60%	-11.92%
资产报酬率 ROA	17.96%	-8.58%
权益报酬率 ROE	37.70%	-19.12%
流动比率	1.73	1.60
现金比率	36.47%	69.39%
资产负债率	54.91%	57.62%
权益乘数	2.22	2.36
固定资产周转率	44.37	23.77
应收账款周转率	4.92	2.64
总资产周转率	1.31	0.70

注：表中数据根据人人贷 2016 年财务报表计算得到。

（1）偿债能力分析。

流动比率反映企业运用流动资产偿还流动负债的能力，实践中将其保持在 2 左右比较合适。但由于行业或季节性因素，根据企业所处的不同发展阶段，这一数据会有一定差别。人人贷公司两年内流动比率相差不大且均在 1.5 以上，说明其具备较好的短期偿债能力。因财务报表中未给出存货的数据，故无法计算速动比率。

杠杆比率反映的是企业负债与所有者权益之间的比率关系，用来评价企业长期偿债能力和继续举债的能力。权益乘数是指资产总额相对于所有者权益的倍数，权益乘数越大表明所有者投入到企业中的资产所占的比例越小，此时会导致企业的财务杠杆率较高，财务风险增大。但权益乘数也不是越小越好，企业经营的目的是利润最大化，借用债权人的资金可以为企业（及企业的股东）赚取更多利润。人人贷公司的资产负债率约为 0.5，权益乘数约为 2.22，均处于合理的范围之内。

（2）盈利能力与营运能力分析。

杜邦分析法是一种从财务角度评价企业业绩的方法，用来评价公司赢利能力和股东权益回报水平。该方法的基本思想是将企业净资产收益率逐级分解为多项财务比率乘积，从而得以深入分析企业的经营业绩。从报表中的数据可以计算出，2016 年净资产收益率为 ROE（36.74%）= 营业净利率 × 总资产周转率 × 权益乘数。2015 年人人贷公司净利率为负，存在亏损，而 2016 年净利率大幅度上升，公司盈利能力增强，主要原因是当年营业收入的增加；总资产周转率综合反映了企业整体的资产营运能力，一般情况下资产的周转次数越多或周转天数越少，表明其周转速度越快，营运能力也就越强，人人贷 2016 年总资产周转率约为 1.3，即它的资产一年可以循环 1.3 次，反映出较强的营运能力；权益乘数为 2.22，公司依然有提高杠杆的空间，但前提是要做好财务风险的防控。

综合上述比率分析的结论，可以发现人人贷在 2015 年处于亏损状态，但 2016 年整体业绩回升；公司偿债能力较强，盈利能力和营运能力较好。由于公司年报及审计报告中披露的信息有限，报表信息并未完全反映企业的经营情况，仅凭财务比率不能够做全面分析。

4.6.1.2　项目质量和财务状况整体质量分析

（1）利润表和利润质量分析。

结合公司的利润表，我们可以发现：

第一，企业主营业务优势明显，营业收入比期初增长约一倍，市场竞争力显著增强。该公司利润表中没有营业成本的信息，无法计算毛利率，如果毛利率同比提高，说明企业可能是扩大了生产规模降低了产品单位生产成本，从而改善了盈利能力。从现金流量表中可看到，投资活动现金流出量是购建了固定资产、无形资产和其他长期资产支付的现金，这也说明 2016 年是企业扩大了生产经营能力。

第二，与上年相比，企业的销售费用、营业税金明显增长。这反映了公司财务实力的增强，也与企业的业务发展规模相吻合。由于行业竞争激烈，针对投资者的“获客成本”维持高位并随着行业走向低潮而逐步增加，2016 年企业的广告营销等方面的投入不可避免增加。

第三，资产减值损失规模减小，既表明企业资产质量较好，也表明企业资产管理水平较高。

第四，营业外收入规模大幅度上升，本期为 28 万多，而上期发生额才不到 900 元。同时，营业外支出也增长迅猛，同比增长了九倍多。这两方面的变化表明，人人贷平台有可能正在积极拓展借贷信息撮合之外的业务。

（2）现金流量表及现金流量质量。

2016 年公司经营活动和投资活动产生的现金流量都为负数。经营活动产生的现金流量为负可能有两个原因：第一，扩张业务产生的相关费用较多，利润表中也显示本期销售费用明显增加；第二，经营过程中应收账款过多，资产负债表显示应收账款超过 5 000 万，其他应收款约为 1.5 亿元。如前文所述，企业正处于快速成长期，2016 年采取的是市场扩张的战略，固定资产投资增加了很多。但这种发展模式要求企业有很强的融资能力，否则后续发展可能会难以为继。

（3）资产负债表的总体状况和项目质量。

从资产总体上看，企业的资产总额从年初的 2.03 亿增加到年末的 2.75 亿。从结构上看，企业年末资产总额中流动资产为 2.62 亿，同比增加 39.20%，货币资金同比下降 33%，其他应收款约为 1.5 亿；非流动资产中长期股权投资规模较小，数额基本没有变化，固定资产有所下降，无形资产上升幅度不大。上述数据表明，企业的经营性资产占资产的份额较高，盈利模式是典型的经营主导型。负债和所有者权益方面，公司没有非流动负债，不存在长期借款等，流动负债主要集中于应付账款与其他应付款，2016 年公司营业状况正常，流动资产对流动负债的账面保障度较高，发展前景较好。从对资产整体的初步观察来看，企业没有明显的不良资产，资产整体质量较好。

企业的货币资金由年初的 8 000 多万元减少至年末的 5 000 多万元，同比降低 33%；应收账款下降幅度较小，但是其他应收款比期初增加了近 6 倍。企业的其他应收款通常包括暂付款，是指企业在商品交易业务以外发生的各种应收、暂付款项，比如应收的各种赔款罚款、备用金等。其数额大幅度增加，可能因为企业缺乏科学、健全的管理制度，没有完整的财务管理监控体系，其他应收款管理手段落后。但考虑到人人贷作为网络借贷公司，当平台上的投资项目发生逾期时，会根据风险保证金的使用规则，在项目逾期一定时间后，由平台从风险保证金账户中抽取资金向投资人垫付本金和利息，造成应收款项增多。

无论是年初还是年末，长期股权投资规模占总资产的比重均较小，这意味着企业始终把自身的经营活动作为主业，坚持经营主导的盈利模式。企业的固定资产同比下降 23%，无形资产同比上升 69%。结合利润表看，企业的固定资产周转率加快，对企业盈利能力的提高有较大贡献；无形资产主要包括土地使用权、专利技术等，无形资产的增加可能与 2016 年企业买下的顶级域名有关①。

综上所述，人人贷平台的资产总体质量较好，无明显的不良资产占用，企业经营主导的盈利模式与利润表所体现的相契合，并且企业不存在太大的偿债能力问题。

4.6.1.3 总体评价及发展前景

人人贷 2010 年上线，目前主要有三款债权类理财产品：U 计划、薪计划和散标债权。前两种为集合类理财计划，本质是协助投资者自动投标，最后一种是散标投资，由投资者自行决定投资的标的。2015 年平台处于亏损状态，2016 年盈利能力提高，目前是一个经营状况良好、发展前景较好的网贷公司。人人贷发布的 2017 年年度报告显示，平台在过去一年内共成交 27.4 万笔，成交金额超过 218 亿元。平台累计成交金额超过 462 亿元，共服务超过 125 万的出借人与借款人，继续保持行业“第一集团”的领先优势。

2016 年 2 月，平台与中国民生银行正式上线资金存管，加强了合规建设力度。同年，中国互联网金融协会成立，随即颁布了《互联网金融信息披露个体网络借贷》标准和《中国互联网金融协会信息披露自律管理规范》。随着网络借贷监管细则管理办法的实行，各地方政府正在加大实施监管的力度，不符合规定的中小 P2P 平台良性退出或者宣布停业平台层出不穷，P2P 的无序发展状况将逐步走向规范。人人贷公司若要在激烈的竞争中胜出，需要加强企业内部的财务管理和监控，建立健全企业应收账款、其他应收款管理制度，加强应收账款和其他应收款的催收责任制度，并强化借款人和投资人信誉评估管理，同时进一步规范自身的运营模式。

4.6.2 拍拍贷

拍拍贷成立于 2007 年 6 月，公司全称为“上海拍拍贷金融信息服务有限公司”，总部位于上海，是中国第一家网络信用借贷平台，也是第一家获得“金融

---

① 2016 年人人贷升级为 WE 理财，买了顶级域名“we.com”，接着将理财端迁移到这个域名。人人贷平台将人人贷理财（P2P 业务）和 WE 理财（智能财富管理平台）进行了完全的拆分，未来将各自独立运营。

信息服务”资质的网络信用借贷平台。2017 年公司在纽约证券交易所主板发行存托凭证上市。拍拍贷平台的官网数据显示①，2017 年全年总营收达到 38.958 亿元，同比增长 222.3%；全年净利润为 10.816 亿元，同比增长 115%；全年累计促成借贷总额达到 656 亿元，同比增长 229.9%。

拍拍贷的最大特点在于它是一家无抵押、无担保的纯线上平台，平台本身不参与借款，而是实施信息匹配、工具支持和服务等功能，负责撮合借贷双方完成交易，透明化程度高。借款人全部来源于线上申请，平台将散标划分成低、中、高风险，利率依次递增，高风险伴随着高收益，由投资人根据自己偏好选择风险等级——这也是网络信用借贷平台最原始的运作模式。风险等级的划分依靠拍拍贷自主开发的风险评估系统——魔镜系统，其核心是一系列基于大数据的风控模型。针对每一笔借款，风险模型会给出一个风险评分，以反映对借款人逾期率的预测。同时网站设定了法定最高利率限制，以避免高利贷的发生。公司一般为小额无抵押借贷，覆盖的借入者人群一般是中低收入阶层。在借款人群中，“80 后”“90 后”年轻人占比高达 85%，年轻化趋势明显。从各地区在平台的成交量排名看，广东、浙江、江苏居前三位，说明平台的参与者集中于较发达地区。目前拍拍贷的投资产品主要有三种：散标、第三方保障和彩虹计划，活期产品拍钱包已于 2016 年 9 月下线。

表 4-8 是基于互联网金融协会网站所披露的拍拍贷平台 2016 年 12 月 31 日的资产负债表、2016 年度的利润表和现金流量表（见表 4-15、表 4-16、表 4-17）。这些财务报表已经经过审计，并且在拍拍贷平台网站公开②。

4.6.2.1 财务比率分析

表 4-8 是基于相关财务报表所计算出的财务比率。通过比率分析发现，公司 2016 年与 2015 年相比，最明显的变化就是实现扭亏为盈。从表中可以看出，虽然相比同期的 PPmoney、人人贷等平台，拍拍贷的净利率与资产报酬率仍相对较低，但相比 2015 年有了大幅度提升。同时注意到，拍拍贷整体经营规模较大，由于公司在报告期内通过消费金融业务业绩的不断释放，转亏为盈；偿债能力方

① https：//www.ppdai.com/help/mediaReports1078。

② 但报表中信息与平台在纽约证券交易所上市所用招股说明书上的信息有所差别，原因可能在于中美两国会计准则的差异。此处仍以拍拍贷官网披露的财务报告为准。

面，报告期内公司权益乘数增大，负债占比高达 91%，说明公司财务杠杆率较高，财务风险较大，但这也说明公司发展空间比较大。

表 4－8　　　　　　拍拍贷平台 2016 年度财务比率

	比率名称	本期比率	上期比率
盈利能力	毛利率	97.49%	
	净利率	7.35%	0.01%
	资产报酬率 ROA	13.03%	0.01%
	权益报酬率 ROE	73.03%	0.03%
偿债能力	利息保障倍数	－39.87	2.46
	流动比率	1.08	1.23
	现金比率	54.61%	60.95%
	资产负债率	90.70%	75.27%
	权益乘数	10.76	4.04
营运能力	固定资产周转率	96.41	22.65
	应收账款周转率	3.87	0.91
	总资产周转率	1.16	0.27

注：表中数据根据拍拍贷 2016 年财务报表计算得到。

4.6.2.2　项目质量和财务状况整体质量

（1）利润表和利润质量。

营业收入大幅度提升。报告期内拍拍贷平台营业收入为 15.46 亿元，同比增长 11.83 亿元，增幅为 325.7%，公司营业收入迅速增长。在 2015 年，拍拍贷净利润不到 5 万元；到了 2016 年，拍拍贷便实现净利润 1.14 亿元，年报显示 2017 年上半年净利润更是达到 10.486 亿元，是目前已知的盈利能力最强的 P2P 平台。

拍拍贷强劲的盈利能力主要来源于三个方面：交易费率的上升、成交量增长和极致的规模经济效应。招股说明书显示，在 2015 年和 2016 年，拍拍贷向借款人收取的平均服务费率分别为 3.6% 和 6.4%。服务费率的提升可能与平台产品结构的变化有关，对于拍拍贷营业收入有相当积极的作用。现金贷以及消费信贷的热潮促使拍拍贷在成交量方面呈指数增长。在享受行业红利的同时，规模经济效应发挥极致使拍拍贷的盈利能力提升。

根据艾瑞咨询的研究，拍拍贷借款人数在中国在线消费金融市场中排名第一。同时，拍拍贷借款人有着较高的复借率：2015 年和 2016 年平台借款标的中“非首次借款”占比分别高达 55.7%、55.6%。复借率高也意味着平台有着较强的盈利能力。由于公司规模的扩大营业成本也有所上升，但随着促成贷款规模的指数增长，营业收入增速大于成本的增速。

报告期内公司营业外收入由于政府补助增加而增加。管理费用增加了近 4 亿元，是因为随着公司在报告期内业务的扩充，加速了人员扩招，导致劳动成本有所增加；当然收入的增加并非“免费午餐”，同一时期平台投入的销售费用也增加了 4 亿多。

综上所述，拍拍贷在 2016 年收入实现了大幅增长，经营规模扩大，盈利状态良好。

（2）现金流量表和项目质量。

本期经营活动产生的现金流量净额为 12.21 亿元，较上年同期增加 11 亿元。其中销售商品、提供劳务收到的现金以及与经营活动有关的其他现金占绝大比例，但随着公司生产经营的扩张、员工人数的增加和高素质人才的引入，人工成本上升，致使支付给职工以及为职工支付的现金大幅增加。

投资活动产生的现金流量净额上一期与本期均为负值，表明本年处置固定资产、无形资产等所收回的现金小于投入固定资产、无形资产和长期股权投资的金额，即流出大于流入。拍拍贷现金流出是由于构置固定资产，增加了设备的投入，投资支付的现金高达 3 亿元。

本期筹资活动产生的现金流量净额也是负值，说明公司偿还了大量债务，或进行了利润分配。

（3）资产负债表和项目质量。

报告期末货币资金为 11.21 亿元，同比增加 499.52%，主要因为报告期内收入较去年同期大幅增加所致。2016 年期末应收账款同比增加 301.4%，应收账款主要组成为应收的促成贷款的服务费或贷中服务费等（投资人或借款人支付服务费的方式一般为全额预付、按月等定期支付及借款到期时支付等）。交易规模的扩大使得应收账款与其他应收款增多，报告期固定资产账面价值比上年增加是由于采购相应电子设备。报告期内总负债同比增加 569.07%，这是由于公司在报告期内人工成本增加，应付职工薪酬增加较多。同时，公司的经营规模扩大也会使得负债增多。

总体看报告期内公司资金充足，营业收入较上年度大幅增长。通过消费金融业务业绩的不断释放，拍拍贷已扭亏为盈，并处于持续盈利状态。就目前而言，拍拍贷平台的综合收益基本稳定，平台已经很好地平衡了逾期率与收益率之间的矛盾，逾期率近年来稳步下降，公司具备持续经营的能力，且拍拍贷已经获得了 C 轮融资，包括红杉资本、君联资本等。2017 年，拍拍贷成为继宜人贷、信而富、趣店之后，第四家赴美上市的中国互金平台，未来具备较大发展空间。

4.6.3　点融网

“点融网”由上海点荣金融信息服务有限责任公司（简称“点融”）运营。该公司成立于 2012 年，由 Lending Club① 的前技术总裁苏海德与上海律师郭宇航共同创立。平台正式上线时间为 2013 年 3 月，实缴资本 2 亿元，目前已经在全国开设了 28 个分公司。

点融网致力于为中国市场提供金融技术解决方案，专注于互联网借贷信息中介服务：帮助个人和企业在互联网上轻松获得贷款。公司期望建立强大、简单、安全的平台基础设施，协助借款人获得来自全国数以百万计投资人的资金支持，并通过技术创新降低贷款的获得、运营、服务、贷后管理成本。目前，点融网针对投资人的主要理财项目为半月盈、原粟、甜粟、赢粟等项目，年化收益率约在 7% ~8%，多为小额分散的投资项目；点融网的资产端包括个人贷款、商业贷款和消费金融三大块。

点融已与上海银行签订资金存管协议，取消风险保证金，并在网站上有较为详细的信息披露。另外，点融与芝麻信用达成全面合作，将芝麻信用分纳入风控

① 美国最大的 P2P 网贷平台，已于 2014 年在纽交所上市。

模型，有利于筛选出更优质的借款人，通过“团团赚”系统把投资分散到上百个优质标的，降低投资风险。

融资方面，点融网已完成D轮融资，分别来自于北极光创投、老虎环球基金、渣打直接投资有限公司、渤海金控、中国互联网金融科技基金等。2015年8月，C轮融资是由渣打直投领投的2.07亿美元，这笔投资是独立创业的P2P平台里面最大的一轮融资；2017年8月点融获得2.2亿美元D轮融资，2018年1月再获得7 000万美元D轮融资，投资方包括欧力士亚洲资本有限公司、中信集团旗下中信证券海外子公司中信里昂，这充分说明平台获得了资本市场和传统金融机构的认可和支持。引入多轮投资后，点融网目前已无占多数股权的实际控制人。

2016年是互联网金融监管元年。非法集资、诈骗、自融等行业乱象频繁出现。在e速贷、京金联等事件使得网贷行业饱受争议的时候，点融网在京沪启动了“为P2P正名之战”，向大众及媒体展示了一个“真正的P2P”，获得了业内肯定，成为合法合规P2P平台的代表。2016年中国互联网金融协会成立，网贷监管细则随之落地，一系列行业法规的制定使得市场得以净化，行业进入良性发展轨道。点融网在当年3月成为中国互联网金融协会常务理事单位，并且在9月份单月成交额创全年最高量。截至2016年12月底，P2P网贷行业正常运营平台数量为2 448家，相比2015年年底减少了985家。在大量平台退出之际，类似点融这样拥有品牌、技术和合规优势的大平台在2016年迎来了比2015年更好的发展机遇。

4.6.3.1 财务比率分析

截至2016年12月31日，点融网全年累计成交额约162.3亿元，较2015年同比增长约148%，实现了自2013年以来连续四年的高速增长；全年注册人数达362万，全年累计发放109.9万笔贷款，平均贷款额约为1.5万，累计逾期率（逾期/累计成交额）和当前逾期率（逾期/借款余额）分别仅为1.2%和2.4%。表4－9是对2015年、2016年12月31日的资产负债表以及两个年度的利润表、现金流量表（见表4－18、表4－19、表4－20）所做的简单比率分析：

表 4 - 9　　　　　　　　点融网 2016 年度财务比率

	比率名称	本期比率	上期比率
盈利能力	毛利率	-31.94%	-115.23%
	净利率	-31.83%	-115.92%
	资产报酬率 ROA	-56.96%	-73.21%
	权益报酬率 ROE	N. A.	N. A.
偿债能力	流动比率	0.62	0.31
	现金比率	0.48	0.18
	资产负债率	1.74	2.63
	权益乘数	-1.35	-0.62
营运能力	固定资产周转率	46.07	16.21
	应收账款周转率	111.31	39.16
	总资产周转率	1.80	0.63

数据来源：中国互联网金融协会网贷平台信息披露系统 https://dp.nifa.org.cn/HomePage。因公司在 2015 年、2016 年两年的所有者权益均为负值，故权益报酬率（ROE）没有意义，因此表中以“N. A.”表示。

从表 4 - 9 可以明显看出，报告期内毛利率与净利率虽然相比上一期有所增加，但仍然为负值；流动比率为 0.62，而一般保持在 2 左右才说明企业具备流动资产变现偿还负债的能力，资产负债率为 1.74，负债比资产高很多，财务风险很大；但固定资产周转率、应收账款周转率、总资产周转率都维持在较高水平，且同比增加幅度较大。

4.6.3.2　项目质量和财务状况整体质量分析

(1) 利润表和利润质量。

报告期内，点融网营业收入为 5.62 亿元，同比增长 3.64 亿元，增幅为 184%。相比之下，营业成本总增幅略小一些，同比增加 74%，其中销售费用高达 5.56 亿元，管理费用也增加到 1.39 亿元。销售费用的增长、研发成本的大规模增加以及员工支付的增长直接导致了高昂的营业总成本，使得公司处于亏损状态。

根据行业背景与公司经营状况，在 2016 年网贷行业大洗牌的情况下，点融网坚持信息中介定位，坚持小额分散，凭借合规、透明赢得了投资者的信任，点融大幅度增加的营业收入主要来源于业务的良好运营。然而相较于 2015 年 2.29 亿元的亏损，幅度的确有所缩减，但也并没有扭亏为盈。针对这一亏损状况，可以从正反两方面来看：

积极方面，点融自称完全有能力实现盈利，但由于平台一直致力于增强基础设施，大量投资于风控、产品和技术，以期为消费者提供更好的服务。昂贵开支主要用于增强未来竞争力，但短期内不能带来收入。公司预期未来三到五年的竞争力会迅速增强。

消极方面，企业在成立早期为了扩大市场份额，销售费用偏高且出现亏损无可厚。但点融网 2012 年就已经成立，同期成立的其他平台多已经实现了盈利。以同年成立的“有利网”为例，该公司 2016 年总交易额与点融网基本一致，营业收入为 3.19 亿元，销售费用为 1.39 亿元，利润为 388 万元。2016 年点融网支付人工工资费用为 3.93 亿元，相当于每一元人工带来的收入为 1.42 元，而有利网同期每一元人工带来的收入为 4.78 元，显著高于前者。点融网连续两年处于高额亏损状态，这不能不引起投资者对它未来的经营能力的质疑。

（2）现金流量表和项目质量。

本期经营活动产生的现金流量净额为 3.07 亿元，其中销售商品、提供劳务收到的现金比去年增加 3.74 亿元，是现金流入的主力。但本期公司人工成本也大幅度增加，支付给职工以及为职工支付的现金同比增加 2.21 亿元。从净额来看，经营活动现金流量能够满足公司正常的运转和规模扩张，具备充足性和合理性。

本期投资活动产生的现金流量净额为 -0.23 亿元，投资活动现金流入量为 0。通常情况下，“流入项”为 0 可分为两种情形：一是会计主体没有投资活动，不会有投资活动产生的现金流入；二是有投资活动但在该期间内的投资活动未产生现金流量流入，比如股权投资没有收到现金形式的股利发放。现金流出主要是购建固定资产无形资产和其他长期资产支付的现金。

报告期内筹资活动产生的现金流入与流出相比上期都有所提升。现金流入方面，吸收投资收到的现金和取得借款所收到的现金均大幅度增加，企业收到的投资者投入的现金增加，表明企业主营业务规模扩大，而企业举借各种短期、长期借款所收到的现金增多，表明企业负债增加，与资产负债表相吻合。总体来讲，公司不存在超过实际需求的过度融资，这是公司以扩大投资活动和经营活动为目的的主动筹资行为。

(3) 资产负债表和项目质量。

报告期内的资产负债表变化幅度非常大，无论是资产还是负债较上期都有了大幅度提高。这反映了公司 2016 年业务的扩张与经营规模的扩大，表 4-10 为主要项目的增加情况：

表 4-10　　点融网主要财务指标增长状况

项　目	同比增加额（万元）	增加比例（%）
货币资金	30 643.8	5.53
应收账款	973.2	53.64
预付账款	501.6	0.6
其他应收账款	4 912.8	1.43
流动资产	37 125.8	3.78
长期股权投资	460.0	0.85
无形资产	350.4	5.95
资产	38 404.3	3.19
应付账款	1 142.1	2.44
应付职工薪酬	1 947.4	1.17
其他应收账款	50 022.4	2.6
流动负债	44 411.7	1.41
非流动负债	11 877.5	76.63
负债	56 289.2	1.78

数据来源：中国互联网金融协会网贷平台信息披露系统 https：//dp. nifa. org. cn/HomePage。

其中，应收账款的增加幅度最大，这说明公司业务量与交易额在扩大，但也隐藏着一定的风险。点融作为一家网络借贷公司，主营业务即金融信息中介服务，公司承担着借款人逾期不还情况下的连带责任。因借款人可能出现违约，应收账款最终难以全部收回，从而平台始终暴露于此类风险之中。

未分配利润为负值，且未分配利润比期初亏损还要大，绝对值大于公司实收资本，导致所有者权益为负值。结合财务比率中的偿债能力分析，说明企业正处于资不抵债状态。尽管投资者对点融预期较好，使得它的融资渠道较为顺畅：从 2013 年拿到上海致景投资的天使投资开始，到 2017 年、2018 年顺利完成了 D 轮融资。一般创业公司到D轮融资后，估值会高于成立初期。但如果点融一直处于没有盈利的状态，即使真的融资上市，投资者在权衡利弊后也很难为其买单。所以点融网及平台管理层应充分发挥平台规模及团队的优势，在投资未来的同时，注重提高当下的盈利能力。

4.6.4 PPmoney

PPmoney网贷平台于2012年12月12日成立，隶属于广州万惠金控科技股份有限公司的全资子公司万惠投资管理有限公司。平台的借款人主要来自于有融资需求的中小微企业、小贷公司等，专注于民营资本领域。不同于拍拍贷的纯线上模式，PPmoney采取的是“中介+第三方专业担保机构”的模式，为客户提供100%的保本保息，充分保障客户的资金安全。迄今平台推出了包括安稳盈、加多保、票据宝等十款互联网金融产品，涵盖票据类、抵押/质押类和消费金融类三大产品。PPmoney在2016年通过天锐科技的定向增发，完成了曲线上市。成功借壳后的年报与季报显示公司盈利能力大大提升，但PPmoney的母公司万惠金科于2017年11月14日发布公告称，拟向全国中小企业股份转让系统申请股票终止挂牌。公司下一步在资本市场的长期发展规划尚不明确。

4.6.4.1 财务比率分析

表4-11是对2015年、2016年12月31日的资产负债表以及两个年度的利润表、现金流量表所做的简单比率分析，相关表格见表4-21、表4-22、表4-23。

表4-11　　PPmoney平台2016年度财务比率

	比率名称	上期比率	本期比率
盈利能力	毛利率	63.11%	70.06%
	净利率	-38.81%	13.15%
	资产报酬率ROA	-35.00%	30.98%
	权益报酬率ROE	-81.70%	64.73%

续表

	比率名称	上期比率	本期比率
偿债能力	利息保障倍数	-4 360.49	-955.30
	流动比率	0.34	5.00
	现金比率	72.35%	370.72%
	资产负债率	106.05%	39.54%
	权益乘数	-16.53	1.65
营运能力	固定资产周转率	28.41	66.44
	应收账款周转率	4.12	9.63
	总资产周转率	0.90	2.11

注：表中数据根据 PPmoney 平台 2016 年财务报表计算得到。

从表 4-11 可以明显看出，无论是从盈利水平、偿债能力还是营运水平都比上一年度大幅度提升。这是因为 PPmoney 在报告期内通过消费金融业务业绩的不断释放，已经扭亏为盈，并处于持续盈利状态。下面针对报表做具体分析。

4.6.4.2　项目质量和财务状况

(1) 利润表和利润质量。

2016 年 PPmoney 平台营业收入为 32 773.87 万元，同比增长 18 760.71 万元，增幅为 134%，公司营业收入主要来源于金融信息服务业务的良好运营。

金融信息服务的收入来源是为融资人和投资人提供撮合交易、项目管理等服务所收取的服务费和手续费。报告期内，该业务发展迅猛，业务规模不断增大，原因在于：一是国家对普惠金融的大力支持，金融科技的技术力量推动金融普惠功能更好地提升，而作为未来趋势的新型金融信息服务行业快速发展带来了业绩成果；二是市场需求的增大，万惠投资根据市场情况及时丰富和完善了平台产品类型等；三是有针对性地投入人才建设，加强了广告营销力度，PPmoney 在今年做了很多的公益活动，例如，圣诞节 PPmoney 理财携手东莞知名公益组织发起“圆留守儿童圣诞梦”活动，在多部网剧中插播创意广告，并运用微博话题、网络新闻等进行媒体营销，提升了知名度，树立了良好的企业形象和品牌形象。2015 年年底，万惠投资开始布局消费金融，报告期内大力拓展消费分期、汽车分期等以消费金融为核心的业务类型，收益良好，消费金融业务业绩不断释放，合并报表后占母公司营业收入比重的 95.89%，这是使母公司盈利状况翻倍增长的关键原因。

营业成本增幅较大，但在合理范围之内，是因为在报告期内收入大幅增长，导致相关业务成本也相应增加，但成本效率大幅提高。同理，营业利润的近翻倍增长也是由于平台业务规模的扩大，营业收入增加，且毛利率同比提升致使营业利润增加。

报告期内公司营业外收入增加而营业外支出减少；管理费用略微增加，主要原因是随着公司在报告期内业务的扩充，加速了人员扩招，导致劳动成本有所增加；销售费用、匹配收入增加，投入的营销推广费用增加。

综上所述，PPmoney（万惠投资）在 2016 年提供撮合交易、项目管理服务等收取的服务费收入的大幅增长，在固定成本基本稳定的情况下，变动成本虽然加大，但也相应地得到有效的控制，并且顺利申请到高新技术企业资质以及得到研发费用，净利润顺利实现扭亏为盈。

（2）现金流量表和项目质量。

本期经营活动产生的现金流量净额为 6 778. 34 万元，较上年同期增加 8 360. 01 万元，其中销售商品、提供劳务收到的现金比去年增加 21 441. 38 万元，但随着公司生产经营的不断扩张、员工人数的增加和人才的引入，人工成本上升，致使支付给职工以及为职工支付的现金大幅增加。与此同时，销售费用的投入导致支付与其他经营活动有关的现金较上年同期增加了 3 509. 36 万元。

本期投资活动产生的现金流量净额为 -4 590. 61 万元，相比上一期大幅度减少。现金流出同样也与构置固定资产有关，而支付与其他投资活动有关的现金数额也大量增加。

筹资活动是指导致公司资本及债务规模和构成发生变化的活动，包括吸收投资、发行股票、借入和偿还资金、分配利润等活动。如果筹资活动的现金净流入量大幅度增加，则该公司在扩大其经营规模，说明公司现有的资金不能满足经营的需要，需要从公司外部大量筹集资金；本期筹资活动产生的现金流量净额较上年同期减少了一半，但筹资额依然是 1 亿元，数额很高。

（3）资产负债表和项目质量。

关于货币资金，报告期末货币资金同比增加 296. 26%，增加主要因为报告期内收入较去年同期大幅增加所致。

2016 年期末应收账款余额为 4 354.77 万元，同比增加 77.56%，投资的应收账款主要为应收融资人服务费收入，融资人支付服务费的方式一般为全额预付、按月/按季等定期支付及借款到期时支付等，PPmoney 按权责发生制原则每月末确认应收取的服务费为应收账款。

报告期末存货无余额。固定资产账面价值为 613.04 万元，比上年增加的是由于报告期内采购相应电子设备以及公司处置部分固定资产。

报告期内总负债较去年同期增加了 305.7 万元。主要由于公司在报告期内人工成本增加，应付职工薪酬较上年同期增加了约 304.6 万元，预收账款较去年同期增加幅度较大。预计负债较去年同期增加较少，可能是因为报告期内子公司涉及的汽车分期、消费分期等消费金融领域，产品类型较去年同期发生了较大调整因此风险备付金根据产品的实际风险情况进行了重新分类所致。

总体来讲，仅从 2016 年年度财务报表的资产负债率、营运资金实力及盈利能力来看，报告期内公司营运资金充足，营业收入较上年度大幅增长。PPmoney 网贷平台于报告期内通过消费金融业务业绩的不断释放，已扭亏为盈，并处于持续盈利状态。综上所述，未发现影响持续经营能力的重大影响因素，公司具备持续经营的能力。但平台通过天锐科技借壳登陆新三板，债权合作机构未说明，借款人信息披露较少，不易核查风险。此外，公司 B 轮融资曾受质疑，而且 2017 年年末其母公司万惠金科退市，公司未来发展趋势不明。

4.7 本章附录

表 4－12　人人贷 2016 年年末资产负债表摘要　2016－12－31，单位：万元

项目	年末余额	年初余额	项目	年末余额	年初余额
流动资产：			流动负债：		
货币资金	5 517.1	8 145.7	应付账款	6 870.7	4 886.4
应收账款	5 073.6	7 735.1	应付职工薪酬	462.3	1 311.6
预付款项	445.2	586.8	应交税费	146.5	166.6

续表

项目	年末余额	年初余额	项目	年末余额	年初余额
其他应收款	15 152.9	2 346.3	其他应付款	7 646.6	5 374.0
流动资产合计	26 188.9	18 814.0	流动负债合计	15 126.06	11 738.61
非流动资产：			非流动负债：		
长期股权投资	600.0	610.0	负债合计	15 126.1	11 738.6
固定资产原价	618.8	801.3	所有者权益（或股东权益）		
无形资产	130.0	76.9	实收资本（股本）	10 000.0	10 000.0
长期待摊费用	6.9	69.0	资本公积	1 483.0	1 483.0
非流动资产合计	1 355.8	1 557.2	未分配利润	935.6	−2 850.5
			所有者权益合计	12 418.6	8 632.6
资产总计	27 544.7	20 371.2	负债和所有者权益总计	27 544.7	20 371.2

数据来源：中国互联网金融协会网贷平台信息披露系统https://dp.nifa.org.cn/HomePage。

表 4－13　　人人贷 2016 年利润表摘要　　单位：万元

项　目	本年金额	上年金额
一、营业总收入		
其中：营业收入	31 503.8	16 880.8
二、营业总成本		
其中：营业成本		
税金及附加	102.4	0.2
销售费用	19 639.6	10 076.1
管理费用	7 295.3	8 866.7
财务费用	−110.0	−43.4
资产减值损失	3.0	10.4
加：投资收益	77.8	42.9
三、营业利润	4 651.3	−1 986.3
加：营业外收入	28.3	0.1
减：营业外支出	266.0	26.5
四、利润总额	4 413.6	−2 012.8
五、净利润	3 968.0	−2 012.8
六、其他综合收益的税后净额		
七、综合收益总额	3 968.0	−2 012.8
八、每股收益		

数据来源：中国互联网金融协会网贷平台信息披露系统https://dp.nifa.org.cn/HomePage。

表 4－14　　人人贷 2016 年现金流量表摘要　　单位：万元

项　目	本年余额	上年余额
一、经营活动产生的现金流量：		
销售商品、提供劳务收到的现金	32 408.43	
收到的税费返还	8.19	
收到其他与经营活动有关的现金	17 924.24	
经营活动现金流入小计	50 340.87	
支付给职工以及为职工支付的现金	7 682.52	
支付的各项税费	1 390.43	
支付其他与经营活动有关的现金	43 551.83	
经营活动现金流出小计	52 624.78	
经营活动产生的现金流量净额	－2 283.91	
二、投资活动产生的现金流量：		
取得投资收益收到的现金	77.80	
处置子公司及其他营业单位收回的现金净额	10.00	
投资活动现金流入小计	87.80	
构建固定资产无形资产和其他长期资产所支付的现金	432.49	
投资活动现金流出小计	432.49	
投资活动产生的现金流量净额	－344.68	
三、筹资活动产生的现金流量：		
四、汇率变动对现金及现金等价物的影响		
五、现金及现金等价物净增加额	－2 628.60	
加：年初现金及现金等价物余额	8 145.74	
六、年末现金及现金等价物余额	5 517.14	

数据来源：中国互联网金融协会网贷平台信息披露系统https://dp.nifa.org.cn/HomePage。

表 4－15　　拍拍贷 2016 年年末资产负债表摘要　　2016－12－31，单位：万元

项目	年末余额	年初余额	项目	年末余额	年初余额
流动资产：			流动负债：		
货币资金	112 127.0	18 702.7	短期借款	—	2 000.0
以公允价值计量且其变动计入当期损益的金融资产	26 000.0	—	应付账款	137 553.4	6 243.6
应收账款	63 971.4	15 936.8	预收款项	—	10.0
预付款项	726.2	1 158.8	应付职工薪酬	5 076.6	2 141.7

续表

项目	年末余额	年初余额	项目	年末余额	年初余额
应收利息			其中：应付工资	5 076.6	2 141.7
其他应收款	18 157.0	2 019.9	应交税费	6 612.6	848.4
其他流动资产	354.6	—	其他应付款	55 385.8	19 443.5
流动资产合计	221 336.1	37 818.3	其他流动负债	688.6	—
非流动资产：			流动负债合计	205 317.02	30 687.09
长期股权投资	1 620.0	1 000.0	非流动负债：		
固定资产原价	3 206.4	1 504.5	负债合计	205 317.0	30 687.1
减：累计折扣	945.3	298.7	所有者权益（或股东权益）		
固定资产净值	2 261.1	1 205.8	实收资本（股本）	10 000.0	10 000.0
固定资产净额	2 261.1	1 205.8	资本公积	94.9	94.9
在建工程	547.2	145.5	盈余公积	1 095.1	—
无形资产	362.5	93.8	未分配利润	9 855.7	-13.2
长期待摊费用	235.7	505.3	归属母公司所有者权益合计	21 045.6	10 081.7
非流动资产合计	5 026.5	2 950.5	所有者权益合计	21 045.6	10 081.7
资产总计	226 362.6	40 768.8	负债和所有者权益总计	226 362.6	40 768.8

数据来源：中国互联网金融协会网贷平台信息披露系统https：//dp. nifa. org. cn/HomePage。

表 4-16　　拍拍贷 2016 年利润表摘要　　单位：万元

项　目	本年金额	上年金额
一、营业总收入	154 557.8	36 306.5
其中：营业收入	154 557.8	36 306.5
二、营业总成本	137 590.2	37 365.3
其中：营业成本	3 878.4	0.0
税金及附加	353.8	83.3
销售费用	57 997.7	16 635.8
管理费用	46 272.2	7 658.1
其中：研究与开发费	9 457.7	1 442.4
财务费用	-436.6	3.4
其中：利息支出		
利息收入	471.8	91.5

续表

项　目	本年金额	上年金额
资产减值损失	29 524.8	12 984.7
加：投资收益	338.6	1 104.8
三、营业利润	17 306.2	46.0
加：营业外收入	574.7	7.2
其中：政府补助	574.7	7.0
减：营业外支出	36.4	48.3
四、利润总额	17 844.4	4.9
五、净利润	11 366.6	4.9
归属于母公司所有者净利润	11 366.6	4.9
六、其他综合收益的税后净额		
七、综合收益总额	11 366.6	4.9
八、每股收益		

数据来源：中国互联网金融协会网贷平台信息披露系统https：//dp. nifa. org. cn/HomePage。

表 4－17　　拍拍贷 2016 年现金流量表摘要　　单位：万元

项　目	本年余额	上年余额
一、经营活动产生的现金流量：		
销售商品、提供劳务收到的现金	154 507.74	5 012.59
收到的税费返还	301.80	0.00
收到其他与经营活动有关的现金	109 200.48	46 654.08
经营活动现金流入小计	264 010.02	51 666.67
购买商品接受劳务支付的现金	41 320.33	1 700.00
支付给职工以及为职工支付的现金	21 056.25	3 012.83
支付的各项税费	6 235.94	1 029.97
支付其他与经营活动有关的现金	73 328.02	37 602.08
经营活动现金流出小计	141 940.54	43 344.89
经营活动产生的现金流量净额	122 069.48	8 321.78
二、投资活动产生的现金流量：		
收回投资收到的现金	6 478.37	0.00
取得投资收益收到的现金	338.58	0.00
处置固定资产无形资产和其他长期资产所收回的现金净额	－0.90	0.12
投资活动现金流入小计	6 964.04	0.12

续表

项　目	本年余额	上年余额
购建固定资产无形资产和其他长期资产所支付的现金	2 852.47	1 112.13
投资支付的现金	29 690.00	1 000.00
投资活动现金流出小计	32 542.47	2 112.13
投资活动产生的现金流量净额	-25 578.43	-2 112.01
三、筹资活动产生的现金流量：		
吸收投资收到的现金	0.00	9 000.00
取得借款所收到的现金	0.00	2 000.00
筹资活动现金流入小计	0.00	11 000.00
偿还债务所支付的现金	2 000.00	500.00
分配股利利润或偿付利息所支付的现金	38.89	0.00
支付其他与筹资活动有关的现金	1 027.88	0.00
筹资活动现金流出小计	3 066.77	500.00
筹资活动产生的现金流量净额	-3 066.77	10 500.00
四、汇率变动对现金及现金等价物的影响		
五、现金及现金等价物净增加额	93 424.28	16 709.77
加：年初现金及现金等价物余额	18 702.72	1 992.95
六、年末现金及现金等价物余额	112 127.00	18 702.72

数据来源：中国互联网金融协会网贷平台信息披露系统https://dp.nifa.org.cn/HomePage。

表4－18　点融网2016年年末资产负债表摘要　2016－12－31，单位：万元

项目	年末余额	年初余额	项目	年末余额	年初余额
流动资产：			流动负债：		
货币资金	36 190.1	5 546.3	短期借款		9 818.5
应收账款	991.3	18.1	应付账款	1 610.2	468.0
预付款项	1 338.4	836.9	预收款项		4.1
应收利息	94.4	0.0	应付职工薪酬	3 608.5	1 661.1
其他应收款	8 337.9	3 425.1	其中：应付工资	3 608.5	1 661.1
流动资产合计	46 952.2	9 826.4	应交税费	1 427.9	334.2
非流动资产：			其中：应交税金	1 385.7	316.6
长期股权投资	1 000.0	540.0	应付利息	28.6	
固定资产原价	2 165.7	1 305.2	其他应付款	69 225.4	19 203.0
减：累计折扣	751.8	280.0	流动负债合计	75 900.5	31 488.8

续表

项目	年末余额	年初余额	项目	年末余额	年初余额
固定资产减值	1 414.0	1 025.2	非流动负债：	12 032.5	155.0
固定资产净额	1 414.0	1 025.2	负债合计	87 933.0	31 643.8
无形资产	409.3	58.9	所有者权益（或股东权益）		
长期待摊费用	681.8	602.4	实收资本（股本）	10 000.0	10 000.0
非流动资产合计	3 505.0	2 226.5	未分配利润	-47 475.8	-29 590.9
			所有者权益合计	-37 475.8	-19 590.9
资产总计	50 457.2	12 052.9	负债和所有者权益总计	50 457.2	12 052.9

数据来源：中国互联网金融协会网贷平台信息披露系统https：//dp. nifa. org. cn/HomePage。

表 4－19　　点融网 2016 年利润表摘要　　单位：万元

项　目	本年金额	上年金额
一、营业总收入	56 182.5	19 765.8
其中：营业收入	56 182.5	19 765.8
二、营业总成本	74 128.4	42 542.4
其中：营业成本	4 341.8	2 657.2
税金及附加	145.8	75.8
销售费用	55 595.9	31 290.8
管理费用	13 963.3	8 488.6
其中：研究与开发费	3 349.1	1 550.5
财务费用	81.5	29.9
其中：利息支出	253.3	28.9
利息收入	175.0	2.3
三、营业利润	-17 945.9	-22 766.1
加：营业外收入	175.4	3.4
其中：非流动资产处置利得	1.1	0.0
减：营业外支出	114.4	150.0
四、利润总额	-17 884.9	-22 912.7
五、净利润	-17 884.9	-22 912.7
归属于母公司所有者净利润	-17 884.9	-22 912.7
六、其他综合收益的税后净额	0.0	0.0
七、综合收益总额	-17 884.9	-22 912.7
八、每股收益	0.0	0.0

数据来源：中国互联网金融协会网贷平台信息披露系统https：//dp. nifa. org. cn/HomePage。

表 4－20　　点融网 2016 年现金流量表摘要　　单位：万元

项　目	本年余额	上年余额
一、经营活动产生的现金流量：		
销售商品、提供劳务收到的现金	58 269.72	20 866.51
收到的税费返还	9.04	
收到其他与经营活动有关的现金	53 591.46	12 134.17
经营活动现金流入小计	111 870.21	33 000.68
购买商品接受劳务支付的现金	5 718.86	3 203.65
支付给职工以及为职工支付的现金	39 335.44	17 286.22
支付的各项税费	801.85	465.49
支付其他与经营活动有关的现金	35 286.44	21 464.55
经营活动现金流出小计	81 142.60	42 419.91
取得投资收益收到的现金	30 727.61	－9 419.23
二、投资活动产生的现金流量：		
收回投资收到的现金		2 000.00
取得投资收益收到的现金		10.55
投资活动现金流入小计		2 010.55
购建固定资产无形资产和其他长期资产所支付的现金	1 816.55	1 372.16
投资支付的现金	460.00	540.00
投资活动现金流出小计	2 276.55	1 912.16
投资活动产生的现金流量净额	－2 276.55	98.39
三、筹资活动产生的现金流量：		
吸收投资收到的现金	12 011.30	2 386.98
取得借款所收到的现金	24 961.73	9 818.54
筹资活动现金流入小计	36 973.03	12 205.52
偿还债务所支付的现金	34 780.27	
分配股利利润或偿付利息所支付的现金		28.92
筹资活动现金流出小计	34 780.27	28.92
筹资活动产生的现金流量净额	2 192.76	12 176.61
四、汇率变动对现金及现金等价物的影响		
五、现金及现金等价物净增加额	30 643.81	2 855.77
加：年初现金及现金等价物余额	5 546.25	2 690.48
六、年末现金及现金等价物余额	36 190.07	5 546.25

数据来源：中国互联网金融协会网贷平台信息披露系统https://dp.nifa.org.cn/HomePage。

表 4-21　　PPmoney2016 年年末资产负债表摘要　2016-12-31，单位：万元

项目	年末余额	年初余额	项目	年末余额	年初余额
流动资产：			流动负债：		
货币资金	16 301.62	4 113.88	应付账款	79.87	49.48
应收账款	43 547.77	2 452.58	预收款项	2 493.90	716.56
预付款项	6 177.54	453.67	应付职工薪酬	809.37	504.84
其他应收款	626.23	688.23	应交税费	1 009.57	288.32
其他流动资产	100.91	26.77	其他应付款	4.56	4 127.38
流动资产合计	22 001.06	7 735.13	流动负债合计	4 397.28	5 686.37
非流动资产：			非流动负债：		
固定资产原价	933.05	485.95	预计负债	4 634.57	3 030.77
减：累计折扣	320.01	112.40	非流动负债合计	4 634.57	3 039.77
固定资产净额	613.04	3 773.55	负债合计	9 031.84	8 726.14
无形资产	61.09	1.25	所有者权益（或股东权益）		
长期待摊费用	143.93	118.34	实收资本（股本）	15 000.00	5 000.00
递延所得税资产	23.48	0.00	未分配利润	-1 189.24	-5 497.88
非流动资产合计	841.54	493.14	所有者权益合计	13 810.76	-497.88
资产总计	22 842.61	8 228.27	负债和所有者权益总计	228 542.61	8 228.27

数据来源：中国互金协会网贷平台信息披露系统https：//dp.nifa.org.cn/HomePage。

表 4-22　　PPmoney 2016 年利润表摘要　　单位：万元

项　目	本年金额	上年金额
一、营业总收入		
其中：营业收入	32 773.87	14 012.15
二、营业总成本		
其中：营业成本	9 812.02	5 169.41
税金及附加	483.43	781.74
销售费用	1 089.69	8 303.05
管理费用	6 541.51	5 108.17
财务费用	-5.04	1.25
资产减值损失	78.27	8.23
三、营业利润（亏损以“-”）	4 773.99	-5 429.21
加：营业外收入	45.07	0.00
减：营业外支出	0.71	9.03

续表

项　目	本年金额	上年金额
四、利润总额（亏损以“－”）	4 818.35	－5 438.24
减：所得税费用	509.71	0.00
五、净利润	4 308.64	－5 438.24
六、其他综合收益的税后净额	0.00	0.00
七、综合收益总额	4 308.64	－5 438.24
八、每股收益	0.00	0.00

数据来源：中国互联网金融协会网贷平台信息披露系统https：//dp.nifa.org.cn/HomePage。

表4－23　　PPmoney 2016年现金流量表摘要　　单位：万元

项　目	本年余额	上年余额
一、经营活动产生的现金流量：		
销售商品、提供劳务收到的现金	33 796.74	12 366.36
收到其他与经营活动有关的现金	223.98	22.48
经营活动现金流入小计	34 020.72	12 388.85
购买商品接受劳务支付的现金	6 643.35	2 363.69
支付给职工以及为职工支付的现金	6 961.63	2 244.20
支付的各项税费	1 365.95	589.53
支付其他与经营活动有关的现金	12 271.45	8 762.09
经营活动现金流出小计	6 778.34	－1 581.67
二、投资活动产生的现金流量：		
收到其他与投资活动有关的现金	1 333.00	4 000.00
投资活动现金流入小计	1 333.00	4 000.20
购建固定资产无形资产和其他长期资产所支付的现金	590.61	459.69
支付其他与投资活动有关的现金	5 333.00	0.00
投资活动现金流出小计	5 923.61	459.69
投资活动产生的现金流量净额	－4 590.61	3 540.51
三、筹资活动产生的现金流量：		
吸收投资收到的现金	10 000.00	2 000.00
筹资活动产生的现金流量净额	10 000.00	2 000.00
四、汇率变动对现金及现金等价物的影响	0.00	0.00
五、现金及现金等价物净增加额	12 137.74	3 958.83
加：年初现金及现金等价物余额	4 113.88	166.05
六、年末现金及现金等价物余额	16 301.62	4 113.88

数据来源：中国互联网金融协会网贷平台信息披露系统https：//dp.nifa.org.cn/HomePage。

第 5 章

信息披露监管与网络借贷运营模式

5.1 引言

长期以来，我国企业和个人的融资方式主要依靠银行贷款，居民的投资方式也以银行储蓄存款为主。金融行业这种相对单一的模式，固然为集中资金开展建设提供了较好的支持，但是也产生了诸如中小企业融资困难，贷款审批周期较长，农村金融发展明显滞后等问题。上述金融抑制状况，催生了我国互联网金融行业的迅速崛起。随着互联网技术的发展，网络科技行业和金融业相互融合，互联网金融应运而生（谢平和邹传伟，2012）。互联网金融企业为投资人提供了新的投资选择，为借款人提供了新的融资渠道。

P2P 借贷（Pere to Peer Lending，也译作网络借贷）是互联网金融业的重要组成部分，这一新的金融形式于 2005 年在英国诞生，后在美国发展壮大，并产生广泛影响。与借助银行等金融中介的间接融资方式不同，P2P 借贷是一种直接融资，其运作模式是：借款人（Borrower）向平台提出借款申请，经 P2P 借贷平台（以下简称“平台”）审核通过后，在平台的网页上公布（称为 List）；投资者（Lender）通过浏览网页上的借款信息，并根据自己的投资偏好，决定自己的资金投资到哪个（或哪些）借款人。平台是信息中介，通过匹配资金的供给和需求获取佣金。自 2007 年我国第一家 P2P 借贷平台成立以来，该行业迅猛发展，无论是平台的数量还是平台促成的借贷规模迅速扩张。特别是自 2011 年以来，我国的平台数量和年度总交易额均以每年超过4倍的速度递增，行业总体规模已经远远超过英国和美国（零壹财经，2014）。

P2P借贷模式是一种制度创新，其最重要的特点在于让众多投资人能够自主地、分散地做出投资决策：（1）判断是否投资某个项目；（2）决定对某个项目投资的数量；（3）决定自己的风险资产组合，获得最为合意的风险及收益。传统的贷款市场上，由金融中介集中统一地做出投资决策，审批时间较长。由投资人分散决策，可显著缩短借款人获得借款的时间，从而适应特定群体对贷款时效性的要求。在传统的借贷市场上，如果金融中介偏好于风险较低的项目，那么中小企业和农户等风险相对较高群体的融资需求难以得到满足。若由投资人分散决策，那么那些愿意为了获取较高收益而承担较大风险的人群就可以投资于中小企业和农户，从而满足这些传统上融资较为困难人群的贷款需求。

自P2P借贷这种金融模式产生后，其运营模式产生了一定的分化。2010年英国的Rate Setter公司首先通过建立风险储备金为投资人提供本息保障：如果借款人违约，可动用风险储备金为投资人垫付本息。此后中国和英国的平台纷纷追随这一策略，通过建立风险储备金、设立关联子公司、寻找合作担保公司等方法，为投资者建立一种“本息无忧”的投资环境。最早的英国平台Zopa和中国平台拍拍贷都不采用担保模式，但在发展中都先后转向了担保模式以吸引投资者。与之不同的是，美国的平台坚守了P2P借贷的固有模式：只提供信息中介服务，不为借款人担保，投资人需要“风险自担”。在表5－1和表5－2中，列出了中、美、英三国P2P平台的主要模式。

表5－1　　中国主要P2P借贷平台的运行模式

是否提供担保	担保方式	平台个数
否	—	2
是	风险保障金	74
	关联公司	3
	合作担保公司	45
	其他手段	27
样本数		151

注：截至2014年年末，中国有超过1 500个P2P平台，但大多数平台交易量较少，此处统计的是交易量最大的151个平台的信息（根据“网贷之家”网站的数据），信息截至2014年12月31日。担保方式由作者自各平台的网站收集整理所得。

表 5-2　　　　美国和英国主要 P2P 借贷平台的运行模式

国别	平台名称	是否提供担保	担保方式	备注
美国	Lending Club	否	—	
	Prosper	否	—	
英国	ZOPA	是	安全基金（Zopa Safeguard Trust）	
	Funding Circle	否	—	借款人为中小企业，企业需要寻找担保人，且用资产作为抵押。
	RatSetter	是	预备基金（Provision Fund）	
	MarketInvoice	否	—	为企业提供票据融资服务，投资者有部分为机构投资者，其余为金融行业的资深从业人员。
	Lending Works	是	准备基金（Reserve fund）和保险公司	
	Wellesley	是	准备基金（Provision Fund）	
	Thincats	否		借款人为中小企业，企业需要用资产作为抵押。
	LendInvest	否		公司主要为借款人提供房地产抵押贷款。
	Lendloaninvest	是	补偿计划基金（Compensation Scheme Fund）	

注：美国只有两家主要平台，已在表中列出。英国的主要平台也已在表中列出，表中所列平台的总交易份额占市场的 95% 以上（零壹财经，2014：P28）。担保方式由作者自各平台的网站收集整理所得，英国采用担保模式的平台数量在逐步增加。美国的平台都不提供担保，英国的平台中，除了可以利用票据、房地产、以及企业资产作为抵押发放贷款的平台（这些贷款相对可靠），其余平台均为借款人提供担保。信息截至 2014 年 12 月 31 日。

"本息无忧"（担保）与"风险自担"（非担保）两种模式到底孰优孰劣？如果平台采用担保模式，借款人违约后都由平台兑付本息，那么投资人仔细甄别借款人信息的动机将大大减弱。因为无论投资到哪个借款人，风险和收益都差别不大，唯一的风险在于平台或担保机构倒闭，或储备基金难以兑付。投资收益率与平台有关，与借款人信用的关系不大，所以投资人不再需要仔细判断某个项目是否值得投资，也不能够自主地构建风险资产组合，面临的选择类似于传统银行体系下储户面临的选择。因而担保模式下，P2P 借贷的创新性受到极大制约，难以有效发挥对现有金融体系的补充作用。

本章将构建理论模型以解释中、美、英三国 P2P 借贷模式的差异，以补充现有文献的不足。艾伦和盖尔（2002）从法律体系的视角解释世界各国的金融制度差异。作者们认为英国和美国是典型的“英美法系”国家，他们和“大陆法系”国家有着迥异的法律制度，是这种制度导致了英国和美国以直接融资为主，而包括我国在内的“大陆法系”国家以银行间接融资为主。这一逻辑可以解释中国与美国 P2P 模式的差异，但却无法解释为什么中国与英国采用了类似的模式，也无法解释为什么英国与美国采用不同的模式。

也有部分学者试图从中外征信体系差异的角度解释上述差异，认为我国的央行征信系统建立时间太短，目前难以覆盖 P2P 借贷所涉及的借款人群，这种缺乏征信记录的现状导致平台被迫为投资人提供某种担保（零壹财经，2014）。然而，英国与美国都是采用市场化的方法，由私营公司为居民提供征信服务，并且同样有着完善征信记录（张旅萍，2008；张兴祥，2005）。所以，这一逻辑同样无法解释为什么中国与英国采用了类似的 P2P 模式，不能解释为什么英国与美国采用不同的模式。

此外，从国家经济和人口规模的角度也难以解释上述差异。以 2013 年 GDP 总量衡量，美国和中国分别是世界第一和第二大经济体，英国的经济总量为 2.52 万亿美元，远小于美国的 16.8 万亿美元，也小于中国的 9.64 万亿美元[①]。从人口角度来看，2013 年中国的人口为 13.68 亿，美国的人口为 3.16 亿，而英国的人口只有 0.64 亿。因此，中美的经济和人口规模在一个量级，而英国的规模相对较小。如果是一国的经济和人口规模决定了该国 P2P 借贷模式的话，中国和美国应该有同样的模式，然而现实不是这样。

是否是市场结构决定了运营模式呢？答案是否定的。从表 5－1 和表 5－2 中可以发现，中、英两国的市场集中度低，而美国的市场是寡头市场，集中度较高。然而，其间的逻辑是市场中平台的运营模式决定了市场结构，而非市场结构

① 美国和英国数据来自万德（Wind）数据库提供的世界银行统计指标，中国的数据由作者根据 2003 年年末汇率计算得到。

决定市场中平台的运营模式。如果平台采用的是担保模式而非信息中介模式，则需要更多的营业网点和工作人员，以识别借款人的类型，这必然会限制单个平台的规模和市场份额。反之如果平台采用的是信息中介模式，则可以依靠互联网实现规模经济，以接近于零的边际成本匹配借贷双方，少数几个平台就可以占领全部市场。

综上所述，从法律体系、征信系统、人口经济规模以及市场集中度等角度均难以解释为何中英两国采用担保模式，而美国采用非担保模式。本章认为，上述网络借贷模式差异的根源在于中、美、英三国对 P2P 行业监管方式和信息披露要求的差异：美国按照证券业监管，强制要求平台披露每笔借款的信息；而中、英两国目前并无强制性的监管法案，由行业协会自律，无信息披露监管。这种信息披露的差异，让投资人和平台产生了不同的经济行为：如果有信息披露监管，则投资人付出努力后可以从平台披露出来的信息中识别借款人的优劣，平台为了激励投资人付出努力，不会提供担保，这是一个道德风险模型；如果无信息披露监管，那么投资人无法识别借款人的状况，只能依靠平台去识别借款人的优劣，平台需要通过为借款人担保作为信号，吸引投资人的投资，这是一个信号博弈模型。

与现有文献相比，本章的贡献可能体现在两方面：第一，本章分析了中、美、英三国 P2P 借贷模式的差异，并且注意到传统的经济和金融理论无法解释这种差异，为了解释这种差异本章构建了道德风险模型和信号博弈模型，这也是第一篇从理论上分析中外互联网金融行业运营模式差异的论文；第二，目前国内外关于 P2P 借贷市场的研究大多为实证研究，而本章从理论上构建了适于分析 P2P 平台经济行为的理论框架。本章的研究也有重要的现实意义，目前学术界和监管当局对如何监管互联网金融存在较大争议，本章的分析表明，是信息披露监管的缺失导致了平台被迫利用担保作为信号，以吸引投资者。如果要实现 P2P 借贷行业"去担保化"，严格的、强制性的信息披露是监管重点。

本章的安排如下：在 5.2 节笔者将回顾与本章相关的文献，并评述其研究的贡献与不足，论述其和本章的关系；5.3 节是理论分析部分，将介绍信息披露完全情况下的道德风险模型，和信息披露不完全情况下的信号博弈模型，分析在此两种情形下平台和投资者的最优决策，借此说明中、英两国担保模式的制度根源；5.4 节将比较担保模式与非担保模式的优劣，并讨论中、美、英三国的监管政策差异；5.5 节总结全章，并提出相应的政策建议；本章中定理的证明在 5.6 节附录中。

5.2 文献综述

互联网金融领域的奠基性文献是谢平和邹传伟（2012）的研究，该章首次提出了互联网金融的概念，研究了互联网金融模式中支付方式、信息处理和资源配置等问题，并对行业未来的发展方向进行了探讨。然而由于公开数据较少，国内关于 P2P 借贷的定量研究不多。实证研究中，影响较大的是（廖理等，2014）的研究，他们利用 P2P 平台“人人贷”的数据，发现我国信贷市场中的投资者具有良好的风险判断能力。利用同样的数据，廖理等（2015）检验了我国 P2P 网络借贷市场中羊群效应的存在性及其特点，廖理等（2014）发现我国的 P2P 网络借贷的交易中存在地域歧视问题，王会娟和廖理（2014）研究了 P2P 网络借贷平台的信用认证机制对借贷行为的影响，廖理等（2015）研究了学历信息在 P2P 借贷行业中的价值。此外，在更早的研究中李悦雷等（2013）采用定量数据分析了我国 P2P 小额贷款市场上借贷成功率的影响。然而，这一系列定量研究主要针对投资者个人行为，没有涉及平台的行为。

关于 P2P 行业监管的文献中，李雪静（2013）和宋鹏程等（2014）都注意到了美、英等国对 P2P 网络借贷监管模式的差异，但没有就差异的后果进行深入分析。芦国荣（2014）、邱兆祥和孙成旺（2014）同样认可信息披露监管的重要性，但没有发现信息披露监管和 P2P 借贷担保模式的关系。作为对上述文献的补充，本章将揭示信息披露监管和担保模式之间的必然联系，借以解释中、美、英三国 P2P 借贷运营模式的差异。

由于美国的 P2P 市场起步较早，发展相对成熟，同时信息披露较为完善，容易获得研究所需数据，所以涌现出一系列实证研究的文献。这些实证文献主要工作是从信息不对称视角和投资者非理性视角去检验现有的金融理论。

在信贷市场上，影响投资人和借款人发生交易的最主要因素是信息不对称——投资人不清楚借款人的还款意愿和还款能力。在依靠互联网的 P2P 借贷市场上，信息不对称问题会更加严重（Freedman and Jin，2008），因为其制度设计就要求投资人不能见到借款人，更不能当面索要借款。因此投资人需要更好地利用各类“硬信息”和“软信息”来识别借款人的信用特征（Iyer et al.，2009）。Lin 等（2013）发现，如果平台的设计让借款人之间能够形成“朋友圈”，那么投资人可以根据他“朋友圈”中朋友的数量、品质等数据识别出借款人的信息。在 P2P 借贷中，平台一般允许借款人通过一段文字描述自己的生活状态和借款用途等信息，这也会成为投资人了解借款人的途径。Herzenstein 等（2011）的研究发现，借款者在自己的借款描述中介绍自己的可信程度、成功历史、勤奋程度、经济窘境、道德品质和宗教信仰，可以更容易获得融资。Gao 和 Lin（2014）通过计算机文字数据挖掘方法，分析上述文本描述中透露出的可读性、情绪、主观性和欺骗线索，从而预测借款人的还款概率。作者将之和事后的还款状况进行对比研究，发现文章信息中的确透露出关于借款人属性的重要信息。

在股票和基金市场上，投资人的非理性行为已经得到了较多的研究（Barberis and Thaler，2003；Shleifer，2000），新兴的 P2P 市场上的投资者非理性行为也逐步得到关注。Duarte 等（2014）利用美国 P2P 平台 Prosper 的数据，发现投资者在这个市场上投资的期望回报是负的，说明投资人系统性地高估了借款人的还款概率。使用同样的数据，在作者的另一项研究中，他们还发现，投资人会仅仅通过借款人所上传照片去判断借款人的“可信度”（Trustworthiness），并根据此可信度进行投资（Duarte et al.，2012）。市场上投资行为的非理性还表现在，借款人的年龄、性别、体重、人种甚至相貌等个体特征都会影响投资人的期望回报（Pope and Sydnor，2011；Ravina，2012），这一结论也得到了其他国家数据的支持（Addoum et al.，2016；Barasinska and Schafer，2010）。理论上 P2P 市场上的投资者不应该存在“家乡偏见”（Home Bias），因为投资于自己家乡的借款人不会有任何信息优势、交易成本优势和执行能力优势，所以不会增加期望收益，然而 Lin 和 Viswanathan（2015）的研究表明，投资者的确存在家乡偏见，这种偏见的产生跟投资者的情绪（Emotion）有一定关系，从而说明他们投资行为的非理性。羊群行为（Herding Behaviour）也是投资者行为非理性的表现，Lee 和 Lee（2012）利用韩国的网络借贷数据，发现了该国 P2P 市上场投资者羊群行为的证据。

与丰富的实证研究相比，现有的理论研究相对不足。在投资者理性的分析框架下，Paravisini 等（2013）研究了投资者的风险规避属性，以及投资者的绝对风险规避系数如何随着其财富的变化而变化。P2P 平台可以采取拍卖式的投标，让投资者对借款人的标的竞标，利率较低者中标；也可以由平台为借款人的标的设定好利率，投资人只考虑是否投资和投资数量的多寡。Wei 和 Lin（2013）研究了上述两种机制设计下的投资者行为，并比较了两者的经济绩效。这些理论研究都只关注美国的问题，而没有开展国际比较研究。本章是基于国际比较的理论研究，将弥补现有文献的不足。

与本章主题相关的另一系列文献在于非正规金融领域，因为从属性上划分，互联网金融属于非正规金融。实际上，P2P 借贷在我国得以较快发展，其内在原因之一就是民间借贷长期受到压抑。在没有互联网的时代，充当借贷平台的标会或许是如今 P2P 平台的雏形，此类标会能够得以运转的社会基础是由宗族与村庄共同体等因素所代表的村庄信任（胡必亮，2004）。杨汝岱等（2011）的研究发现，传统的民间借贷中，主要通过熟人网络（亲戚、朋友等）解决上述信息不对称问题，社会网络越发达的农户，民间借贷行为越活跃。然而，这些利用社会网络解决信息不对称的方法也会产生一定的问题，比如张海洋和平新乔（2010）的研究表明，民间借贷中“富人”的钱主要借给了“富人”，而“穷人”的融资主要依靠“穷人”，长此以往必然会恶化农村地区的收入分配问题。把互联网技术运用到非正规金融领域，将克服上述的“分类相聚”困局，但同时也会产生更为严重的信息不对称问题。

在信息不对称的框架下，本章针对 P2P 借贷市场上投资人和平台的博弈行为分别建立了道德风险模型和信号博弈模型。在经济理论中，委托—代理理论领域的道德风险模型已经被应用在保险理论、企业经理人理论、地主和佃农之间的谷物分成理论、效率工资理论以及会计理论等诸多领域（Bolton and Dewatripont，2005），然而本章首次将这一理论应用到互联网金融领域。信号博弈模型起源于 Spence（1973）的研究，在该文章中作者认为教育水平可以作为工人向雇主发出的信号，雇主会借助工人的教育水平来识别他的能力。在传统的金融领域，信号博弈最广为人知的应用是 Myers 和 Majluf（1984）提出的公司融资“逐序理论”，公司的融资方式成为经理人向投资人发送的信号。此外，在企业 IPO 的过程中由于投资人不了解公司的质量，经理人也会通过持有公司的股票来向投资人发送信号（Leland and Pyle，1977），这一信号发送机制也得到了其他研究的支持（Allen and Faulhaber，1989；Welch，1989）。本章延续了信号博弈模型的分析范式，首次将信号博弈模型应用到互联网金融领域。

5.3 理论模型

监管当局是否对 P2P 借贷实施严格的信息披露监管，将从根本上决定投资人与平台之间博弈的结构，进而决定平台的运营模式。如果有信息披露监管①，平台希望投资人付出尽量多的“努力”来识别借款人优劣，从而为平台带来经济利益，平台最优的选择是不为投资人提供任何担保，因为提供担保会降低投资人付出的“努力”。反之若平台和投资人处于无信息披露监管的环境中，由于投资人无论付出多少努力都无法识别借款人的好坏，平台提供的担保就有一定的“信号”作用——只有提供担保，才意味着平台上的借款人是“好的借款人”，投资人才会对其投资。

所以，有信息披露监管环境下平台与投资者之间是一个“道德风险”模型；无信息披露监管环境下平台与投资者之间是一个“信号博弈”模型。接下来，本章将详细分析这两个博弈结构的特征，以及博弈的结果。

5.3.1 有信息披露监管

在经济中，借款人总是有优有劣。有信息披露监管的情况下，平台会公示借

① 本章所指的信息披露监管有三个要点：平台对借款信息披露要详细而准确；平台所披露的信息要提交监管部门备案；若投资者因不准确信息披露而造成损失，他（她）有事后依法追责的权利。如果没有后两个监管要求，即使平台自愿披露详细信息，投资者也不会相信信息的真实性。关于中、美、英三国的监管要求，本章的 5.4 节有详细介绍。

款人的征信得分、职业、收入、资产、债务收入比等涉及还款能力的信息。投资人他根据披露的信息计算自己的期望收益，并决定是否投资。如果借款人成功还款，称为“投资成功”，否则称为“投资失败”。

假设借款人的融资量为1，如果他成功还款，则投资总收益为 R，否则收益为0。尽管现实中平台的盈利模式有差异（比如，可能向投资人收取手续费），但考虑到整个借贷活动的全部利润必然来自借款人的还款，而且全部利润必然在投资人和平台之间按照一定合约分配，为表述简洁，我们采用如下设定：如果投资成功，平台从总收益中获得分成，分成比例为 θ；如果投资失败，则平台与投资人双方收益都是0。也就是说，如果借款人成功还款，那么平台得到 θR，投资人人得到 $(1-\theta)R$。

平台可以为借款人担保以吸引投资，担保量记为 L，即如果借款人没有还款，那么投资人也会获得 L。根据常识，平台提供的担保量不会大于成功还款时投资人的收益，所以我们假定：

(A5.1) $\quad 0 \leqslant L \leqslant (1-\theta)R$

投资人需要对自己的投资负责，因此希望寻找风险较低的借款人，以获得比较高的投资收益。为此他需要花时间和精力（付出“努力”），在众多的借款人中，根据借款用途，借款人的历史信用报告、职业、收入、已有债务等信息，找到还款概率较高的借款人。投资人的努力程度记为 e。假定投资成功的概率是投资人努力程度的函数 $p(e)$，这里 $p'(e)>0$，$p''(e)<0$。这表明，投资人付出努力越多则投资成功的概率越大，但努力对投资成功概率的边际影响会越来越小。当投资人不做任何努力时，投资成功的概率记为 $p_0=p(0)$。为了让本章的讨论更有意义，假设 $p_0R<1$，也就是说如果投资人不付出努力，随意投资，那么他的预期收益小于本金，投资人会亏本。

投资人付出的努力是有成本的（比如浏览借款人信息需要花费时间，这会带来机会成本），对应的成本函数记为 $T(e)$，根据道德风险文献的通常假定，$T'(e)>0$，$T''(e)>0$。也就是说，投资人付出的努力越多，则对应的成本越高，而且随着努力程度越高，努力的边际成本会越来越高。当努力程度为0时，努力的成本也为零，即 $T(0)=0$。

在上述设定下，投资人和平台之间实际上构成了一个委托代理关系：平台设定好契约结构（θ 和 L），并通过这种契约结构去激励投资人付出努力，从而提高投资成功的概率，分享投资带来的好处。

为了求解这一委托代理问题，需要从投资人的行为开始分析。假定平台的分成 θ，提供的担保 L 已经决定，那么投资人的利润为 $\pi = (1-\theta)p(e)R + (1-p(e))L - T(e) - 1$。[①]投资人的目标是在此契约结构下，选择最优的努力程度 e，让自己的利润最大化。

$$\max_{e}\{(1-\theta)p(e)R + (1-p(e))L - T(e) - 1\} \tag{5.1}$$

根据一阶条件，容易得到最优的努力程度 e^* 应满足：$p'(e^*)[(1-\theta)R - L] = T'(e^*)$，这就是激励相容约束（IC）。根据该约束，可以得到以下比较静态结论[②]：

定理 5.1：如果假定（A1）成立，那么 $\frac{\partial e}{\partial \theta}<0$，$\frac{\partial e}{\partial L}<0$。即，平台分成比例 θ 越高，则投资人努力程度越低；平台提供的担保 L 越大，则投资人努力程度越低。

分析完投资者的行为，就可以在此基础上分析平台的行为。平台的目标是选择分成 θ 和担保 L，让自己的利润最大化[③]：

$$\max_{\theta,L}\{\theta p(e)R + (1-p(e))(-L)\} \tag{5.2}$$

$$s.t \quad (1-\theta)p(e)R + (1-p(e))L - T(e) - 1 \geqslant \bar{u} \quad (IR)$$

$$p'(e^*)[(1-\theta)R - L] = T'(e^*) \quad (IC)$$

上述优化问题中，(IR) 为投资人参与 P2P 融资的"个人理性约束"，(IC) 是投资人的"激励相容约束"。本章的目标在于分析平台的最优担保量 L，因而不必完全求解此"道德风险"问题。平台的利润函数记为 $F = \theta p(e)R + (1-$

---

① 为表述简洁，此处假设投资人是风险中性。实际上，如果投资人不是风险中性也不改变以下定理的结论。

② 为了正文表述的简洁，文中定理的证明在附录中（定理 2 除外）。

③ 平台也不必是风险中性，此处假设风险中性是为了表述简洁。

$p(e))(-L)$，根据定理5.1，e 是 θ 和 L 的函数，记为 $e(\theta,L)$。目标函数 F 对 L 求偏导数得到：

$$\frac{dF}{dL}=\theta Rp'(e)\frac{\partial e}{\partial L}+p'(e)\frac{\partial e}{\partial L}L-(1-p(e))$$

$$=[\theta R+L]p'(e)\frac{\partial e}{\partial L}-(1-p(e))$$

因为 $p'(e)>0$，而定理5.1表明 $\frac{\partial e}{\partial L}<0$，所以 $\frac{dF}{dL}<0$。这意味着平台提供的担保越多，则自己的利润越小。于是有如下结论：

定理5.2：如果假定（A1）成立，那么追求利润最大化的平台会提供零担保，即 $L=0$。

这一结论的经济直觉在于：一方面，平台提供的担保越多，则投资人在为筛选借款人付出的努力越小，导致借款人成功还款的概率降低，从而降低平台的收益；另一方面，平台提供的担保越多，在投资失败时，平台付出的担保金也越多。所以平台利润会随着 L 增加而降低，平台不应该提供任何担保。

综上所述，在有信息披露监管的情况下，平台只是起到信息中介作用，收集并披露借款人的信息，由投资人自行选择合适的借款人。追求利润最大化的平台寄希望于利用投资人的“努力”筛选出好的借款人，并从中获益。为激励投资人付出“努力”，平台不会为投资人提供任何担保。

5.3.2 无信息披露监管

如果监管当局不强制平台披露单笔借款的信息，出于保护商业秘密等考虑，平台没有动机过多披露信息。又由于信息披露的非强制性，即使单个平台披露的信息较多，投资人也无法辨别信息的真伪。本章将没有强制性信息披露的监管环境（如中国和英国）简称为无信息披露监管。在无信息披露监管的时候，投资人无法通过浏览借款人的关键信息来判断借款人还款概率。也就是说，投资人的努力的不会改变借款人还款的概率，即 $p'(e)=0$。这意味着投资人不会付出努力，因为努力不会对投资成功概率带来任何改变，但要付出成本。根据本章的设定，$p_0R<1$，如果投资人不付出努力，这个投资在经济上是不可行的。所以此时平台无法完成交易中介的作用，市场不存在。

如果平台想维持市场的运行，必须自己去识别借款人的好坏。在实际中，平台将通过自己在各地的网点或通过加盟、合作公司，实地调查借款人的财务和信用状况（称为线下调查）。无论采用何种方式，平台获得的信息都是私人信息，不会向投资人提供，更不会向公众提供。这就造成了平台和投资人之间的信息不对称：平台能够识别借款人的好坏，但投资人始终不知道。这样的信息结构转变，让博弈变成了信号博弈——投资人不知道借款人的类型，只有平台知道；平台通过为借款提供担保来发送信号，投资人根据担保的信息决定自己是否投资。博弈的结果是，平台只能通过为借款的本息担保这种手段，让投资人相信项目值得投资。

（1）模型设定。

和此前设定相同，平台得到了一个融资量为 1 的借款申请，如果投资成功平台及借款人可获得总收益 R，其中平台获得 θR，投资人获得 $(1-\theta)R$。其中，R 为外生，而 θ 为内生，由平台根据自己的利润最大化目标确定。如果投资失败，则平台和投资人获得的收益都为 0。

不同借款人的成功还款概率不同，这可能因为还款意愿，比如借款人存在骗贷的可能；也可能因为还款能力，如借款人所投资的项目盈利状态不佳。假定有两类借款人，一类称为“好的借款人”，简记为 G；另一类称为“坏的借款人”，简记为 B。如果是“好的借款人”，则还款概率为 p_G，如果是“坏的借款人”，则还款概率为 p_B，$1\geqslant p_G>p_B\geqslant 0$。① 由于无信息披露监管，投资人无法准确获知借款人的信息，因此投资人不知道借款人的类型。投资人和平台之间存在信息不对称。

尽管投资人不能知道借款人的类型，但他知道市场上有比例为 β 的借款人是 G 类型，有比例为 $1-\beta$ 的借款人是 B 类型，也知道 p_G 和 p_B。也即不同类型借款

① 平台需要付出努力去识别借款人的类型，但是这种努力是在决定投资契约之前就付出，属于沉没成本，因此不会影响博弈的结果。为了让模型简洁，在以下的模型中，不再纳入平台的努力程度这一变量，而是直接设定平台知道借款人的类型。

人所占比例、成功还款的概率是公共信息。同时，我们假定：

$$p_G R > 1, p_B R < 1 \tag{A5.2}$$

假定（A5.2）表明，如果是“好的借款人”，则投资人和平台的共同期望收益是大于投资额的，值得投资；如果是“坏的借款人”，则投资人和平台的共同期望收益小于投资额，不值得投资。这样的设定是为了让本章的讨论更为有意义，如果从投资人和平台的共同利益最优的角度出发，“好的借款人”和“坏的借款人”都值得投资，那么对借款人的识别就没有什么必要。

平台选择为借款作出担保 L，即如果借款人不还款，平台也需要给投资人数量为 L 的补偿。在本章接下来的分析中，担保量 L 是平台选择的信号。如果平台得到的申请是由“好的借款人”提出，则提供的担保记为 L_G，如果申请由“坏的借款人”提出，则提供的担保记为 L_B。

博弈的顺序如图 5－1 所示。自然（Nature）从众多借款人中，随机选择一个借款人（或为 G 或为 B）来平台申请借款。平台可以识别借款人的类型，并据此选择自己的行动（L_G 或 L_B）。投资人根据平台的行动，修正自己的信念 $\beta(L)$，据此决定自己的行动 $I = \sigma(L)$。这里投资量为离散选择，$\sigma(L) = 1$ 或 $\sigma(L) = 0$。

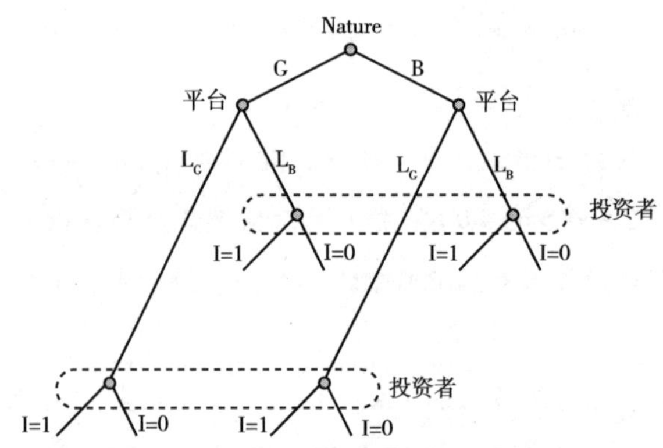

图 5－1　无信息披露监管情况下的博弈树

（2）求解均衡。

在上述不对称信息序贯博弈中，如果存在均衡，那么给定投资人的策略，平台的策略要让它自身利润最大化。给定平台的策略，投资人根据贝叶斯法则修正自己的信念。同时，给定投资人的信念，他的策略要让他实现利润最大化，即行动和信念要一致。在此博弈中存在两类均衡①：分离均衡中，平台为“好的借款人”和“坏的借款人”分别提供不同数量的担保；在混合均衡中，平台为“好的借款人”和“坏的借款人”提供相同数量的担保。在分离均衡中，平台的担保量 L 可以为投资者提供信息，投资者可以根据 L 修正自己的信念 $\beta(L)$，从而对应于 L_G 和 L_B 分别采取不同的行动，以实现自己的利润最大化。

在上述不对称信息序贯博弈中，如果存在均衡，那么给定投资人的策略，平台的策略要让它自身利润最大化。给定平台的策略，投资人根据贝叶斯法则修正自己的信念。同时，给定投资人的信念，他的策略要让他实现利润最大化，即行动和信念要一致。

均衡的定义：

$\{L_G, L_B, \beta(\cdot), \sigma(\cdot)\}$ 为博弈的纯策略均衡（Pure Strategy Sequential Equilibrium），如果满足以下条件：

①给定投资人的策略 $\sigma(\cdot)$，当借款人的类型为 G 时平台提供担保 L_G 可以达到利润最大化，当借款人的类型为 B 时平台提供担保 L_B 可以达到利润最大化；

②投资人的信念满足贝叶斯法则（Bayes' Rule）：

i) $\beta(L) \in [0,1]$，对于任意的担保量 L，

ii）如果 $L_G \neq L_B$，那么 $\beta(L_G) = 1$，并且 $\beta(L_B) = 0$，

iii）如果 $L_G = L_B$，那么 $\beta(L_G) = \beta(L_B) = \beta$；

③对于任意的担保量 L，给定投资人的信念 $\beta(L)$，他的策略 $\sigma(L)$ 让他实现利润最大化。

根据以上的均衡定义，可以知道，在此博弈中存在两类均衡②：分离均衡中，平台为“好的借款人”和“坏的借款人”分别提供不同数量的担保；在混合均衡中，平台为“好的借款人”和“坏的借款人”提供相同数量的担保。在

①② 限于文章的篇幅和研究的目标，本章只讨论纯策略均衡。因为是纯策略均衡，所以只有分离均衡和混合均衡两类。

分离均衡中，平台的担保量 L 可以为投资者提供信息，投资者可以根据 L 修正自己的信念 $\beta(L)$，从而对应于 L_G 和 L_B 分别采取不同的行动，以实现自己的利润最大化。

为了求解均衡，先要解出在给定 θ 时，平台如何选择恰当的 L 作为信号，以及在不同信号下投资人的行动。再根据这些信息，利用平台的利润最大化条件，求解出平台如何选择最优的 θ。需要注意，无论在何种均衡中，平台的分成 θ 不能太高，以确保在借款人成功还款的时候，投资人的收益要大于他的初始投资。因为如果投资成功时得到的收益都不能补偿初始投资，则投资人不会参与这样的投资。所以要求 θ 满足约束：$(1-\theta)R>1$，即 $\theta<1-\frac{1}{R}$。

定理 5.3：对于任意的 $\theta<1-\frac{1}{R}$，

令 $\underline{L}=\max\{\frac{p_B}{1-p_B}\theta R,\frac{1-p_G(1-\theta)R}{1-p_G}\}$，$\bar{L}=\min\{\frac{p_G}{1-p_G}\theta R,\frac{1-p_B(1-\theta)R}{1-p_B}\}$。

若假定（A5.2）满足，则市场存在如下分离均衡：

$$S_{sep}=\{(L_G,L_B)\mid L_B=0,\underline{L}\leqslant L_G\leqslant\bar{L}\}$$

$$\beta(L)=\begin{cases}1 & L\geqslant L_G\\0 & 0\leqslant L<L_G\end{cases}$$

$$\sigma(L)=\begin{cases}1 & L\geqslant L_G\\0 & 0\leqslant L<L_G\end{cases}$$

在均衡中平台识别出借款人为“好的借款人”则提供担保 L_G，识别出借款人为“坏的借款人”则不提供担保，$L_B=0$。投资人看到平台提供担保达到 L_G 则投资，否则不投资。

定理中的均衡是多重均衡，每一个 $L_G\in[\underline{L},\bar{L}]$ 都对应一个均衡。给定平台的策略（借款人为“好的借款人”则提供担保 L_G，借款人为“坏的借款人”则不提供担保），投资人没有动机改变自己的策略。给定投资人的策略（平台提供担保达到 L_G 则投资，否则不投资），平台没有动机改变自己的策略。因此构成了一个纳什均衡。显然，上述多个均衡中，对于平台最有利的均衡是为“好的借款人”和“坏的借款人”分别提供担保量 $\underline{L}$ 和 0 [①]。

在混合均衡中，平台发出的信号 L 不能给投资者带来任何信息，所以投资者不能根据平台担保量 L 修正自己的信念 $\beta(L)$。这种情况下投资人没有获取信息的渠道，平台如何才能吸引投资人？一个重要条件就是：市场中“好的借款人”的比例不能太低。这就是如下假定的含义：

$$\frac{1-p_B R}{(p_G-p_B)R} < \beta < 1 \tag{A5.3}$$

在此假定下，有如下定理：

定理 5.4：对于任意的 $\theta < (1-p_B)\left[1-\frac{(1-p_B R)}{(p_G-p_B)R\beta}\right]$，若假定（A5.2）、（A5.3）满足，则市场存在混合均衡：

$$S_{pool}=\left\{(L_G,L_B)\mid L_B=L_G=L_{pool},\frac{1-\tilde{p}(1-\theta)R}{1-\tilde{p}}\leqslant L_{pool}\leqslant\frac{p_B}{1-p_B}\theta R\right\}$$

$$\beta(L)=\begin{cases}\beta & L\geqslant L_{pool}\\ 0 & 0\leqslant L<L_{pool}\end{cases}$$

$$\sigma(L)=\begin{cases}1 & L\geqslant L_{pool}\\ 0 & 0\leqslant L<L_{pool}\end{cases}$$

无论是“好的借款人”还是“坏的借款人”，平台都提供担保 L_{pool}。投资人看到平台提供担保达到 L_{pool} 则投资，否则不投资。

定理中 $\tilde{p}=\beta p_G+(1-\beta)p_B$，表示市场上借款人平均的成功还款概率。上述混合均衡也是一个多重均衡：对于任意的 $L_{pool}\in\left[\frac{1-\tilde{p}(1-\theta)R}{1-\tilde{p}},\frac{p_B}{1-p_B}\theta R\right]$ 都对应一个混合均衡。通过定理 5.3 和定理 5.4 的描述，不难看出在无信息披露监管的情况下，在两种可能的均衡中（分离均衡和混合均衡），投资人的策略都是“看到平台提供担保则投资，否则不投资”，只是在分离均衡和混合均衡中对平

---

① 实际上，这个均衡也是根据 Cho－Kreps 直觉标准（Intuitive Criterion）（Bolton and Dewatripont，2005）选出来的精炼均衡，限于文章篇幅，不展开讨论。

台担保量的要求不同而已。平台提供的担保，成为信息不对称情况下 P2P 借贷行业中投资人搜寻的信号，只有观察到此信号，才会放心投资。

通过定理 5.3 和定理 5.4，已经知道在 θ 给定时，分离均衡和混合均衡中平台和投资者各自的策略，以及投资者的信念。依据这些策略和信念，就可以分析平台会选择什么样的 θ。我们有如下定理：

定理 5.5（平台的期望利润与 θ 无关）：

令 $\underline{L} = \max\{\frac{p_B}{1-p_B}\theta R, \frac{1-p_G(1-\theta)R}{1-p_G}\}$，

分离均衡

$$S_{sep} = \{(L_G, L_B) \mid L_B = 0, L_G = \underline{L}\},$$

和混合均衡

$$S_{pool} = \{(L_G, L_B) \mid L_B = L_G = L_{pool} = \frac{1-\tilde{p}(1-\theta)R}{1-\tilde{p}}\}$$

中，平台的期望利润不会随 θ 改变而变化。

定理的证明在附录（四）中，该定理意味着在这两个特殊的均衡中，平台可以在特定范围内（分离均衡中平台选择 θ 的取值范围是：$\frac{(1-p_B)(p_G R-1)}{(p_G-p_B)R} \leqslant \theta < 1-\frac{1}{R}$；混合均衡中选择 θ 的取值范围是：$\theta < (1-p_B)[1-\frac{(1-p_B R)}{(p_G-p_B)R\beta}]$）随意选择自己的分成比例 θ，不会影响自己的期望利润。定理的经济直觉在于：平台面临着分成 θ 与担保量 L 之间的权衡取舍，如果想设定较高的分成比例，那么无论在分离均衡还是在混合均衡中，都需要提供较高的担保量（定理 5.5 中 L_G 和 L_{pool} 的表达式）。因此，若平台设定 θ 比较大，投资成功时固然可以提高自己的利润，投资人失败时也会由于过高的担保承诺而损失比较大。

这个问题也可以从另外的角度去认识，在分离均衡中 $\frac{(1-p_B)(p_G R-1)}{(p_G-p_B)R} \leqslant \theta$，则 $\underline{L} = \frac{1-p_G(1-\theta)R}{1-p_G}$，此时投资者的期望利润为零；在分离均衡中若 $L_{pool} =$

$\frac{1-\tilde{p}(1-\theta)R}{1-\tilde{p}}$，投资者的期望利润也是零（见定理 5.3 和定理 5.4 的证明）。因此在分离均衡和混合均衡中，平台的期望利润都是经济中的全部利润（分别是 $\beta(p_cR-1)$ 和 $\tilde{p}R-1$），和平台选择的分成比例 θ 无关。

5.4 关于两种模式的进一步讨论

互联网金融这种新型金融业态的诞生，不仅是一种金融交易的技术创新，还是一种金融制度的创新，P2P 借贷是这种金融制度创新的重要组成部分。这种新的金融交易方式的特点包括：投资者可以自主决策贷款的投向；投资者承担金融风险，金融中介不承担风险；金融中介只承担信息中介作用，运营成本较低。这些特性正是传统的以银行为主的金融系统所缺失的，在一定程度上弥补了当前我国金融市场的缺陷。由于平台运营成本较低，不承担风险，此类机构的商业可持续性较强，行业理应平稳有序发展。

然而，由于我国的 P2P 平台进入门槛较低，导致平台的数量较多而质量良莠不齐。更由于平台为吸引投资者，大多采用担保模式，把本应该由投资者承担的风险归集到平台自身，平台的信用风险急剧增加。仅 2014 年就有 275 个平台违约（俗称“跑路”），占平台总数的 17.5%。[①] 同时，平台为借款担保，则投资者不再关心所投资项目的优劣，可以相对随意地投资于平台上的项目。平台的选择就是投资者的选择，金融决策重新“集中化”。此外，平台承担了全部的金融风险，又会导致运营成本急剧增加。因此，平台提供担保，会削弱 P2P 借贷模式带来的金融制度创新力度。

除此之外，由 P2P 平台为借款提供担保，这种行为本身就违反我国现有的法律法规。根据中国《融资性担保公司管理暂行办法》[②] 规定：“设立融资性担保公司及其分支机构，应当经监管部门审查批准，任何单位和个人未经监管部门批

---

① 数据来自“网贷之家”网站（www.wangdaizhijia.com），统计日期截至 2014 年 12 月 31 日。

② 中国银行业监督管理委员会、国家发展和改革委员会、工业和信息化部、财政部、商务部、中国人民银行、国家工商行政管理总局于 2010 年 3 月 8 日颁布。

准不得经营融资性担保业务。”平台如果为投资人提供担保，则应算作从事贷款担保业务，显然应该归类于融资性担保性公司，受到上述法规的约束。然而，国内几乎所有的平台都未以融资性担保公司的性质注册登记。

前文的研究表明，提供担保与否，与行业对信息披露的监管环境有关。有信息披露监管的金融环境中，P2P 平台的投资人可以通过自己的努力去识别借款人的风险，此时对于平台，最优的选择就是不为投资人提供任何担保，以激励投资人付出努力。如果无信息披露监管，投资人缺乏识别借款人信用的渠道，付出再多的努力也无法识别借款人的风险。此时的市场中，投资人和平台之间构成了信息不对称，博弈变成了信号博弈——平台需要利用提供担保作为信号，向投资人传递关于借款人信用状况的信息。无论是在分离均衡还是在混合均衡中，投资人的策略都是“如果不提供担保，则不投资”，所以行业内的平台需要提供担保来维持投资人的信任。

根据美国政府责任办公室（United States Government Accountability Office）提交给国会的报告①，美国的两家平台 Prosper 和 Lending Club 都在证券交易委员会（SEC，Securities and Exchange Commission）注册，成为证券经纪商。SEC 对 P2P 行业按照证券业的从业标准进行监管，重点关注平台是否按要求披露信息。特别是，P2P 平台每天都要向 SEC 提交报告，事后如果投资者能够证明平台披露的关键信息有遗漏或错误，可以通过法律手段追偿。中国和英国对 P2P 行业的监管相对宽松，以行业协会的自律为主。两国的现有监管规则都不强制要求平台披露单笔借款的信息，中国的监管当局目前没有对信息披露作任何强制要求，英国的金融行为监管局（Financial Conduct Admission，FCA）也只要求 P2P 平台明确告知消费者其商业模式以及延期或违约贷款评估方法等信息。

正是对信息披露监管的不足导致了中英两国网络借贷模式的改变，偏离了应有的信息中介模式，转向了担保模式。在担保模式下，投资者仔细识别借款人的激励大大降低，风险集中于平台，同时平台的运营成本也大大增加。若要改变担保模式，应该从建立强制性的信息披露要求入手，要求平台公开单笔借款的信

---

① 英文名称为：“Person - to - person Lending：New Regulatory Challenges Could Emerge as the Industry Grows ”。

息，并赋予投资者对信息披露不准确和不健全平台事后追责的权利。

5.5 本章小结和政策建议

P2P 借贷模式是近年来才出现的金融创新，它的出现，为我国民间借贷的“阳光化”提供了难得的机遇。通过应用互联网技术，P2P 借贷模式突破地域限制，匹配了更大范围内的借贷供给和需求，让民间借贷逐步实现了规范化发展。传统的民间借贷在“地下”运行，其规模、利率、参与人数等信息无论是政府还是专家学者都没有准确的估计。借助 P2P 行业记录的数据信息，政府监管当局可以更准确地了解民间借贷的规模，从而控制其风险。因此，对于 P2P 借贷行业，应该利用相对包容金融监管制度促进其发展。应该如何监管我国的网络借贷行业？目前无论是学术界，还是政府的监管部门都没有清晰、一致的意见。本章对英国、美国和中国 P2P 行业的经营模式展开了比较研究，并深入剖析了模式差异的原因，在此基础上提出了政策建议：应从加强信息披露监管入手。

P2P 借贷行业自 2005 年诞生以来，发展异常迅速。在发展的过程中，中国、美国和英国的行业模式产生了分化：美国保持了 P2P 借贷的应有模式，让投资者“风险自担”；而中国和英国逐步过渡到了由平台为借款提供某种担保，投资者“本息无忧”的模式。美国模式中，平台保持信息中介的角色，不参与借贷，由投资者自己作投资决策，并承担风险。这种特点是传统的银行体系所不具备的，因而更能弥补我国现有金融系统的不足。我国大多数平台现有的模式不但违反了《担保法》等法律法规，还提高了平台的经营成本，从而推高了借款人的融资成本。这种模式下，平台被迫延续传统的银行业经营方式，不能实现金融决策的“去中心化”，因而无法体现互联网金融的优势。

笔者认为，缺乏强制性的借款信息披露监管，是导致我国 P2P 行业采用担保模式的根源。信息披露监管的缺失，从根本上改变了 P2P 行业中平台与投资者的博弈结构。如果有信息披露监管，平台的最优选择是不为投资人提供担保；如果无信息披露监管，则博弈的均衡结果可能是平台必须提供担保，否则投资人不会参与 P2P 借贷活动。在后一种情况下，P2P 平台为维持运营，只能为投资人提供担保。因此若要让平台的运营模式由担保转向非担保，必须加强对信息披露的监管。

本章的研究基于经济模型演绎，没有开展实证研究，这是本文的不足。而这一缺陷的产生也正是在于本章讨论的信息披露问题。尽管学术界中已经涌现了一系列利用美国的 P2P 借贷数据开展的实证研究，但由于信息披露的不完善，作者未能获得中国和英国 P2P 行业的详细借贷信息数据，因而暂时无法基于以上三个国家的数据开展实证研究。[①]

5.6 本章附录

（1）定理 5.1 的证明。

证明：根据一阶条件，$p'(e)[(1-\theta)R-L]=T'(e)$

对 θ 求全微分，

$$p''(e)\frac{\partial e}{\partial\theta}[(1-\theta)R-L]+p'(e)[-R]=T''(e)\frac{\partial e}{\partial\theta}$$

$$\frac{\partial e}{\partial\theta}\{p''(e)[(1-\theta)R-L]-T''(e)\}=p'(e)R$$

$$\frac{\partial e}{\partial\theta}=\frac{p'(e)R}{p''(e)[(1-\theta)R-L]-T''(e)}<0$$

对 L 求全微分，

$$p''(e)\frac{\partial e}{\partial L}[(1-\theta)R-L]+p'(e)[-1]=T''(e)\frac{\partial e}{\partial L}$$

$$\frac{\partial e}{\partial L}=\frac{p'(e)}{p''(e)[(1-\theta)R-L]-T''(e)}<0$$

（2）定理 5.3 的证明。

注意到，由假定（A5.2）可以得出：

$$\frac{p_G}{1-p_G}\theta R>\frac{1-p_G(1-\theta)R}{1-p_G} \qquad (P1)$$

① 本文原文发表在《经济学（季刊）》2016 年第 16 卷第 1 期。

$$\frac{p_B}{1-p_B}\theta R<\frac{1-p_B(1-\theta)R}{1-p_B} \tag{P2}$$

由于 $\theta<1-\frac{1}{R}$，即 $(1-\theta)R>1$，所以：

$$\frac{1-p_G(1-\theta)R}{1-p_G}<\frac{1-p_B(1-\theta)R}{1-p_B} \tag{P3}$$

同时，由于 $p_G>p_B$，所以 $\frac{p_B}{1-p_B}<\frac{p_G}{1-p_G}$。所以如果假定（A5.2）成立，一定存在 L 满足 $\underline{L}\leqslant L\leqslant \overline{L}$。接下来，验证定理中给出的策略和信念是否满足均衡的定义。

第一，给定投资人的策略：$\sigma(L)=\begin{cases}1 & L\geqslant L_G\\0 & 0\leqslant L<L_G\end{cases}$，由于平台提供的担保量达到 L_G 后，继续增加担保量，起到的信号作用相同，所以平台没有动机提供超过 L_G 的担保量。

平台观察到借款人的类型为 G，若提供担保 L_G，投资人会投资，平台的期望收益为：

$$p_G\theta R+(1-p_G)(-L_G)$$

若不提供担保（$L=0$），则投资人不会投资，平台期望收益为 0。

同样，如果借款人的类型为 B，则平台提供担保 L_G 后，期望收益为：

$$p_B\theta R+(1-p_B)(-L_G)$$

若不提供担保（$L=0$），则投资人不会投资，平台期望收益为 0。

注意到：

$$p_G\theta R+(1-p_G)(-L_G)\geqslant 0\Leftrightarrow L_G\leqslant\frac{p_G}{1-p_G}\theta R$$

$$p_B\theta R+(1-p_B)(-L_G)\leqslant 0\Leftrightarrow L_G\geqslant\frac{p_B}{1-p_B}\theta R$$

由于 $\underline{L}\leqslant L_G\leqslant \overline{L}$，所以平台的策略（看到“好的借款人”才会提供担保 L_G，

看到“坏的借款人”不提供担保）实现了利润最大化。

第二，容易验证投资人的信念 $\beta(L) = \begin{cases} 1 & L \geqslant L_G \\ 0 & 0 \leqslant L < L_G \end{cases}$ 满足均衡定义中的三个要求。

第三，给定投资人的信念，他的策略让他实现利润最大化。如果平台为借款人提供的担保为 $\tilde{L} \geqslant L_G$，投资人的信念认为这是“好的借款人”（$\beta(L) = 1$），进行投资可获得的预期利润为：

$$p_G(1-\theta)R + (1-p_G)\tilde{L} - 1$$

如果不投资，则预期利润为0。由于：

$$p_G(1-\theta)R + (1-p_G)\tilde{L} - 1 \geqslant 0 \Leftrightarrow \tilde{L} \geqslant \frac{1-p_G(1-\theta)R}{1-p_G}$$

所以，对于 $\tilde{L} \geqslant L_G \geqslant \dfrac{1-p_G(1-\theta)R}{1-p_G}$，投资人应该投资，才能实现利润最大化。

如果平台为借款人提供的担保为 $\tilde{L} < L_G$，投资人的信念认为这是“坏的借款人”（$\beta(L) = 0$），如果投资，得到：

$$p_B(1-\theta)R + (1-p_B)\tilde{L} - 1$$

如果不投资，则得到0。由于：

$$p_B(1-\theta)R + (1-p_B)\tilde{L} - 1 < 0 \Leftrightarrow \tilde{L} < \frac{1-p_B(1-\theta)R}{1-p_B}$$

所以，对于 $\tilde{L} < L_G \leqslant \dfrac{1-p_B(1-\theta)R}{1-p_B}$，投资人为了实现利润最大化，不应该投资。

综上所述，定理5.3中给出的信念和策略满足均衡的定义，是一个贝叶斯均衡。

(3) 定理 5.4 的证明。

当假定 (A3) 满足时，如果 $\theta < (1-p_B)[1-\frac{(1-p_BR)}{(p_G-p_B)R\beta}]$，那么必有 $\theta < 1-\frac{1}{R}$，满足平台分成的基本约束。而且 $\frac{1-\tilde{p}(1-\theta)R}{1-\tilde{p}} \leqslant \frac{p_B}{1-p_B}\theta R$，所以一定存在满足条件的 L_{pool}。以下将分三步验证定理给出的策略和信念是否满足均衡的条件。

第一，给定投资人的策略，$\sigma(L)=\begin{cases}1 & L \geqslant L_{pool}\\ 0 & 0 \leqslant L < L_{pool}\end{cases}$，平台同样没有动机做出超过 L_{pool} 的担保，因为过多的担保会降低自己的利润。

观察到借款人的类型为 G，平台若提供担保 L_{pool}，则平台获得

$$p_G\theta R+(1-p_G)(-L_{pool})$$

若提供担保少于 L_{pool}，投资人不会投资，则平台获得利润为零。

同理，观察到借款人的类型为 B，平台若提供担保 L_{pool}，则平台获得

$$p_B\theta R+(1-p_B)(-L_{pool})$$

若提供担保少于 L_{pool}，投资人不会投资，则平台获得利润为零。注意到：

$$p_G\theta R+(1-p_G)(-L_{pool}) \geqslant 0 \Leftrightarrow L_{pool} \leqslant \frac{p_G\theta R}{1-p_G}$$

$$p_B\theta R+(1-p_B)(-L_{pool}) \geqslant 0 \Leftrightarrow L_{pool} \leqslant \frac{p_B\theta R}{1-p_B}$$

所以，给定投资人的策略，当 $L_{pool} \leqslant \frac{p_B\theta R}{1-p_B} \leqslant \frac{p_G\theta R}{1-p_G}$ 的时候，无论观察到什么类型的借款人，平台提供担保 L_{pool} 都是最优策略。

第二，显然，投资人的信念 $\beta(L)=\begin{cases}\beta & L \geqslant L_{pool}\\ 0 & 0 \leqslant L < L_{pool}\end{cases}$ 满足均衡定义中的要求。

第三，给定投资人的信念，他的策略 $\sigma(L)$ 让他实现利润最大化。

当投资人观察到 $\tilde{L} \geqslant L_{pool}$，他的信念认为这是“好的借款人”的概率为 β，“坏的借款人”的概率为 $1-\beta$。如果投资，则投资人可获得的预期收益为：

$$\beta[p_G(1-\theta)R+(1-p_G)\tilde{L}]+(1-\beta)[p_B(1-\theta)R+(1-p_B)\tilde{L}]-1$$

如果不投资，则获得的预期收益为0。由于

$$\beta[p_G(1-\theta)R+(1-p_G)\tilde{L}]+(1-\beta)[p_B(1-\theta)R+(1-p_B)\tilde{L}]-1$$

$$\geqslant 0 \Leftrightarrow \tilde{L} \geqslant \frac{1-\tilde{p}(1-\theta)R}{1-\tilde{p}}$$

所以，观察到 $\tilde{L} \geqslant L_{pool} \geqslant \frac{1-\tilde{p}(1-\theta)R}{1-\tilde{p}}$ 时，投资人应该投资，以实现利润最大。

当投资人观察到 $\tilde{L} < L_{pool}$，他的信念认为这是“好的借款人”的概率为0，“坏的借款人”的概率为1。如果投资，则可获得的预期收益为：

$$p_B(1-\theta)R+(1-p_B)\tilde{L}-1$$

如果不投资，则获得的预期收益为0。由于

$$p_B(1-\theta)R+(1-p_B)\tilde{L}-1<0$$

$$\Leftrightarrow \tilde{L} < \frac{1-p_B(1-\theta)R}{1-p_B}$$

同时，注意到 $L_{pool} \leqslant \frac{p_B\theta R}{1-p_B} \leqslant \frac{1-p_B(1-\theta)R}{1-p_B}$,（后一个不等号来自（P2）式）。所以当 $\tilde{L} < L_{pool}$ 时，投资人为实现利润最大，不应该投资。

综上所述，当 $\frac{1-\tilde{p}(1-\theta)R}{1-\tilde{p}} \leqslant L_{pool} \leqslant \frac{p_B}{1-p_B}\theta R$ 时，无论何种类型的借款人，平台都愿意提供担保 L_{pool}；同时投资人看到担保量达到 L_{pool} 后，愿意投资，否则不愿意投资。双方都没有动机改变自己的策略，所以这也是一个纳什均衡。

（4）定理 5.5 的证明。

对于分离均衡中的一个均衡：$S_{sep} = \{(L_G, L_B) \mid L_B = 0, L_G = \underline{L}\}$，

这里：$\underline{L} = \max\{\frac{p_B}{1-p_B}\theta R, \frac{1-p_G(1-\theta)R}{1-p_G}\}$。注意到：

$$\frac{p_B}{1-p_B}\theta R < \frac{1-p_G(1-\theta)R}{1-p_G} \Leftrightarrow \theta > \frac{(1-p_B)(p_G R-1)}{(p_G-p_B)R}$$

如果 $\theta > \frac{(1-p_B)(p_G R-1)}{(p_G-p_B)R}$，则 $L_G = \underline{L} = \frac{1-p_G(1-\theta)R}{1-p_G}$，平台的期望利润为：

$$\beta\{p_G\theta R + (1-p_G)(-L_G)\} + (1-\beta)\cdot 0 = \beta(p_G R-1)$$

如果 $\theta \leqslant \frac{(1-p_B)(p_G R-1)}{(p_G-p_B)R}$，则此时 $L_G = \underline{L} = \frac{p_B}{1-p_B}\theta R$，平台的期望利润为：

$$\beta\{p_G\theta R + (1-p_G)(-L_G)\} + (1-\beta)\cdot 0 = \beta\frac{p_G-p_B}{1-p_B}\theta R$$

当 $\theta = \frac{(1-p_B)(p_G R-1)}{(p_G-p_B)R}$ 平台利润最大，此时利润为：$\beta(p_G R-1)$。

因此，在分离均衡中平台选择 θ 的取值范围是：$\frac{(1-p_B)(p_G R-1)}{(p_G-p_B)R} \leqslant \theta < 1-\frac{1}{R}$，在此范围内平台的期望利润与 θ 无关。

对于混合均衡中的一个均衡：$S_{pool} = \{(L_G, L_B) \mid L_B = L_G = L_{pool} = \frac{1-\tilde{p}(1-\theta)R}{1-\tilde{p}}\}$，平台的期望利润为：

$$\beta\{p_G\theta R + (1-p_G)(-L_{pool})\} + (1-\beta)\{p_B\theta R + (1-p_B)(-L_{pool})\} = \tilde{p}R-1$$

注意到，若假定（A3）成立，意味着 $\tilde{p}R > 1$，所以混合均衡中平台的期望利润为正，且与 θ 无关。

综上所述，对于分离均衡和混合均衡中的两个特殊均衡，平台的期望利润和 θ 无关。

第 *6* 章

头衔的价值：来自网络借贷的证据

6.1

引言

“头衔通胀”（title inflation）问题近年来愈演愈烈。人们在社交和商业活动中描述自己的职业、岗位时，常会加上一个较为“华丽”的头衔，而不使用较为“朴实”的头衔。比如，即使是很小的公司，也会有很多“首席某某官”这样的头衔。在投资银行界，头衔更是高得让非专业人士难以分清，从最高的董事总经理（managing director）到最低的经理（associate）之间竟有 7 级之多，尽管大部分拥有“某某经理”头衔的从业者既没有自己的部门，也没有自己的部下（车耳，2013）。中国青年报社会调查中心于 2011 年对 1 933 人进行的一项调查显示，“96.9% 的人感觉当今社会‘头衔通胀’现象普遍，其中 38.4% 的人表示‘非常普遍’；并且，70.5% 的人坦言，自己在人际交往中看重头衔”（王聪聪，2011）。

较高的头衔能够满足人们的心理需要，有助于自我肯定、自我激励和职业发展（宋强和林新奇，2013），也有助于拓展公司的业务，有利于开展社会交往。华丽头衔的使用者们实际上在期望通过这种行为进行印象管理，意图为自己带来某种利益。社会学和心理学的相关研究表明，人们对于他人如何看待自己是敏感的（安东尼·吉登斯和菲利普·萨顿，2015）。正因为如此，印象管理成为人际交往中非常普遍的一种社会心理现象，“它是个体在社会情境中控制他人形成自己的期望印象，并加以维持、保护或改变已经形成的非期望印象的过程”（王沛和贺雯，2015）。特别是，当个体意识到自己的行为正在或将要被他人评价时，就会触发印象管理动机。网络借贷活动中虽然借贷双方互相匿名，但是借款人的还款意愿、还款能力等要素会被平台和投资人评价，并会因为评价的不同而对借款结果产生影响。因此，借款人必然会积极地进行印象管理，通过使用“华丽头衔”来“自我呈现”就是最直接的方式之一。

希望借助更高阶层的声誉来实现自己的目的也可能是使用“华丽头衔”的动机之一。陆学艺（2002）根据各阶层人群实际占有社会中组织、经济、文化资源状况，把当今中国的社会群体划分为五个等级：社会上层、中上层、中中层、中下层、下层。由于人们已经对不同等级人群的信誉、财富、收入等特征形成了刻板印象（stereotype），通过使用更高等级人群相应的头衔，使用者就可以利用这种刻板印象来呈现较好（甚至偏高）还款能力和还款意愿。我们将发现，即便互联网上使用的头衔并没有严格的验证机制，由于刻板印象现象的存在，也可能帮助华丽头衔的使用者增加借款成功概率。

虽然使用华丽头衔的动机在不同学科有不同的解释，在经济学领域我们更关注使用华丽头衔具体会带来多大的经济利益，然而这一问题在已有的文献中没有涉及。究其原因，可能主要在于缺乏可供研究的数据：各类头衔的使用往往出现在社会交往活动中，已有的抽样调查、统计数据很难覆盖；银行信贷类的数据中虽然也可能有借款申请人的岗位信息（其中包含头衔），但这样的信息通常因为监管要求而对外界保密。网络借贷活动的出现让这样的研究成为可能。

网络借贷，又称为 P2P 借贷（Peer to Peer Lending），于 2005 年在英国诞生。这种模式与传统的银行借贷不同，借款人向网络借贷平台（以下简称平台）申请借款以后，如果获得批准，则借款信息会被放到平台的网页上，由平台上潜在的投资人独立地做出投资决策。投资人浏览借款标的相关信息（金额、期限、利率等），借款人的还款能力信息（资产、收入等），以及人口特征等，根据自己的偏好决定是否投资以及投资的数量。如果在规定期限内，所有投资人愿意投资的总金额达到了借款金额，则借款成功（称为“满标”），否则借款失败。每笔借款通常需要多位投资人的投资才能满标。在成功借款后，借款人需要按照约定每月还款到平台，平台再根据每个投资人的份额还款给投资人，并可能在这一过程中收取手续费作为平台的收益。因此，在平台上会准确纪录每笔借款的成功与否信息，以及借款是否违约的信息。以上信息在平台上都会披露，更为难得的是，在借款人的工作岗位描述中会包含相应的头衔，这样就可以测度头衔为借款人带来的收益。

在网络借贷行业中，每个借款人对投资人都是陌生的，因此投资人只能根据过往的生活经验判断借款人的还款能力和还款意愿。头衔可能影响借款成功率的机制在于，投资者会通过社会交往中某类头衔的普遍的行为表现（即形成的刻板印象）推断某种头衔的人对应的可信任程度（trustworthness）和好信誉程度（creditworthness），进而决定是否对其投资。考虑到大多数人在社会交往中比较“看中头衔”（王聪聪，2011），因此我们预期头衔的华丽程度可能影响借款成功率。

表 6－1 中利用我国网络借贷平台“人人贷”的借款申请和还款数据，从中提取了管理类岗位、销售类岗位和技术类岗位的相应头衔，并对这些岗位中的借款人使用“华丽”头衔和“朴实”头衔的效应进行对比分析。从表 6－1 中信息可以发现，在总共 91 457 个样本中，平均有 6.53% 的借款标的会成功，但是使用朴实头衔的借款成功率较低，只有 3.86%，如果借款人使用华丽头衔，则借款成功率会提升到 7.94%。虽然两类样本整体看违约率差距不大，但是当我们分别考察管理类、销售类和技术类三种岗位后，将发现他们的差异。以管理类岗位为例，在总共 44 270 个样本中，华丽头衔的借款申请比朴实头衔的借款申请成功率高出约 6 个百分点，同时违约率也高出约 3 个百分点，说明投资者偏好华丽头衔，但这种行为没有获得较好的绩效。销售类头衔的样本共有 22 771 个，其中“华丽”的头衔 16 562 个，“朴实”的头衔 6 209 个。前者的借款成功比例为 4.28%，后者的成功比例为 2.77%，表明使用“华丽”的头衔的确更易获得投资人的青睐。然而，这种青睐也没有获得更好的回报，“客户经理”类头衔的违约比例为 18.19%，远高于使用“客服”“销售”来描述自己岗位信息的样本，后者的违约比例仅为 9.3%。技术类岗位的样本总计 24 656 个，其中填写类似“工程师”这样华丽头衔的样本 13 155 个，填写比较朴实头衔的样本 11 501 个，

前者的借款成功比例为 10.31%，同样超过后者的 5.83%。和销售类岗位不同的是，投资人对“工程师”类头衔比较偏好的行为可能是合理的，因为他们的违约率相对“朴实”头衔的样本也较低，仅为 8.85%。综上所述，无论是管理类、销售类或是技术类岗位，更“华丽”的头衔会带来更高的融资成功概率，这与经济直觉一致。但对于管理类和销售类岗位的借款申请，华丽头衔带来的高成功率更可能是一种偏误，因为相应的违约率反而更高。

表 6－1　　岗位描述中的头衔与借款成功率、违约率

岗位分类	头衔类别	定义	样本总数	其中：借款成功（笔）	比例（%）	其中：违约（笔）	比例（%）
管理类头衔	朴实：	老板、店长、厂长	13 911	379	2.72	45	11.87
	华丽：	CEO、总经理、董事长	30 359	2 695	8.88	401	14.88
	合计		44 270	3 074	6.94	446	14.51
销售类头衔	朴实：	销售、客服	6 209	172	2.77	16	9.30
	华丽：	客户经理、销售经理	16 562	709	4.28	129	18.19
	合计		22 771	881	3.87	145	16.46
技术类头衔	朴实：	技术、程序员	11 501	670	5.83	102	15.22
	华丽：	工程师、技术经理	13 155	1 356	10.31	120	8.85
	合计		24 656	2 026	8.22	222	10.96
所有岗位合计	朴实		31 594	1 221	3.86	163	13.35
	华丽		59 863	4 752	7.94	649	13.66
	总计		91 457	5 973	6.53	812	13.59

虽然表 6－1 中的统计结论相对粗略，但使用较为复杂的计量模型并控制其他因素后，我们依然可以发现：使用华丽头衔可以整体上提升借款成功率 1% 左右；对于小规模的公司，这种效应可达到 2% 左右。这说明了信贷市场上的投资者的确更偏好“华丽”头衔。实证数据还发现，对于类似“CEO”“工程师”和“客户经理”这样华丽头衔的偏好是一种偏误：小规模公司中华丽头衔使用者的违约率会比朴实头衔使用者高 3.8%；技术类岗位和管理类岗位中华丽头衔和朴实头衔的使用者违约率没有显著差异，但销售类岗位中使用华丽头衔的借款标违约率比使用朴实头衔的高 14.6%。与之形成鲜明对比的是，作为信息中介机构的

平台，通过重复博弈等机制可以识别出借款人头衔背后的信息：销售类岗位中华丽头衔的使用者事后内部收益率（internal rate of return，IRR）较低，因此事前会被设定较高的借款利率；技术类岗位华丽头衔使用者事后内部收益率较高，因而事前会被设定较低的借款利率。这表明专业金融中介机构的决策没有出现“头衔偏误”现象。

本章所研究的现象和得出的结论不仅在金融领域有一定的意义，在心理学、社会学、市场营销学等诸多领域都可能有一定的理论和应用价值。比如在心理学领域，有助于理解群体之间刻板印象，扩大印象管理行为的应用领域；在社会学领域，有助于人们理解不同等级、阶层的群体向上流动的意愿和效应；在市场营销学领域，有助于理解“人员推销”方式中营销人员头衔使用的方法和策略。

本章接下来的安排如下：6.2 节将综述本章相关的文献；6.3 节介绍所用的数据和研究设计，并对研究所用的变量进行描述统计；6.4 节介绍并分析实证研究的结果，其中包含对投资者行为的分析结果和对平台行为的分析结果；6.5 节讨论本章结论的稳健性，6.6 节是本章的总结。

6.2 文献综述

在经济学界，学者们已经发现如果一个经济学者的姓氏首字母在字母表中排序比较靠前，那么他（她）会有更大的概率获得终身教职，并且这也会更有助于他（她）成为计量经济学会会士，以及获得克拉克奖和诺贝尔经济学奖（Einav and Yariv，2006）。可见，人们在做决策时，会受到名字中的一些特征影响，产生一些非理性的行为。本章的研究延续了这一分析思路，研究了人们为自己的岗位取一个比较好的“名字”，即使用“华丽”头衔之后，是否更容易在信贷市场获得成功。

据笔者所掌握的文献，本章应是第一次关注头衔的经济效应。虽然如此，关于各类名称、标题对人们经济和金融行为的影响已经有了相对丰富的研究。与本文较为相近的研究是郭峰（2016）的工作，他的研究中关注的是借款人使用昵称情况对借款成功率的影响，作者的实证分析发现使用真实姓名的借款人在 P2P 借贷市场上并没有得到更高信任。在稍早的研究中，贾璐熙等（2016）的实证研究发现，简短、通顺、由常见字词组成以及蕴含良好寓意的公司名称更受投资者喜爱，表现是这类公司的股东基数更大，股票流动性更好，投资者对公司的估值更高。这样的结论也得到国外资本市场研究的支持，Alter 和 Oppenheimer（2006）的研究发现，如果股票的名称比较“顺口”（fluently named），那么绩效表现会显著较好。

头衔可以在一定程度上反映使用者的身份，在文献中已经有学者关注到了身份的经济效应。比如，施建军等（2017）以沪深两市 A 股民营企业为样本，发现民营企业高管政治身份会显著提高企业价值和负债水平，而金融制度环境对高管政治身份与企业价值间的关系具有显著调节作用。李进中（2015）发现家族企业中第二大股东身份会影响企业价值，当其他大股东更具有竞争力的时候，第二大股东身份对企业价值的影响会显著增强。从更广的范围看，政治关联相关的文献也主要关注企业高管的政治身份对企业价值、融资、绩效等的影响（唐松和孙铮，2014；于蔚等，2012）。然而，这些文献主要关注的是企业管理层的身份对企业的影响，而本章的关注点和他们有差异，主要关注的是借款人使用不同类别头衔呈现身份后对自己的影响会有何不同。

金融市场上的投资者行为常常表现出非理性的特征。针对这一特征，在传统的金融市场上已经有了较多的研究（Barberis and Thaler，2003；Shleifer，2000），网络借贷市场上的相关研究也是在努力验证这种非理性是否在新的金融市场也存在。Lin 和 Viswanathan（2015）发现，美国的 P2P 市场上存在着本土偏好（home bias）——投资者更偏好于在同一地理区域的借款人，并且这种偏误实际上很难用理性的分析框架加以解释。羊群行为（herding behaviour）也是投资者行为非理性的表现，Lee 和 Lee（2012）利用韩国的网络借贷数据，发现了该国 P2P 市上场投资者羊群行为的证据，此后廖理等（2015）发现了中国的金融市场也有这样的现象。Duarte 等（2014）甚至发现，在这一市场中投资人会系统性地高估借款人的还款概率，导致投资的净期望收益率实际为负。

网络借贷相关领域的另一些文献也是延续了传统金融领域的研究思路，研究借款人的各种特征对借款成功率的影响，比如地区和学历（廖理等，2015；廖理等，2014；姚博，2016）、从业经历和教育背景（孙武军和樊小莹，2016）等。由于网络借贷中的借款人会为自己的借款拟出一个题目，并且会用一段话来描述自己的借款目的、还款意愿和还款能力、个人品德等，这些特征可能会对借款成功与否产生较大的影响（Gao and Lin，2014；廖理等，2015；王会娟和何琳，2015）。这些研究丰富了人们对金融市场已有特征的认识，但没有发现新的金融现象——这些特征在传统金融市场也存在，并且已经得到了一定的研究。

网络借贷行业对于学术研究的更大价值在于，它所提供的数据和信息让此前金融市场上很多无法研究的问题变得可行。这是因为，此前的金融市场上很难同时观察到投资人或借款人的详细特征以及投资人的行为。例如，网络借贷中部分借款人的页面会展示其照片，Duarte 等（2012）就是借助照片中显示出的“可信度”（Trustworthiness）作为解释变量，他们发现这一指标的确会对借款成功概率有显著的正向影响。金融市场上的“颜值溢价”（beauty premium）的问题也得以研究（Ravina，2012），学者们通过网络借贷数据发现如果长相更加吸引人则更容易获得融资，并且能够以较低的借款利率得到融资。Gonzalez 和 Loureiro（2014）进一步发现这种溢价不但存在，而且会受到投资人和借款人相对年龄、是否性别相同等因素的影响。本章将延续这一系列文献的研究思路，利用网络借贷数据中获取的岗位头衔信息，研究已有文献很少涉及的“头衔偏好”问题，定量地分析借款人使用更华丽头衔带来的经济收益，并分析投资人的头衔偏好是否理性，从而填补了经济学文献对这一问题研究的空缺。

6.3

数据和研究设计

本章的研究所用数据来自网络借贷平台“人人贷”，该平台成立于2010年，主要从事网络借贷信息中介业务。选取的样本时间范围是2011～2016年，以避免平台成立初期的不确定性因素对投资人选择行为的影响，以及2017年新出现的借款样本中违约行为没有充分暴露带来的影响。自2014年后，人人贷陆续推出了“U计划”“薪计划”等自动投标的理财产品，这些理财产品由平台代理投资人的资金，并由平台决策来投资于借款标的，单个投资人的行为对借款成功与否影响日益减小。为准确研究投资人的行为，本章的研究中仅保留个人投资比例超过 50% 的借款标的。同时，为避免较大借款金额和较小借款金额的极端异常值对投资人行为的影响，样本中也剔除了超过 20 万元和低于 3 000 元的借款标的。对于借款人的年龄，也仅保留 18 岁至 60 岁的样本，以保证借款人有真实的还款能力。人人贷的借款标的分为很多种，比如“机构担保标”“实地认证标”“信用认证标”“智能理财标”等，为了保证研究结果的准确，参考郭峰（2016）和廖理等（2014）的做法，本章仅保留“信用认证标”作为研究对象，以排除平台或其合作机构的担保措施对投资人行为带来的影响。

6.3.1　头衔的分类

陆学艺（2002）以职业分类为基础，根据所占有的组织、经济、文化资源数量把当前中国社会分为十大阶层①。这十大阶层又可以根据实际占有资源的多寡划分到五个等级，其中较高三个等级为：（1）社会上层，包括大企业经理人员，高级专业技术人员及大私营企业主；（2）中上层，包括中小企业经理人员，中级专业技术人员及中等企业主；（3）中中层，包括初级专业技术人员，小企业主，个体工商户，中高级技工和办事人员。社会心理学的理论表明，社会上其他人群会对各层级人群形成刻板印象（stereotype）（王沛和贺雯，2015），这种印象包括信誉、收入、财富等方面。在网络借贷活动中，借款人在自己的职位描述中使用更高等级人群相应的头衔（即本章所称“华丽头衔”），目的是利用这种刻板印象来呈现较好（甚至偏高）还款能力和还款意愿，从而获得较为有利的借款条件，和较高的借款成功概率。为验证这一分析是否正确，需要对头衔进行分类，定义出何为华丽头衔。

本章从借款人在人人贷网站披露的信息中，提取其岗位信息进行重点分析，关注岗位描述中是否使用了较为“华丽”的头衔，并研究这样的行为是否真的

① 依据各阶层对组织、经济、文化资源的拥有量，以及三种资源的重要程度排列，这十个社会阶层依次是：国家与社会管理者阶层、经理人员阶层、私营企业主阶层、专业技术人员阶层、办事人员阶层、个体工商户阶层、商业服务业员工阶层、产业工人阶层、农业劳动者阶层和城乡无业失业半失业者阶层。

带来的经济收益。由于现实中岗位纷乱复杂，为了开展这项研究，需要对贷款申请者的岗位进行分类和筛选。考虑到样本量和代表性，本章挑选了管理类岗位、销售类岗位和技术类岗位进行分析。

（1）管理类岗位中，如果对自己的职位描述填写“老板”“店长”“厂长”则定义为朴实头衔，如果填写“CEO”“总经理”“董事长”（不含助理、秘书等）则定义为华丽头衔。这样划分的依据在于，若借款人描述自己的职位用“CEO”而非“老板”，则通过这样的自我呈现机制把自己的社会等级从社会中（上）层提升为社会上层，因为“CEO”意味着来自大型企业，属于社会上层，而“老板”意味着来自小型甚至微型企业，属于社会中层。

（2）销售类头衔中如果出现“销售”（不含“销售经理”）和“客服”这两种头衔则归类为朴实的头衔，如果出现“客户经理”或“销售经理”字样，则归类为华丽头衔。陆学艺（2002）的分类方式表明，普通办事员处于社会中中层，而经理层则处于社会中上甚至上层，在自己的职位描述中添加上“经理”字样，是一种积极的印象管理手段。

（3）技术类岗位描述中，如果出现“技术”（不含“技术经理”）“程序员”字样，则定义为朴实头衔，如果出现“工程师”或“技术经理”字样，则归类为华丽的技术类头衔。前文已提及，普通办事员和经理层人员处于不同层级。同样，中高级技工和初级专业技术人员的级别较低，而中、高级专业技术人员的层级较高。通过把自己的岗位描述为“工程师”而非普通的“技术”人员，也可以利用更高层级人群相应的声誉。

上述分类和定义满足了研究的需求，也保证了样本的平衡性：有足够多的样本本质上是同一类岗位，但部分申请人填写了“华丽”的头衔，另一部分申请人填写了“朴实”的头衔，可以进行对比分析。其他的岗位由于满足条件的样本量较小，或难以严格识别出其中的“华丽”头衔，达不到计量分析的要求，本章没有涉及。各类岗位中华丽头衔和朴实头衔的定义和样本数量在表中列出。

6.3.2 实证策略

本章的分析框架如图 6－1 所示。按照借款人在网络借贷平台借款和还款的时间顺序，可以把整个借款周期分为三个阶段：第一阶段，借款人向平台申请借款，平台进行资料审核、信用评级（评分）并决定是否许可该借款申请被放到网页上（即成为列表，List），如果许可还会同时设定借款利率；第二阶段，投资人浏览平台网站上的信息（包括借款金额、利率、期限等基本情况，以及借款人的人口特征和还款能力信息），并决定是否进行投资，成功获得借款（满标）的标的进入下一阶段；第三阶段中，借款人根据约定每月还本付息。在第三阶段，如果借款在数据采集时间点已经完全到期，则可以根据借款人的还款表现计算出本借款的内部收益率（IRR）。内部收益率可能不同于平台在事前设定的利率，因为借款可能出现提前还款、逾期、坏账等多种情况，逾期或坏账还款经过线下催收可能被收取高额的违约金，提前还款也可能收取一定的手续费，本文根据实际还款的现金流计算出每笔已到期还款的内部收益率。

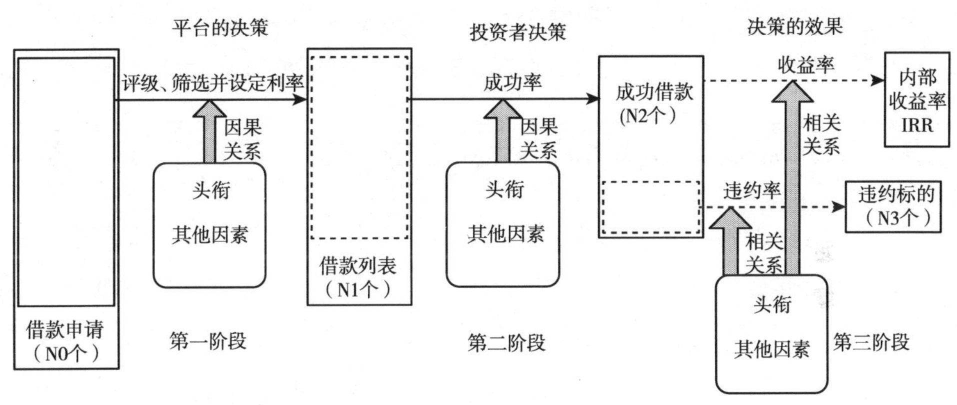

图 6－1　实证研究的分析框架

我们将根据第二阶段中投资者的投资行为和第三阶段借款人的还款表现分析投资者决策如何受到借款人头衔的影响，并评判投资者行为的绩效。平台作为信息中介机构，掌握的信息量要远高于普通投资者，并且已经与各类头衔使用者进行了长期的博弈，所以贷款定价能力会更强。因此，本章也将研究平台设定的利率、实际的内部收益率与借款人头衔的关系，从而对比个人和机构在面对“华丽头衔”时的行为差异。

我们将基于以上实证结果判断投资者和平台的行为是否理性。这里的“理性”为定性概念：如果发现投资者偏好华丽头衔的借款人，同时他们的违约率也较低，则称投资人是理性的；如果他们的违约率和朴实头衔借款人无差异甚至更高，则称这种偏好是非理性的。平台行为是否理性的判断依据是事前的利率和事后的内部收益率是否一致，把头衔分为“华丽”和“朴实”两类后，若事后内部收益率较低（较高）的头衔对应的利率较高（较低），则称平台的行为是理性的。

6.3.2.1　投资者行为和绩效

在表6－1中，我们已经发现了借款人使用不同头衔会对应不同的成功概率和违约率，虽然这样的结果较为直观，但可能是因为忽视了其它因素的结果。举例来说，在网站上披露的信息不仅有借款人的职业，还有借款金额、利率、期限等基本情况，以及借款人的资产、收入和人口统计特征、信用状况等，投资人会根据这些特征综合判断是否投资。如果不控制这些特征，可能产生较大的偏误，因为极有可能是这些特征主要影响投资人的选择，而不是岗位描述中的头衔信息。因此，本章关于投资者行为的实证研究将主要采用如下回归方程：

$$P\{Y_i = 1 \mid gorgeous_i, X_i\} = \alpha_0 + \beta^* gorgeous_i + \sum_{k=1}^{n} \alpha_k x_{ik} + \varepsilon_i \qquad (6.1)$$

由于被解释变量 Y_i 是虚拟变量（“是否成功”“是否违约”），故采用 Logit 模型进行计量分析。回归分析中，将控制上述可能影响投资人决策的其他因素 $X_i = (x_{i1}, \cdots, x_{ik})$，并主要关注变量 gorgeous 的系数。该变量是虚拟变量，如果借款人使用了华丽的头衔则为1，否则为0。同时，考虑到管理类岗位、技术类岗位和销售类岗位的“头衔偏误”情况可能有一定的差异，因此在回归分析中除了整体的分析，还将对这三类样本分别分析。除了上述控制变量，在回归分析中，我们还控制了借款人所在的行业，借款人所在的省份，借款年度等固定效应，以控制行业、地域、宏观经济和监管政策等因素对投资人选择行为以及借款人还款行为带来的影响。相关控制变量的定义及描述统计在后文详细介绍。

（1）事前借款成功率。

本章重点关注借款人的工作岗位信息描述中所用的头衔对投资人决策的影响，所以在回归方程（6.1）中会用“借款是否成功”作为被解释变量，对应的变量是 Success，是虚拟变量。实证研究的内生性主要来自遗漏重要变量、反向因果关系和测量误差（Angrist and Pischke，2009）。网络借贷活动中，投资人是根据平台网页披露的信息开展投资决策，由于回归中已经控制了投资人在决策时所能看到的所有重要信息，这些变量都已在网页上显示并被放入回归方程（本章的数据来自网页爬虫所抓取的数据，所得到的信息也即是投资人看到的信息）。其余无法度量的变量，比如借款人的还款意愿，并不会直接影响投资人的行为，只能通过网页上显示的各类信息去影响借款人的行为。所以在关于头衔如何影响借款成功率的研究中，遗漏重要变量带来的内生性问题应该不存在，或至少并不严重。反向因果关系带来的偏误也不存在，这是因为时间顺序上是借款的信息展示在前，投资人的决策在后，不会因为投资人后来的决策影响了借款人此前所列出的头衔信息。唯一可能的内生性来源在于华丽头衔的测量误差，本章的稳健性讨论部分将进一步采用“华丽头衔”的不同定义，也得到了比较稳健的结果。因此，在控制其他因素以后，即使采用最简单的 Logit 模型，也可以得到头衔与成功率之间较为清晰的因果关系。

（2）事后违约率。

本章也关注借款人违约情况与其头衔的关系，用“借款是否违约”作为被解释变量，对应的变量是 Default，也是虚拟变量。现实生活中，个人的头衔由其所在的公司或组织赋予，具有外生性质；但借款人在网络借贷活动中申请贷款时，可能有一定的变通——选择较高等级人群的头衔填报，甚至虚报头衔。虽然人人贷的贷款申请会有线下的审核，但是很难完全杜绝借款人操控自己所填头衔的可能性。

头衔理论上会负向影响违约率，因为高头衔的人会比较注重“声誉”，主动避免违约事件对自己声誉带来负面影响，但是由于遗漏变量等问题，这种负相关系很难在实证研究中发现。即便头衔完全外生给定，在头衔与违约率的研究中可能存在遗漏变量的问题。比如，工作能力决定了借款人的头衔，也影响着他的还款能力（从而影响他的借款是否违约），但工作能力变量无法观察，从而也就无法放到回归方程里面。由于理论上工作能力越高会带来较高的收入，因而违约率会越低，遗漏了工作能力变量，则会低估头衔对违约率的影响（回归系数绝对值变大）。如果头衔随意使用，同样可能存在内生性问题，无法控制还款意愿变量：不是华丽头衔导致了违约，而是华丽头衔的借款人中混进了更多蓄意欺骗的借款人。这样，就会高估头衔对违约率的影响，让回归系数绝对值变小，甚至变为正。由于上述原因，在违约率的研究中所得到的回归结果只是头衔与违约率之间的相关关系而非因果关系。就本章的研究目的而言，这样的相关性已经够了。因为我们关注的是投资者行为是否理性，如果发现华丽头衔导致更高的借款成功率，但它又没有对应着更低的违约率，这足以说明投资者对华丽头衔的偏好是一种偏误。

6.3.2.2 平台行为和绩效

（1）事前利率设定。

在网络借贷流程中，平台的行为主要在图 6－1 的第一阶段体现，即设定借款的利率。为了保证效率，人人贷平台的利率设定参考的是美国 Lending Club 平台的做法：借款利率由平台根据借款人的信用状况设定，而非由借款人自己设定或由投资者竞标确定（如美国的平台 Prosper 那样）。因此，在浏览标的信息后，投资者能决定是否投资以及投资的数量，但不能改变投资的利率。这样的流程让检验金融中介的决策是否会受到头衔的影响成为可能。我们采用如下回归方程：

$$r_i = \alpha_0 + \beta^* gorgeous_i + \sum_{k=1}^{n} \alpha_k x_{ik} + \varepsilon_i \tag{6.2}$$

方程（6.2）中被解释变量为借款利率。由于平台会审查借款人的申请资料，并可能进行线下（实地）审核，只有通过审核的借款申请才会被放到平台的网站，所以这样的数据实际构成了断尾数据，所以我们将采取断尾回归（Truncated Regression）的方法进行研究，所用控制变量和方程（6.1）相同（除了利率由此前的控制变量变为现在的被解释变量）。平台搜集的资料不会全部披露，因而不会全部被纳入控制变量，但考虑到所有有价值的信息（包括软信息和硬信息）都会体现在信用评级中，所以控制了借款人的信用等级后，遗漏变量带来的偏误也就不会太严重。

（2）事后内部收益率。

因为可能出现提前还款、逾期、坏账等情况，借款的内部收益率和事前平台设定的利率会有一定的差异。逾期和坏账的借款经催收后，可能会被收取较高的违约金和手续费，导致这样的借款虽然属于违约，但内部收益率可能反而高于正常还款的借款。催收产生的高收益完全由平台享有，投资人无法获取（经催收后，本金和正常利息会还给投资人），所以内部收益率对评价平台绩效有重要意义。

$$IRR_i = \alpha_0 + \beta^* gorgeous_i + \sum_{k=1}^{n} \alpha_k x_{ik} + \varepsilon_i \tag{6.3}$$

方程（6.3）的被解释变量是内部收益率（IRR），所用控制变量和方程（6.2）相同。对于借款后完全没有还款的标的，内部收益率定义为 -1，这是内部收益率的最低值。考虑到会有较多借款的内部收益率在此被“截断”，本章采用归并回归（Censored Regression）方法，使用 Tobit 模型进行分析。不同于以利率作为被解释变量，以内部收益率为被解释变量可能存在遗漏变量偏误（例如“还款意愿”会影响借款人填写的头衔，也会影响 IRR，但该变量无法被纳入回归方程），因此所得到的回归系数只是头衔变量和 IRR 之间的相关性。就本章的研究目的而言，这样的相关性已经可以说明问题：我们的目标是评价平台行为是否理性，在分析清楚头衔与事前利率之间的因果关系之后，仅需知晓头衔与内部收益率之间的相关关系。

6.3.3　变量定义

根据前面的研究设计，本章从人人贷的数据中提取若干变量进行分析。由于已经对借款人的岗位类别进行了限制，仅保留管理类、技术类和销售类岗位，剩余样本为 91 457 个。本章的实证研究所用的主要因变量、自变量如表 6 - 2 所示。表中 gorgeous 变量的均值显示，约 65% 的样本使用的是华丽头衔，表明人们的确更喜欢使用较为“华丽”的头衔。为了进一步了解“朴实”头衔和“华丽”头衔两类样本的差异，表中还分别列出了这两类样本中各变量的均值。Success 变量表示借款是否获得成功，是虚拟变量（1 表示成功，0 表示没有成功）。平均 7% 的借款标的成功得到借款，表明大部分借款申请其实没有获得融资。正如此前表 1 所述，华丽头衔的成功率较高，显著高于朴实头衔的均值。由于只有成功借款才有可能违约，所以 Default 变量的样本较少，只有 5 973 个，该变量也是虚拟变量。数据显示，整体看样本的违约率约为 13.6%，并且朴实头衔和华丽头衔的违约率没有显著差异。

内部收益率（IRR）对应的变量为 irrs，通过每笔借款的实际还款时间记录和还款金额（包括本金、利息、违约金、手续费等）计算出每笔借款的实际现金流，进而计算出每笔借款的内部收益率。由于借款后从未还款的样本内部收益率被定义为 -1，这样的样本虽然较少，但拉低了整体的内部收益率，平均只有 -0.06，这一变量的均值对不同类别的头衔也没有显著差异。

表 6-2　　　　变量描述统计

变量名	变量定义	样本数	均值			标准差	最小值	最大值
			合计	华丽	朴实			
gorgeous	是否使用华丽头衔	91 457	0.65			0.48	0	1
Success	借款是否成功	91 457	0.07	0.079 ***	0.038	0.25	0	1
Default	是否违约	5 973	0.136	0.137	0.133	0.34	0	1
irrs	内部收益率（月度）	5 155	-0.06	-0.061	-0.052	0.21	-1	0.04
ln_amount	借款金额（对数）	91 457	10.24	10.390 ***	9.937	1.19	8.0	12.2
interest	借款利率（年息，%）	91 457	13.61	13.556	13.718 ***	3.06	3	24.4
months	借款期限（月）	91 457	15.31	15.295	15.328	9.14	3	36
Sex	性别（男性 =1）	71 797	0.89	0.909 ***	0.856	0.31	0	1
Edu	教育水平（4 个分类）	91 382	1.89	2.025 ***	1.639	0.79	1	4
Age	年龄	91 457	32.06	32.890 ***	30.456	6.33	18	60
Marriaged	是否为已婚状态	91 457	0.52	0.545 ***	0.464	0.50	0	1
Tenure	参加工作年限（工龄）	85 366	2.28	2.325 ***	2.192	0.93	1	4
Sized	是否为超过 100 人企业	91 457	0.28	0.266	0.293 ***	0.45	0	1
Income	借款人收入（7 个等级）	91 338	4.27	4.525 ***	3.764	1.20	1	7
House	是否有房产	91 457	0.41	0.443 ***	0.346	0.49	0	1
Morgage	是否有房贷	91 457	0.15	0.172 ***	0.095	0.35	0	1
Car	是否有车	91 457	0.27	0.323 ***	0.181	0.45	0	1
CarLoan	是否有车贷	91 457	0.07	0.087 ***	0.044	0.26	0	1
Credit	信用评级（F =1，AA =7）	91 457	1.13	1.161 ***	1.064	0.62	1	7
Tlength	借款标题长度（字数）	91 457	7.26	7.392 ***	7.002	3.69	0	49
Dlength	借款描述长度（字数）	91 457	51.21	52.870 ***	48.000	41.86	1	1 205
Business	是否为生产性用途	91 457	0.12	0.117	0.132 ***	0.33	0	1

注：表中“*”表示两类头衔的均值有显著的差异，采用的是 t 检验，表中一致标在比较大的均值上面。* 表示 10% 显著，** 表示 5% 显著，*** 表示 1% 显著。

接下来是回归分析中涉及的控制变量。和朴实头衔相比，平均而言华丽头衔对应的借款金额较高，借款利率较低，但借款期限没有显著差异。人口特征变量的统计显示，使用华丽头衔的样本中，男性比例显著更高，表明男性可能更倾向于使用华丽头衔。数据中，对于教育水平划分了“高中及以下”“大专”“本科”“研究生及以上”四类，本章分别用数字 1 ~ 4 表示这样的有序变量。同样可以看出教育水平越高、年龄越大、工龄越长的人群，以及已婚人群拥有或使用华丽头衔的可能性越大。Sized 变量的均值在两类样本中也有显著差异，表明在较小规模企业工作的人群更倾向于使用华丽头衔。

人人贷平台没有直接统计借款人的收入，而是把借款人的收入分为了 7 个等级，如“1 000 元以下”“1 000 ~ 2 000 元”等，本章用 1 ~ 7 这些数字来表示，数字越大表明收入等级越高。借款人的信用等级也分为 7 级：AA、A、B、C、D、E、HR，回归分析中用从大到小分别用 7 至 1 表示，数字越大表示信用越好。从表 6 - 2中可以看出，使用华丽头衔的人群收入较高，信用等级较高，并且有更高比例持有房产、汽车和房贷、车贷。最后，借款人对借款的描述也可能对借款成功率有影响，所以本文控制了借款标题和借款描述的长度这两个基本特征，以及“借款目的是否为生产性用途”这一虚拟变量。统计数据显示，平均每个借款标题的长度约为 7 个汉字，描述的内容约为 51 个汉字，但这两个长度对朴实或华丽头衔两类样本也有所不同，华丽头衔对应的样本在这两个描述的文字长度方面都显著更长。表中数据也可以看出，平均约 12% 的借款是用于生产性用途，这一特征对于朴实或华丽头衔有显著差异，使用朴实头衔的借款更可能被用于生产性用途。从以上分析可以看出，对于表中大多数控制变量，选择“华丽”头衔的样本和选择“朴实”头衔的样本都有显著差异，因此这些变量应该，也必须被纳入回归方程。

6.4 实证结论

6.4.1 头衔与借款成功率

本章重点关注的是在同一性质的岗位中，使用华丽的头衔和使用朴实的头衔是否会导致不同的借款成功概率。表 6－3 中列出的是头衔对于借款成功率的影响，其中前三列是针对所有样本的分析，（4）～（6）列分析用的是管理类岗位样本，（7）～（9）列分析用的是销售类岗位样本，（10）～（12）列分析用的是技术类岗位的样本。我们主要关注 gorgeous 变量的回归系数，如前文所述，它是虚拟变量，等于 1 则表明借款申请人采用了较为华丽的头衔，等于 0 则表示采用了较为朴实的头衔。从表 6－3 中（1）～（3）列的信息可以发现，在第（1）列只控制借款基本信息和借款人的人口特征时，华丽头衔表现出显著的正向作用，采用这样的头衔可以让借款成功率增加 3%。当控制更多的信用信息变量后，这一影响开始下降，表明信用信息可能对投资人行为起到比较大的影响。即便是控制了借款人所在的行业和地区后，这一系数变得更小，但是依然显著，达到 1%。考虑到平均的借款成功概率只有 7%，华丽头衔 1% 的影响在经济意义上也比较显著。所以从整体上看，使用华丽的头衔的确更容易借款成功。

表 6－3 中的（4）～（6）列以管理类岗位作为研究对象。从中可以发现，管理类岗位人员使用华丽头衔的影响更大，即便控制了地区、行业等固定效应后，华丽头衔的作用也高达 2.4%。表 6－3 中的（7）～（9）列采用了销售类岗位作为研究对象，在没有控制信用因素时，采用华丽头衔可以对借款成功率提升 1.5%，控制了信用因素后，这一影响只有 0.6%。同时我们可以发现，当控制地域和行业因素后，这一影响依然存在并且增加到 1%，说明销售类岗位的借款申请人若使用华丽头衔的确可以提升借款成功概率。表 6－3 中的（10）～（12）列以技术类岗位为研究对象，在没有控制收入、资产和负债等因素时，华丽头衔的作用高达 2.5%，但是随着控制变量的增加，特别是控制了地区和行业固定效应后，华丽头衔不再起作用。后文我们将发现，其中的原因是技术类岗位中大公司和小公司的人员使用华丽头衔的效果方向相反，导致了整体效应不显著。

回归中的控制变量也有较为重要的经济含义。借款金额越多则借款成功率越低，但这种影响对不同类别岗位的影响有所差异：对于管理类岗位，借款金额增加一倍则借款成功率下降 3%；对于销售类岗位，如果借款金额增加一倍那么借款成功概率会下降约 2.6%；对于技术类岗位，借款金额增加一倍则借款成功率下降约 5.3%。[①] 借款利率的影响也是负的并且显著的，但系数较小，利率增加 1% 则整体上借款成功率会下降 0.6%，其原因可能是信贷市场上的信息不对称导致的逆向选择和道德风险问题（Stiglitz and Weiss，1981）。借款期限也会影响借款成功率（管理类岗位除外），平均而言期限增加一个月会导致成功率增加约 0.1%，表明投资者偏好长期借款。教育水平对借款成功概率的影响是正的并且显著，教育水平每增加一个等级则借款成功概率会增加 0.8%（第 3 列）。除了技术类岗位的借款申请外，借款人的年龄也会影响借款成功概率，整体上年龄增加 1 岁则借款成功概率会增加 0.1%。工作的年限越长，则借款成功率越高，整体看每增加一个等级的工龄则借款成功概率增加 0.8%。关于信用和还款能力相关的控制变量，我们可以发现收入和信用等级可以正向提升借款成功概率，并且如果借款的目的是用于创业投资，则借款成功概率会显著上升，这些影响和经济直觉比较相符。我们发现借款描述也可能影响借款成功率，借款描述标题和描述内容的长度越长，则借款成功概率越大。

我们发现借款人持有房产并不能提升借款成功率，但如果有银行的房贷记录则可以提升借款成功率。其中可能的原因在于，研究的样本都是“信用认证标”，即贷款都是信用贷款而非抵押贷款，如果资产较多但没有为本借款申请做抵押，那么该资产不会提升借款成功率。同时，由于网络借贷活动中投资人和借款人互相匿名，投资人就会设法利用其他机制识别借款人的信息（Lin et al.，2013）。有房贷记录表明借款人的信用状况已经通过了银行的筛选流程，投资人可以利用这一信息识别出“好的借款人”。

6.4.2　头衔的作用：公司规模效应

公司的规模可能影响头衔偏好的程度。一般情况下，由于规模较大的公司（组织）人员较多，同等能力和资历的人在小公司更容易获得较高的头衔。同时，小规模的公司由于公司声誉、薪酬等难以和大公司竞争，在吸引人才时更偏

① 分析所引的数字为表中控制了所有变量，并且控制了年度、地区和行业固定效应的结果。

好于使用较为华丽的头衔。从前文所描述的社会阶层观点看，同样是经理层人员，如果来自大公司那么占有的组织、经济资源较多，处于较高社会等级；如果来自小公司，那么占有的资源较少，只能处于社会中层。对于管理人员也是如此，同样是私营企业主，来自不同规模的公司占有的社会经济资源不同，因此也会处于不同的层级。即便是专业技术人员，由于大公司的声誉较好，进入门槛较高，考核要求严格等原因，人们对来自大公司的专业技术人员也会有相对较好的印象。因此，头衔所起的作用可能会因借款人所在公司规模而变化：对于同样头衔的借款申请人，投资者会考察他（她）到底来自何种规模的公司，并推断其未来还款情况，进而决定是否投资。接下来的分析中，我们将在回归方程中加入公司规模与头衔变量的交叉项，以分析公司规模的调节效应。

在人人贷信息披露页面中，没有显示借款人所在公司的具体人数，而是分为四档：10 人以下；10 ~100 人；100 ~500 人；500 人以上。在本章研究所涉及的样本中，这四档规模样本所占比例分别为：28.85%、43.24%、11.44%、16.47%。考虑到样本的平衡性，本章定义“超过 100 人”的公司为大公司，并引入公司规模变量 Sized：如果公司规模超过 100 人则该变量为 1，否则为 0。按照这样的定义，全部样本中 72% 的借款人来自小公司，28% 的借款人来自大公司。①

表 6 –4 中所列出的是增加了公司规模（变量 Sized）与华丽头衔（变量 gorgeous）交叉项的结果。各列所用的控制变量和表 6 –3 对应的列相同，故其回归系数没有列出。从表中的信息可以看出，以借款是否成功作为被解释变量，在加入交叉项后，gorgeous 变量的系数始终是显著的，并且即使控制了地区固定效应和行业固定效应，这种提升效果依然存在。表明对于小规模公司，无论处于何种类别的岗位，只要采用较为“华丽”的头衔，都可以提升借款成功的概率：管理类可以提升 2.6%，销售类可以提升 1.3%，技术类可以提升 2.1%。然而，公司规模的增加可能抵消这种效应，如表 6 –4 中第 3 列所示：小公司的提升作用为 2.1%，但是大公司的提升作用比小公司低 2.2%。这表明大公司的员工采用华丽的头衔对提升借款成功率可能不起什么作用。

---

① 我们也尝试了定义“小公司”为 10 人以下的公司，主要结论和此没有差别。

表 6－3　　头衔与借款成功率

VARIABLES	(1)	(2)	(3)	(4)	(5)	(6)	(7)	(8)	(9)	(10)	(11)	(12)
	ALL			TMT			SALE			TECH		
gorgeous	0.030***	0.012***	0.010***	0.057***	0.025***	0.024***	0.015***	0.006*	0.010***	0.025***	0.010**	0.002
	(0.002)	(0.002)	(0.002)	(0.004)	(0.003)	(0.004)	(0.004)	(0.003)	(0.004)	(0.004)	(0.004)	(0.005)
Sized	0.023***	0.029***	0.026***	0.016***	0.024***	0.023***	0.024***	0.019***	0.018***	0.037***	0.020***	0.016***
	(0.002)	(0.002)	(0.002)	(0.004)	(0.004)	(0.004)	(0.003)	(0.003)	(0.004)	(0.005)	(0.004)	(0.005)
ln_amount	-0.028***	-0.033***	-0.034***	-0.025***	-0.030***	-0.030***	-0.024***	-0.025***	-0.026***	-0.051***	-0.046***	-0.053***
	(0.001)	(0.001)	(0.001)	(0.001)	(0.001)	(0.001)	(0.002)	(0.002)	(0.004)	(0.002)	(0.002)	(0.003)
interest	-0.008***	-0.006***	-0.006***	-0.008***	-0.006***	-0.005***	-0.005***	-0.004***	-0.003***	-0.009***	-0.008***	-0.010***
	(0.000)	(0.000)	(0.000)	(0.001)	(0.001)	(0.001)	(0.001)	(0.001)	(0.001)	(0.001)	(0.001)	(0.001)
months	0.000	0.001***	0.001***	-0.000***	0.000	0.000	0.001***	0.001***	0.001***	0.002***	0.001***	0.002***
	(0.000)	(0.000)	(0.000)	(0.000)	(0.000)	(0.000)	(0.000)	(0.000)	(0.000)	(0.000)	(0.000)	(0.000)
Sex	0.003	-0.003	-0.003	-0.001	-0.007**	-0.007*	-0.009**	-0.008**	-0.008**	0.009	0.004	0.009
	(0.003)	(0.003)	(0.003)	(0.004)	(0.003)	(0.004)	(0.004)	(0.003)	(0.004)	(0.011)	(0.010)	(0.015)
Edu	0.018***	0.008***	0.008***	0.010***	0.003*	0.004**	0.018***	0.009***	0.008***	0.028***	0.011***	0.017***
	(0.001)	(0.001)	(0.001)	(0.002)	(0.001)	(0.002)	(0.002)	(0.002)	(0.002)	(0.003)	(0.002)	(0.003)
Age	0.002***	0.001***	0.001***	0.002***	0.001***	0.001***	0.001**	0.001**	0.000*	0.001	-0.000	-0.000
	(0.000)	(0.000)	(0.000)	(0.000)	(0.000)	(0.000)	(0.000)	(0.000)	(0.000)	(0.000)	(0.000)	(0.000)
Marriaged	0.014***	0.003	0.003	0.016***	0.003	0.001	0.008***	0.005*	0.004	0.019***	0.009**	0.013***
	(0.002)	(0.002)	(0.002)	(0.003)	(0.003)	(0.003)	(0.003)	(0.003)	(0.003)	(0.004)	(0.004)	(0.005)
Tenure	0.015***	0.008***	0.008***	0.015***	0.005***	0.007***	0.015***	0.009***	0.011***	0.015***	0.010***	0.008***
	(0.001)	(0.001)	(0.001)	(0.001)	(0.001)	(0.001)	(0.002)	(0.001)	(0.002)	(0.002)	(0.002)	(0.002)
Income		0.016***	0.017***		0.019***	0.018***		0.014***	0.012***		0.013***	0.017***
		(0.001)	(0.001)		(0.001)	(0.001)		(0.002)	(0.002)		(0.002)	(0.003)

续表

VARIABLES	(1)	(2)	(3)	(4)	(5)	(6)	(7)	(8)	(9)	(10)	(11)	(12)
	ALL			TMT			SALE			TECH		
House		0.002	0.003		0.004	0.002		-0.001	0.002		0.007	0.010*
		(0.002)	(0.002)		(0.003)	(0.003)		(0.003)	(0.003)		(0.005)	(0.006)
Morgage		0.012***	0.010***		0.012***	0.010***		0.003	0.002		0.010*	0.012*
		(0.002)	(0.003)		(0.003)	(0.003)		(0.004)	(0.005)		(0.005)	(0.007)
Car		0.005**	0.005**		0.009***	0.010***		0.005	0.003		-0.005	-0.005
		(0.002)	(0.002)		(0.003)	(0.003)		(0.003)	(0.004)		(0.006)	(0.007)
CarLoan		0.007**	0.005		0.006*	0.007*		0.005	-0.000		0.013	-0.005
		(0.003)	(0.003)		(0.003)	(0.004)		(0.005)	(0.006)		(0.010)	(0.013)
Credit		0.064***	0.061***		0.049***	0.049***		0.053***	0.051***		0.097***	0.096***
		(0.001)	(0.002)		(0.002)	(0.002)		(0.003)	(0.007)		(0.003)	(0.004)
Tlength		0.001***	0.001***		0.001***	0.001***		0.001**	0.001**		0.000	0.000
		(0.000)	(0.000)		(0.000)	(0.000)		(0.000)	(0.000)		(0.001)	(0.001)
Dlength		0.000***	0.000***		0.000***	0.000***		0.000	0.000		0.000***	0.000***
		(0.000)	(0.000)		(0.000)	(0.000)		(0.000)	(0.000)		(0.000)	(0.000)
Business		0.018***	0.021***		0.022***	0.022***		0.013***	0.015***		0.022***	0.031***
		(0.002)	(0.003)		(0.003)	(0.004)		(0.004)	(0.005)		(0.006)	(0.007)
Observations	65 942	65 918	49 583	31 073	31 055	24 376	16 485	16 483	12 889	18 314	18 310	12 147
Year FE	YES	YES	YES	YES	YES	YES	YES	YES	YES	YES	YES	YES
Industry FE	NO	NO	YES	NO	NO	YES	NO	NO	YES	NO	NO	YES
Province FE	NO	NO	YES	NO	NO	YES	NO	NO	YES	NO	NO	YES

注：回归所用方法为 Logit 模型，表中列出的是变量的边际影响，括号中为稳健的标准差。* 表示 10% 显著，** 表示 5% 显著，*** 表示 1% 显著。ALL 表示全部样本，TMT 表示管理类岗位样本，SALE 表示销售类岗位样本，TECH 表示技术类岗位样本。第 1、4、7、10 列中只控制了借款基本信息和借款人的人口特征，其余列中除了控制这些因素还增加了借款人的资产、信用和借款目的等相关的控制变量。由于互联网金融相关的监管政策变化较快，所有回归中都控制了年度固定效应，第 3、6、9、12 列还控制行业和省份的固定效应。

表 6 - 4　　头衔的作用：公司规模效应

VARIABLES	(1)	(2)	(3)	(4)	(5)	(6)	(7)	(8)	(9)	(10)	(11)	(12)
	ALL			TMT			SALE			TECH		
gorgeous	0.045 *** (0.003)	0.023 *** (0.003)	0.021 *** (0.003)	0.061 *** (0.004)	0.029 *** (0.004)	0.026 *** (0.004)	0.016 *** (0.005)	0.009 ** (0.004)	0.013 ** (0.005)	0.039 *** (0.008)	0.029 *** (0.007)	0.021 ** (0.009)
Sized * gorgeous	-0.031 *** (0.004)	-0.024 *** (0.004)	-0.022 *** (0.004)	-0.034 *** (0.010)	-0.033 *** (0.008)	-0.022 ** (0.010)	-0.001 (0.007)	-0.006 (0.006)	-0.005 (0.007)	-0.020 ** (0.009)	-0.027 *** (0.008)	-0.025 ** (0.010)
Observations	65 942	65 918	49 583	31 073	31 055	24 376	16 485	16 483	12 889	18 314	18 310	12 147
Loan specific controls	YES	YES	YES	YES	YES	YES	YES	YES	YES	YES	YES	YES
Demographic Controls	YES	YES	YES	YES	YES	YES	YES	YES	YES	YES	YES	YES
Credit related Controls	NO	YES	YES	NO	YES	YES	NO	YES	YES	NO	YES	YES
Year FE	YES	YES	YES	YES	YES	YES	YES	YES	YES	YES	YES	YES
Industry FE	NO	NO	YES	NO	NO	YES	NO	NO	YES	NO	NO	YES
Province FE	NO	NO	YES	NO	NO	YES	NO	NO	YES	NO	NO	YES

注：本表的研究是在表 6 - 3 的基础上增加了 Sized 变量和 gorgeous 变量的交叉项，以研究公司规模对头衔变量影响的调节效应。回归所用方法为 Logit 模型，表中列出的是变量的边际影响，括号中为稳健的标准差。* 表示 10% 显著，** 表示 5% 显著，*** 表示 1% 显著。表中回归所用的控制变量和表 6 - 3 对应的列相同，限于篇幅没有列出。ALL 表示全部样本，TMT 表示管理类岗位样本，SALE 表示销售类岗位样本，TECH 表示技术类岗位样本。

公司规模的影响在不同的岗位也有差别。三种类别的岗位中，只有销售类岗位的交叉项系数不显著（第9列），这表明对于销售类岗位大公司和小公司的员工使用华丽头衔的影响没有显著差异。小公司的销售类员工使用华丽头衔可以提升借款成功率约1.3%（第9列），大公司的员工也是如此。

需要说明的是，公司规模变量在以借款是否成功为被解释变量时没有内生性。原因同前文分析“头衔”变量的内生性时一样：借款人填写公司规模在前，投资人决策在后，没有反向因果关系；公司规模的定义比较明确，没有测量误差；所有投资者能看到的变量都已放入回归方程，没有遗漏变量问题。所以，尽管存在借款人择业时挑选不同规模的公司这样的“自选择”问题，甚至有意夸大自己的公司规模，但是这些因素都会体现在借款人所填写的公司规模信息中，并通过它去影响借款成功率。由于我们只关注网页上填写的公司规模变量（对头衔变量如何借款成功率）的调节效应，并且已经控制了所有投资者能看到的信息，所以不会有内生性问题。

6.4.3 头衔与违约率

此前的分析中，我们已经发现了投资人的确更偏好于较为“华丽”的头衔。接下来，我们将检验投资人的这种偏好是否理性。表6－5中列出的是以借款人是否违约作为被解释变量的结果，其每列都控制了借款的信息、借款人的人口特征和信用变量，以及年度、行业和地域固定效应。表中第（1）列显示，整体上看，头衔是否“华丽”与违约率之间没有相关性；在加入了头衔与公司规模的交叉项后，第（2）列显示小公司的华丽头衔使用者反而对应着较高的违约率，违约率会比朴实头衔的使用者高3.8%。分岗位看，管理类岗位和技术类岗位的申请者无论来自何种规模的公司，华丽头衔都没有带来较低的违约率；销售类岗位整体上看，华丽头衔使用者反而比朴实头衔的使用者违约率高出14.6%，如果仅看小公司，两种头衔的使用者违约率差距更是达到16.6%。

综上所述，从数据上看我们没有发现投资者偏好华丽头衔的合理性。特别是对于来自小公司的借款申请人，他们若使用华丽头衔可能更加“不可靠”。如前文所述，关于头衔与违约率的研究只能揭示两者之间的相关性①。特别是对于销售类头衔，很难说是因为填写了较华丽的头衔导致了较高的违约率，更有可能是蓄意诈骗的人使用了较高的头衔去骗取投资（即回归分析中无法控制借款人的还款意愿）。从数据来看，可能是冒充小公司“销售经理”或“客户经理”去融资的人较多，从而导致了此类头衔较高的违约率。但就本章的目的（研究投资者对华丽头衔的偏好是否理性）而言，这样的相关性已经足以说明问题。前文实证研究发现的现象正是“头衔偏误”的表现——华丽头衔导致更高的借款成功率，但这没有对应着较低的违约率。

表 6 – 5　　头衔与违约率

VARIABLES	(1) Default ALL	(2) Default ALL	(3) Default TMT	(4) Default TMT	(5) Default SALE	(6) Default SALE	(7) Default TECH	(8) Default TECH
gorgeous	0. 014 (0. 016)	0. 038 * (0. 022)	0. 005 (0. 032)	0. 012 (0. 034)	0. 146 *** (0. 053)	0. 166 * (0. 098)	-0. 014 (0. 022)	0. 020 (0. 041)
Sized * gorgeous		-0. 045 (0. 030)		-0. 068 (0. 090)		-0. 031 (0. 111)		-0. 044 (0. 046)
Observations	2 911	2 911	1 272	1 272	476	476	1 061	1 061
Loan specific controls	YES	YES	YES	YES	YES	YES	YES	YES
Demographic Controls	YES	YES	YES	YES	YES	YES	YES	YES
Credit related Controls	YES	YES	YES	YES	YES	YES	YES	YES
Year FE	YES	YES	YES	YES	YES	YES	YES	YES
Industry FE	YES	YES	YES	YES	YES	YES	YES	YES
Province FE	YES	YES	YES	YES	YES	YES	YES	YES

注：回归所用方法为 Logit 模型，被解释变量为借款人是否违约（Default）。表中列出的是变量的边际影响，括号中为稳健的标准差，* 表示 10% 显著，** 表示 5% 显著，*** 表示 1% 显著。ALL 表示全部样本，TMT 表示管理类岗位样本，SALE 表示销售类岗位样本，TECH 表示技术类岗位样本。每列都控制了借款的信息、借款人的人口特征和信用变量，这些变量和表 6 – 3 相同，限于篇幅没有列出其回归系数。回归中都控制了年度、行业和地域固定效应。

① 实际上，这也是包括本文在内的以 P2P 网络借贷数据为基础的相关研究的局限。因为数据所限，无法采用较为深入的计量方法分析两者之间的因果关系。

6.4.4 头衔与利率、内部收益率

前面的研究已经发现，投资者偏好华丽头衔的行为并非理性。其中可能的原因在于投资者投资经验不足，没有足够的历史信息去修正自己的行为。相对而言，平台作为专业的信息中介机构，掌握的信息要远多于普通投资者，并且经过长期的重复博弈，对各类头衔使用者的贷款定价会趋于合理。为了验证这一逻辑是否正确，我们接下来以平台的行为作为研究对象，考察其设定利率时是否受到“华丽”头衔的影响，并验证事后的内部收益率是否和事前的行为一致。

表6－6的前四列以借款利率为被解释变量。在借款人提交借款申请后，利率由平台决定。由于高风险的客户无法通过审核，会被排除在样本外，所以本章采用断尾回归方法（Truncated Regression）进行计量分析，设定的利率上限为实际借款利率的最大值（年息24.4%）。从回归结果看，对于全部样本 gorgeous 变量的系数不显著，表明整体看头衔没有影响平台设定的利率，对于管理类岗位的样本也是这样。第（3）列的数据显示，使用华丽头衔的销售类岗位借款人利率反而会更高，比使用朴实头衔的借款人高0.139%；第（4）列的数据显示，使用华丽头衔的技术类岗位借款人利率会显著更低，比使用朴实头衔的借款人低0.092%，符合预期。两者产生强烈对比的原因在于，这两类岗位的内部收益率与头衔的关系也不同。

表6－6的后四列以内部收益率为被解释变量，采用归并回归（Censored Regression），即 Tobit 模型。从中可以发现，相对于朴实的头衔，销售类岗位华丽头衔的使用者对应的内部收益率显著较低，差距为－0.069；技术岗位华丽头衔的使用者对应的内部收益率显著较高，高于朴实头衔的使用者0.033。注意到在这两类岗位中，头衔对内部收益率的影响与对利率的影响方向恰好相反。如果平台设定的利率较高，且事后借款人都能如约还款，那么对应的内部收益率也会较高。但是如果借款人得到融资后很快就违约，并且很难催收，那么对应的内部收益率就可能更低。表6－6中的事实反映了销售类岗位的华丽头衔使用者违约率较高且难以催收，而技术类岗位的华丽头衔的使用者违约率较低或容易催收，因

此平台在事前就对前者设定了较高的利率，对后者设定了较低的利率。这说明人人贷平台已经能够利用事后的信息修正事前的行为，比普通投资者的决策更趋于理性。

表6－6　　　　平台的行为：利率和内部收益率

VARIABLES	(1)	(2)	(3)	(4)	(5)	(6)	(7)	(8)
	TRUNCREG	TRUNCREG	TRUNCREG	TRUNCREG	TOBIT	TOBIT	TOBIT	TOBIT
	ALL	TMT	SALE	TECH	ALL	TMT	SALE	TECH
gorgeous	0.002	-0.060	0.139***	-0.092**	0.008	0.001	-0.069**	0.033***
	(0.024)	(0.037)	(0.050)	(0.045)	(0.011)	(0.022)	(0.031)	(0.013)
ln_amount	0.025**	0.085***	-0.016	-0.025	0.006	0.008	-0.011	0.004
	(0.012)	(0.018)	(0.024)	(0.026)	(0.007)	(0.010)	(0.017)	(0.012)
months	0.061***	0.061***	0.062***	0.059***	-0.002***	-0.003**	-0.004***	-0.001
	(0.001)	(0.002)	(0.003)	(0.003)	(0.001)	(0.001)	(0.002)	(0.001)
Sex	0.056*	-0.004	0.111**	0.292**	-0.004	-0.005	-0.011	-0.022
	(0.033)	(0.045)	(0.056)	(0.114)	(0.014)	(0.021)	(0.029)	(0.032)
Edu	-0.091***	-0.037*	-0.161***	-0.100***	0.013**	0.011	0.042***	-0.000
	(0.014)	(0.021)	(0.029)	(0.029)	(0.006)	(0.009)	(0.016)	(0.008)
Age	0.002	0.007***	-0.003	-0.003	0.000	-0.000	0.001	0.000
	(0.002)	(0.002)	(0.004)	(0.004)	(0.001)	(0.001)	(0.002)	(0.001)
Marriaged	-0.020	-0.040	-0.006	0.031	-0.016*	0.006	-0.035	-0.030**
	(0.023)	(0.034)	(0.045)	(0.046)	(0.010)	(0.016)	(0.024)	(0.013)
Tenure	0.005	-0.023	0.002	0.059**	0.007	0.021***	0.011	-0.004
	(0.012)	(0.018)	(0.025)	(0.023)	(0.005)	(0.008)	(0.012)	(0.006)
Sized	-0.025	-0.076	0.021	-0.075	0.017	0.008	0.011	0.027*
	(0.027)	(0.061)	(0.047)	(0.048)	(0.011)	(0.023)	(0.024)	(0.015)
Income	0.086***	0.097***	0.108***	0.096***	-0.011***	-0.013**	0.002	-0.017*
	(0.011)	(0.014)	(0.029)	(0.032)	(0.004)	(0.006)	(0.013)	(0.009)
House	-0.154***	-0.170***	-0.196***	-0.063	-0.018*	-0.014	-0.100***	0.009
	(0.025)	(0.035)	(0.050)	(0.053)	(0.010)	(0.017)	(0.026)	(0.015)
Morgage	-0.015	-0.014	-0.019	-0.076	0.030***	0.024	0.082***	0.010
	(0.032)	(0.043)	(0.069)	(0.067)	(0.011)	(0.016)	(0.029)	(0.017)
Car	-0.310***	-0.351***	-0.216***	-0.211***	0.031***	0.023	0.038	0.018
	(0.027)	(0.036)	(0.059)	(0.067)	(0.010)	(0.016)	(0.027)	(0.017)
CarLoan	0.031	0.057	0.046	-0.194	-0.014	-0.018	0.027	0.006
	(0.043)	(0.051)	(0.100)	(0.131)	(0.013)	(0.017)	(0.046)	(0.035)

续表

VARIABLES	(1)	(2)	(3)	(4)	(5)	(6)	(7)	(8)
	TRUNCREG	TRUNCREG	TRUNCREG	TRUNCREG	TOBIT	TOBIT	TOBIT	TOBIT
	ALL	TMT	SALE	TECH	ALL	TMT	SALE	TECH
Credit	-0.285***	-0.297***	-0.285***	-0.222***	0.030***	0.036***	0.034***	0.026***
	(0.026)	(0.035)	(0.074)	(0.045)	(0.004)	(0.006)	(0.011)	(0.006)
Tlength	0.029***	0.025***	0.020***	0.044***	-0.000	-0.000	0.000	0.000
	(0.003)	(0.004)	(0.006)	(0.006)	(0.001)	(0.002)	(0.003)	(0.002)
Dlength	0.002***	0.002***	0.003***	0.001**	0.000	0.000	0.000	-0.000**
	(0.000)	(0.000)	(0.001)	(0.001)	(0.000)	(0.000)	(0.000)	(0.000)
Business	0.070**	0.083*	0.077	0.004	-0.008	-0.012	-0.016	0.016
	(0.032)	(0.043)	(0.064)	(0.071)	(0.012)	(0.018)	(0.031)	(0.019)
Constant	13.794***	13.821***	13.548***	13.545***	-0.333***	-0.478***	-0.033***	-0.035
	(0.236)	(0.333)	(0.462)	(0.520)	(0.088)	(0.122)	(0.009)	(0.197)
Observations	49 557	24 486	12 895	12 320	2 354	1 131	381	849
Year FE	YES	YES	YES	YES	YES	YES	YES	YES
Industry FE	YES	YES	YES	YES	YES	YES	YES	YES
Province FE	YES	YES	YES	YES	YES	YES	YES	YES

注：表中（1）~（4）列的被解释变量为借款利率，（5）~（8）列的被解释变量为借款的内部收益率。前者的回归方法为断尾回归（Truncated Regression），因为高风险的客户都会被排除在外，利率的上限为24.4%；后者的回归方法为归并回归（Censored Regression），因为即使借款人从未还款，内部收益率最低为-1。ALL表示全部样本，TMT表示管理类岗位样本，SALE表示销售类岗位样本，TECH表示技术类岗位样本。*表示10%显著，**表示5%显著，***表示1%显著。每列都控制了借款的信息、借款人的人口特征和信用变量，这些变量和表6-3相同，限于篇幅没有列出其回归系数。回归中都控制了年度、行业和地域固定效应。

6.5 稳健性讨论

6.5.1 测量误差

实证研究中的内生性重要来源之一是测量误差问题。就本章的研究而言，我们至少可以明确本文的被解释变量，即借款是否成功、是否违约、利率、IRR这些被解释变量的测量是准确的，其他的控制变量也是网页上获取的准确信息，不会有太大的误差。唯一的误差可能来自于“华丽”头衔和“朴实”头衔的分类标准，为了避免这样的问题带来结果的偏差，本章将采用不同的定义，以检验结果的稳健性。由于管理类岗位的分析中我们只涉及公司的“最高层”领导，所用头衔是否“华丽”较为明确，不存在测量误差方面的疑虑。所以接下来，我们将改变技术类岗位和销售类岗位中华丽头衔的范畴，以考察前文的结论是否稳健。

6.5.1.1　缩小华丽头衔的范畴

首先，我们尝试采用较为谨慎的定义去描述华丽头衔：对于销售类岗位，只有岗位描述中明确为“客户经理”（“销售经理”），或者“某某客户经理”（“销售经理”）才定义为华丽头衔；对于技术类岗位，只有描述为“工程师”或“某某工程师”才定义为华丽头衔。这样就从华丽头衔的定义中排除了诸如“助理”“秘书”等后缀导致分类有误的可能（此类头衔在技术类华丽头衔中约占 7.2%，销售类华丽头衔中约占 0.18%）。采用这样的定义后，得到的回归结果如表 6－7 所示。

表 6－7　　缩小华丽头衔的定义：成功率与违约率

VARIABLES	(1)	(2)	(3)	(4)	(5)	(6)	(7)	(8)
	Success	Success	Success	Success	Default	Default	Default	Default
	SALE	SALE	TECH	TECH	SALE	SALE	TECH	TECH
gorgeous	0.011***	0.012**	0.003	0.021**	0.183***	0.215**	－0.017	0.010
	(0.004)	(0.005)	(0.005)	(0.009)	(0.056)	(0.095)	(0.022)	(0.041)
Sized * gorgeous		－0.001		－0.024**		－0.056		－0.035
		(0.007)		(0.010)		(0.106)		(0.046)
Observations	11 646	11 646	12 038	12 038	427	427	1 048	1 048
Loan specific controls	YES	YES	YES	YES	YES	YES	YES	YES
Demographic Controls	YES	YES	YES	YES	YES	YES	YES	YES
Credit related Controls	YES	YES	YES	YES	YES	YES	YES	YES
Year FE	YES	YES	YES	YES	YES	YES	YES	YES
Industry FE	YES	YES	YES	YES	YES	YES	YES	YES
Province FE	YES	YES	YES	YES	YES	YES	YES	YES

注：回归所用方法为 Logit 模型，表中列出的是变量的边际影响，括号中为稳健的标准差。(1)～(4) 列以借款是否成功为被解释变量，(5)～(8) 列以借款是否违约为被解释变量。SALE 表示销售类岗位样本，TECH 表示技术类岗位样本。* 表示 10% 显著，** 表示 5% 显著，*** 表示 1% 显著。每列都控制了借款的信息、借款人的人口特征和信用变量，这些变量和表 6－3 相同，限于篇幅没有列出其回归系数。回归中都控制了年度、行业和地域固定效应。

从表6－7中信息可以看出，回归系数与表6－3、表6－4相比没有太大差异，显著性也没有改变。以表中第（1）列为例，最初的定义下，gorgeous变量的系数为0.01（表6－3第9列），缩小华丽头衔的范畴后，gorgeous变量的系数变为0.011（表6－7第1列）。系数的大小只有微小的改变，并且系数的显著性也没有改变。这说明，前文关于头衔如何影响成功率和违约率的结论不会因为缩小华丽头衔的定义而改变。

表6－8中（1）～（4）列给出的是缩小华丽头衔的定义范畴后，关于头衔和事前设定利率以及事后内部收益率的回归结果。对比表6－6我们可以发现，对应列的系数符号和显著性都没有改变，只有系数的大小略有改变。比如第（1）列显示，对于销售类岗位的申请者，使用华丽头衔后平台设定的利率会比使用朴

表6－8　改变华丽头衔的定义：利率与内部收益率

VARIABLES	(1)	(2)	(3)	(4)	(5)	(6)	(7)	(8)
	缩小华丽头衔的定义				扩大华丽头衔的定义			
	TOBIT	TRUNCREG	TRUNCREG	TOBIT	TOBIT	TRUNCREG	TRUNCREG	TOBIT
	SALE	TECH	SALE	TECH	SALE	TECH	SALE	TECH
gorgeous	0.128**	－0.096**	－0.065**	0.034***	0.141***	－0.108**	－0.069**	0.028**
	(0.051)	(0.045)	(0.031)	(0.013)	(0.050)	(0.045)	(0.031)	(0.013)
Observations	11 651	12 209	339	837	12 895	12 320	381	849
Loan specific controls	YES	YES	YES	YES	YES	YES	YES	YES
Demographic Controls	YES	YES	YES	YES	YES	YES	YES	YES
Credit related Controls	YES	YES	YES	YES	YES	YES	YES	YES
Year FE	YES	YES	YES	YES	YES	YES	YES	YES
Industry FE	YES	YES	YES	YES	YES	YES	YES	YES
Province FE	YES	YES	YES	YES	YES	YES	YES	YES

注：括号中为稳健的标准差，* 表示10%显著，** 表示5%显著，*** 表示1%显著。（1）～（4）列是缩小华丽头衔的定义后的回归结果，（5）～（8）是扩大华丽头衔的定义范畴后的回归结果。SALE表示销售类岗位样本，TECH表示技术类岗位样本。第（1）、（2）、（5）、（6）列以事前平台设定的利率为被解释变量，采用断尾回归（Truncated Regression）方法；第（3）、（4）、（7）、（8）列以事后的内部收益率为被解释变量，采用归并回归（Censored Regression）方法。每列都控制了借款的信息、借款人的人口特征和信用变量，这些变量和表6－3相同，限于篇幅没有列出其回归系数。回归中都控制了年度、行业和地域固定效应。

实头衔者高 0.128%，原因在于平台发现前者的事后内部收益率会比后者低 0.065，如第（3）列所示。关于技术类岗位样本的分析也是类似，系数的符号和显著性没有改变，只有系数的大小略有改变。综上所述，文章的主要结论在缩小华丽头衔的定义后依然成立。

6.5.1.2　扩大华丽头衔的范畴

接下来，我们扩大"华丽"头衔的定义。由于我国地区文化差异较大，各地区关于华丽头衔的理解也会不同。比如，有些地区的投资者也会认为"技术科长""技术负责人""销售处长"等头衔比较"华丽"，因为这样的头衔也会提升使用者所处的社会等级。因此，在销售类和技术类岗位中，我们扩大华丽头衔的定义，如果这两类岗位描述中包含"长""负责"字样，则也归类为华丽头衔。改变定义后，销售类岗位中有 44 个借款申请人的头衔类别由"朴实"变为"华丽"；技术类岗位中有 373 个借款申请人的头衔类别由"朴实"变为"华丽"。回归结果在表 6-9 中列出，对比表 6-3、表 6-4 的系数我们可以发现，扩大华丽头衔的定义并没有改变原有系数的符号和显著性，仅有个别回归系数有微小的改变。因此，前文中关于成功率和违约率的结论不会随着扩大华丽头衔的定义而改变。扩大定义后，华丽头衔与平台设定的利率、事后的内部收益率之间的关系也没有改变，如表 6-8 中（5）~（8）列所示。因此，前文的相关结论不会因为扩大华丽头衔的范畴而改变。

表 6-9　扩大华丽头衔的定义：成功率与违约率

VARIABLES	(1)	(2)	(3)	(4)	(5)	(6)	(7)	(8)
	Success	Success	Success	Success	Default	Default	Default	Default
	SALE	SALE	TECH	TECH	SALE	SALE	TECH	TECH
gorgeous	0.010**	0.013**	0.003	0.016*	0.146***	0.166*	-0.008	0.014
	(0.004)	(0.005)	(0.005)	(0.009)	(0.053)	(0.098)	(0.022)	(0.041)
Sized * gorgeous		-0.005		-0.018*		-0.031		-0.029
		(0.007)		(0.010)		(0.111)		(0.046)
Observations	12 889	12 889	12 147	12 147	476	476	1 061	1 061
Loan specific controls	YES	YES	YES	YES	YES	YES	YES	YES
Demographic Controls	YES	YES	YES	YES	YES	YES	YES	YES

续表

VARIABLES	(1)	(2)	(3)	(4)	(5)	(6)	(7)	(8)
	Success	Success	Success	Success	Default	Default	Default	Default
	SALE	SALE	TECH	TECH	SALE	SALE	TECH	TECH
Credit related Controls	YES	YES	YES	YES	YES	YES	YES	YES
Year FE	YES	YES	YES	YES	YES	YES	YES	YES
Industry FE	YES	YES	YES	YES	YES	YES	YES	YES
Province FE	YES	YES	YES	YES	YES	YES	YES	YES

注：回归所用方法为 Logit 模型，表中列出的是变量的边际影响，括号中为稳健的标准差。(1)~(4)列以借款是否成功为被解释变量，(5)~(8) 列以借款是否违约为被解释变量。SALE 表示销售类岗位样本，TECH 表示技术类岗位样本。* 表示 10% 显著，** 表示 5% 显著，*** 表示 1% 显著。每列都控制了借款的信息、借款人的人口特征和信用变量，这些变量和表 6-3 相同，限于篇幅没有列出其回归系数。回归中都控制了年度、行业和地域固定效应。

6.5.2 借贷经验的影响

在样本中，有 37.37% 的借贷申请为借款人的第一次申请，62.63% 的借款申请对应的借款人已经有了多次借款申请经验。考虑到申请经验可能会对借款成功率有一定的影响，我们也尝试了在回归中纳入借款申请经验这一虚拟变量：如果该变量为 1，表示该借款申请的发起人是第一次申请借款，如果该变量为 0 则表示他（她）此前已经在“人人贷”平台有了申请借款经验。控制了借款经验后，我们发现 gorgeous 变量的系数大小只有微小改变，系数的显著性基本没有发生改变。其中的原因可能在于，大部分借款申请的借款人是有经验的[①]，因此是否控制该变量对我们的分析结果没有太大影响。

6.5.3 头衔偏好的其他可能特征

网络借贷的流程和传统银行信贷有很大不同，以人人贷为例，每个投资者最低仅

① 我们的实证分析发现第一次借款的人获得的利率更低、更容易成功，所以某借款人申请时获批的利率若达不到心理预期，或者借款不成功，会有强烈的动机重新注册一个账号，而不是用原来的账号反复申请借款。这就会让我们高估初次借款的比例。因此，样本中来自有借款经验的借款人的借款申请比例应该高于 62.63% 的。限于篇幅，控制借贷经验的相关回归表格没有在正文中列出，如果需要查阅可向作者索取。

需 50 元即可投资。因此，每个借款标的通常都会有数十甚至更多的投资人参与投资。同时，由于投资人的投资决策时间较为分散，不同的借款申请满标时长也不相同。以本章所用的数据为例，所有借款成功的标的中，平均每个借款标的会有约 19 个投资人，最多达 419 个投资人；平均满标时间为 5 459 分钟，最多达到 63 514 分钟。

投资者对“华丽”头衔的偏好可能不仅表现在华丽头衔的成功率更高，还有可能表现在这样的头衔满标速度更快，以及满标所需要的投资人更少。我们也针对成功获得借款的标的分析了头衔对满标速度、标准化满标速度（满标速度除以借款金额）、标准化投资者人数（每千元借款需要的投资者人数）等变量的影响。然而，我们没有发现华丽头衔对这些变量有显著影响。

6.6 本章小结

人们偏好使用华丽头衔是一种普遍存在的社会现象，虽然这种社会现象受到了较为广泛的关注，但关于这一做法的实际效果缺乏相应的研究。不仅在经济学领域相关研究较少，在社会学、心理学等领域，相关的文献也不多，缺乏可供研究的数据可能是原因之一。借助于网络借贷数据，本章第一次定量研究了华丽头衔的价值，发现如果借款申请人在自己的岗位描述中加上一个“华丽”的头衔的确有助于获得贷款，并且这种效应对于大公司和小公司有一定差异——小规模公司使用“华丽”头衔的效果更为显著。这也部分解释了为什么在现实社会中，小公司中的“头衔通胀”现象更为普遍。我们的研究没有发现对华丽头衔的偏好可以为投资者带来更高的收益，相反的是，小规模公司的借款人如果使用华丽头衔，违约率反而更高。我们还发现销售类岗位的借款人中，不论是来自大公司还是小公司，华丽头衔使用者违约概率都比朴实头衔使用者更高。这些事实说明借款人利用头衔进行积极的“印象管理”可以获得较好的效果，同时也表明人们在决策时的确存在“头衔偏误”。

产生头衔偏误的原因可能在于社会分层，以及社会对每个层级的人群形成的“刻板印象”。社会学的研究表明，自人类社会诞生以来，社会分层现象一直存在（安东尼·吉登斯和菲利普·萨顿，2015）。当今中国社会出现分层现象也不可避免，根据陆学艺（2002）的分类方法，高级、中级、初级专业技术人员分属不同的层级；企业经理人员与普通专业技术人员、员工分属不同的层级；大私营企业主与中、小企业主，个体工商户的层级也不同。不同的层级对应着不同的声誉，并且社会对不同层级群体的收入、信用等特征已经形成了“刻板印象”。在包括网络借贷在内的经济、社交活动中，较低层级的人群有动机使用较高层级人群的头衔（即华丽头衔），以利用人们的刻板印象，获得相应的对待方式。尽管网络借贷活动中的投资者应该意识到部分借款人使用华丽头衔只是一种“印象管理”的手段，目的在于利用投资者已有的刻板印象获得经济利益。但因为投资经验不足等原因，依然产生了一定的决策偏差。

与普通的投资者不同，网络借贷平台因为其专业性，依靠和借款人长期博弈的经验，可以对不同头衔的借款人进行相对合理的贷款定价，让事前设定的利率和事后的内部收益率一致。我们根据每笔借款的还款记录（包括提前还款、正常还款、逾期还款和坏账还款）详细地复原了每笔借款的还款现金流，并据此计算了对应的内部收益率。研究发现，网络借贷平台对销售类岗位的华丽头衔使用者设定的利率显著高于朴实头衔的使用者，原因在于前者的内部收益率较低；对技术类岗位的华丽头衔使用者设定的利率显著低于朴实头衔的使用者，原因在于前者的内部收益率较高。这表明“头衔偏误”现象在普通投资者的行为中会出现，但专业金融中介机构的决策没有出现这样的偏误。

本章的研究也有一定的局限性。首先，我们所得出的结论是基于网络借贷市场，参与这一市场的人群（包括投资人和借款人）可能和社会上其他人群可能有显著的不同，因此把本文的结论在推广到更广泛范围时应谨慎。其次，在本章的实证分析中为了保证足够的样本量，我们只研究了管理类岗位、技术类岗位和销售类岗位，虽然这三类岗位已经比较具有代表性，但毕竟仍有很多岗位没有涉及，针对这些岗位的研究或许可以成为未来研究的方向。[①]

---

① 本文原文发表在《经济学（季刊）》2018年第18卷第4期。

第 7 章

网络借贷：未来展望

2007 年以来，网络借贷行业的快速发展和极度繁荣让“互联网金融”一时成为金融业中的“显学”，从业者在各类论坛中高调讨论互联网金融对传统金融行业的颠覆作用，传统金融机构也开始注意到并逐步开展金融科技的运用。在这一背景下，部分高校甚至设立了“互联网金融”本科或研究生专业，以满足行业对人才的旺盛需求。

因缺乏监管，我国的网络借贷行业一度呈现无序、野蛮的发展状态。在行业之中固然有正规运作、踏实经营，并希望借助网络借贷模式进入金融行业并有所建树的平台，但也不乏企图浑水摸鱼、蓄意诈骗的平台。这些平台多以高息为诱饵，不断编造融资项目骗取投资人参与，并采用“庞兹博弈”方式借新还旧，“拆东墙补西墙”。平台最终当然难逃破产的命运，但大量投资人因而遭受了巨额损失，对社会也造成了恐慌。此外，原本在民间借贷行业中的“暴力催收”现象也毫无悬念地出现在网络借贷之中，并且屡禁不止。更令人匪夷所思的是，某些不良平台盯上了在校大学生这一潜在客户，甚至诱导女学生依靠“裸条”来高息借款，并实施暴力催收。这些乱象的出现又让“互联网金融”一度成为贬义词，并引起监管部门的高度重视。正如发达国家的网络借贷市场那样，严厉的监管会让行业逐步回归理性。

7.1 监管历程

金融科技（fintech）这个新词被用来描述多种利用现代信息科技手段促成金

融交易的商业模式，包括网络借贷、网络支付、网络征信等。正如本书第一章中所描述，金融科技行业从属性上划分应该是金融业和信息科技行业结合的产物，因此金融和信息科技这两个维度上的创新都有可能带来金融科技行业的进步。两个方向上的创新都不会停止，且金融与科技的融合甚至可能诱使技术创新和金融创新加速。因此，毫无疑问，金融科技领域的创新将不断刷新人们对金融活动的认知，这对金融监管构成了巨大的挑战——既不希望因监管过于严格而阻碍创新，又不能因监管过于宽松而导致系统性金融风险。我国对金融科技的监管政策正是在这样的两难决策中摸索前行。

实际上早在2011年，即网络借贷活动大规模普及之前，银监会就注意到了此类借贷活动的风险。在这一年的9月，银监会办公厅下发了《关于人人贷有关风险提示的通知》（以下简称《通知》）[①]，提示P2P平台可能对现有的经济金融体系带来七种主要风险：（1）民间资金可能通过P2P平台流入限制性行业，影响宏观调控效果；（2）可能演变成吸收存款、发放贷款的非法金融机构，甚至演变成非法集资行为；（3）业务风险难以控制；（4）不实宣传，影响银行体系的声誉；（5）监管职责不清，法律性质不明；（6）信用风险高，贷款质量差；（7）做房地产二次抵押，影响抵押权的实现。这份《通知》中是富有远见的，所提示的风险在后来的网络借贷市场或多或少都曾出现。但是《通知》只是对市场提出了风险预警，没有明确的监管要求和意见。

在2015年年中之前，整个网络借贷市场的监管环境是极其宽容的，宽容的监管态度集中体现在2015年7月出台的国务院文件《国务院关于积极推进“互联网+”行动的指导意见》。在“大众创业、万众创新”“互联网+”等国家战略支持的背景下，监管层认为鼓励和支持网络借贷的发展可能有助于正在创业和创新的企业获得融资，这部分企业原本是最容易受到金融抑制的企业。此外，网络借贷模式正是“联网+金融”的标准模式，完全符合“互联网+”的定义。国家对互联网金融业给予了较高的期望，即“更好满足不同层次实体经济的投融

① 在当时，人们对网络借贷（P2P）活动的名称有两种提法，“Person to Person”和“Peer to Peer”，译成中文则分别对应为“人对人”和“点对点”。两种提法均有合理性，因为网络借贷是个人对个人的直接借贷，在这种金融活动中资金的流向类似于互联网文件传输中的“点对点”传输方式。按照前一种提法则称这种借贷模式为“人人贷”，并不是指同名的网络借贷平台。

资需求”，并且希望“培育一批具有行业影响力的互联网金融创新型企业”。

宽松的监管环境还体现在监管主体不明确，即没有明确网络借贷市场由哪个部门监管，更勿论监管方针和法规。直到 2015 年 7 月中国人民银行等十部委发布的《关于促进互联网金融健康发展的指导意见》才明确网络借贷行业由银监会监管，具体监管职责由该机构本年初成立的普惠金融部实施。在该年的 12 月 28 日，银监会发布了《网络借贷信息中介机构业务活动管理暂行办法（征求意见稿）》，对网络借贷行业的监管从此提上日程。2016 年也因此被称为互联网金融“监管元年”。

从 2016 年 4 月起，关于互联网金融的监管文件陆续、密集出台。第一个重要文件就是国务院发布的《互联网金融风险专项整治工作实施方案》，文件以“专项整治”这样严厉的语气作为名称，为日后的监管定下了基调。为配合此文件的实施，银监会等十四部委同时发布了《P2P 网络借贷风险专项整治工作实施方案》，工商总局等十六部委发布了《开展互联网金融广告及以投资理财名义从事金融活动风险专项整治工作实施方案》，中国人民银行等十九部委发布了《通过互联网开展资产管理及跨界从事金融业务风险专项整治工作实施方案》。这一系列文件均“专项整治”为标题，凸显了监管原则的急剧变化。宽容的监管环境让网络借贷市场上乱象丛生，平台跑路频发，扰乱了金融市场的秩序，最终导致监管政策在数月之内风云突变。

在 2016 年 8 月 24 日，酝酿并征求意见长达半年之久的《网络借贷信息中介机构业务活动管理暂行办法》（以下简称《暂行办法》）正式发布。这是关于网络借贷行业监管文件中最核心的文件，对网络借贷市场上的投资人、借款人、平台、监管机构等参与各方的权利、义务、职责等进行了较为明确的界定。其中最引人注目的是对网络借贷金额的限制，即网络借贷应“以小额为主”，“同一自然人在同一网络借贷信息中介机构平台的借款余额上限不超过人民币 20 万元；同一法人或其他组织在同一网络借贷信息中介机构平台的借款余额上限不超过人民币 100 万元”。这就为网络借贷的业务模式进行了严格限制，表明监管层认为网络借贷始终应以实现普惠金融为目标，是传统金融机构的补充，不应对传统金融机构构成直接竞争。

此外，《暂行办法》还对网络借贷平台的定位再次明确，即网络借贷平台应为信息中介，其作用应限于“为出借人与借款人提供直接借贷信息的采集整理、甄别筛选、网上发布，以及资信评估、借贷撮合、融资咨询、在线争议解决等相关服务”，不得做出“自身融资”“归集出借人的资金”“向出借人提供担保或者承诺保本保息”等有违信息中介定位的行为。根据《暂行办法》对网络借贷平台的定位和要求，银监会普惠金融部又陆续发布了《网络借贷资金存管业务指引》《网络借贷信息中介机构业务活动信息披露指引》《网络借贷信息中介机构备案登记管理指引》三个规范性文件，对资金存管、信息披露、备案登记等业务进行了专门规定，网络借贷市场被正式纳入规范监管的轨道。

2017 年 7 月召开的第五次全国金融工作会议上，对我国金融监管工作提出了新的要求，“防止发生系统性金融风险是金融工作的根本性任务，也是金融工作的永恒主题”。在党的十九大报告中，更是明确要求“健全金融监管体系，守住不发生系统性金融风险的底线”。从此，防止发生系统性金融风险成为一切金融工作的“底线”，自然也成为一切金融监管法规的制定和执行所要实现的目标。网络借贷作为一种金融创新活动，在一定程度上带来了较高风险的同时，也对传统金融系统造成了较大的冲击，任由其无序发展的确容易带来“系统性金融风险”。为此，在 2018 年 3 月 28 日，互联网金融风险专项整治工作领导小组办公室发布了《关于加大通过互联网开展资产管理业务整治力度及开展验收工作的通知》（以下简称《资管通知》），用极其严厉的用词和规则对互联网资产管理业务进行整顿，不但明确资产管理业务为金融业务，属于特许经营行业，须纳入金融监管，而且把一切未经许可依托互联网发行销售各类资产管理产品的行为归类为非法金融活动。《资管通知》甚至直接引用《中华人民共和国刑法》等法律条款，来明确对涉嫌构成非法集资和非法吸收公众存款活动的互联网资产管理业务进行惩戒，对从业者形成了较大的威慑力。

与此同时，北京、上海、深圳等网络借贷较为发达的地区也根据中央监管文件的精神，出台了地区的执行细则或工作指引。在“不发生系统性金融风险”这一底线思维的指导之下，各地监管部门往往执行的是较为严格的标准，甚至完全禁止相关的业务。

表 7－1　　　　网络借贷相关法规

日期	法律法规	文号	发布部门	主要内容
2015－7－4	《国务院关于积极推进“互联网＋”行动的指导意见》	国发〔2015〕40 号	国务院	促进互联网金融健康发展，全面提升互联网金融服务能力和普惠水平，鼓励互联网与银行、证券、保险、基金的融合创新，培育一批具有行业影响力的互联网金融创新型企业
2015－7－18	《关于促进互联网金融健康发展的指导意见》	银发〔2015〕221 号	中国人民银行等十部委	明确网络借贷机构的信息中介性质，主要为借贷双方的直接借贷提供信息服务。规定网络借贷业务由银监会负责监管
2016－4－12	《互联网金融风险专项整治工作实施方案》	国办发〔2016〕21 号	国务院办公厅	重点整治 P2P 网络借贷、股权众筹业务、通过互联网开展资产管理及跨界从事金融业务、第三方支付业务、互联网金融领域广告等行为
2016－4－13	《P2P 网络借贷风险专项整治工作实施方案》	银监发〔2016〕11 号	银监会等十四部委	排查摸底各地经工商登记注册的网贷机构，互联网企业与银行业金融机构合作开展业务情况。重点整治和取缔互联网企业在线上线下违规或超范围开展网贷业务，以网贷名义开展非法集资等违法违规活动
2016－4－13	《开展互联网金融广告及以投资理财名义从事金融活动风险专项整治工作实施方案》	工商办字〔2016〕61 号	工商总局等十六部委	规范互联网金融广告及以投资理财名义从事金融活动的行为，防范化解潜在风险隐患
2016－4－14	《通过互联网开展资产管理及跨界从事金融业务风险专项整治工作实施方案》	银发〔2016〕113 号	中国人民银行等十九部委	专项整治：具有资产管理业务相关资质，但开展业务不规范的互联网企业；未取得金融业务资质，跨界开展金融活动的互联网企业；具有多项金融业务资质，综合经营特征明显的互联网企业

续表

日期	法律法规	文号	发布部门	主要内容
2016-8-24	《网络借贷信息中介机构业务活动管理暂行办法》	银监会令〔2016〕1号	银监会等四部委	网络借贷限额的规定、网贷机构的禁止行为、信息披露要求、出借人的义务等
2017-2-22	《网络借贷资金存管业务指引》	银监办发〔2017〕21号	银监会普惠金融部	平台的资金通过银行存管，实现了用户资金和平台的真正隔离；同时，资金存管业务对平台来说有百万左右的成本，一定程度上提高了网贷平台门槛。而对于银行来说，监管层已经给出了行为规则，商业银行只需照章办事即可
2017-6-29	《关于进一步做好互联网金融风险专项整治清理整顿工作的通知》	整治办函〔2017〕84号	互联网金融风险专项整治工作领导小组办公室	做好严格准入或备案管理。采取有效措施确保整治期间辖内互联网金融从业机构数量及业务规模双降。整改期间，从业机构存量不合规业务要逐步压降至零，不得新增不合规业务
2017-8-24	《网络借贷信息中介机构业务活动信息披露指引》	银监办发〔2017〕113号	银监会普惠金融部	网络借贷信息中介机构及其分支机构通过其官方网站及其他互联网渠道向社会公众公示网络借贷信息中介机构基本信息、运营信息、项目信息、重大风险信息、消费者咨询投诉渠道信息等相关信息的行为
2017-8-24	《网络借贷信息中介机构备案登记管理指引》	银监办发〔2017〕113号	银监会普惠金融部	将新旧网络借贷信息中介机构的经营范围、公示、法定代表人承诺、备案内容、ICP许可、银行存管、最终期限都做了一一规定。对《暂行办法》的相关内容都做出了细致的规定，起到了积极的补充作用
2017-12-13	《关于做好P2P网络借贷风险专项整治整改验收工作的通知》	整治办函〔2017〕57号	P2P网络借贷风险专项整治工作领导小组办公室	有序开展辖内存量网贷机构的整改验收与备案登记工作，确保向常态化监管的稳步过渡。真正引导行业守住法律底线和政策红线，回归信息中介本质，坚持小额分散功能，定位线上经营模式，建立合理定价机制，以服务实体经济和小微企业

续表

日期	法律法规	文号	发布部门	主要内容
2018 -3 -28	《关于加大通过互联网开展资产管理业务整治力度及开展验收工作的通知》	整治办函〔2018〕29 号	互联网金融风险专项整治工作领导小组办公室	规范和整治互联网资产管理业务。明确资产管理业务为金融业务，属于特许经营行业，须纳入金融监管。未经许可依托互联网发行销售各类资产管理产品属于非法金融活动

综上所述，我国针对网络借贷模式的监管思路在短短数年间经历了“鼓励发展、宽松监管”到“限制发展、严格监管”的过程。这种变化有国内和国际两方面的原因：国内的原因在于，国家对金融创新和金融监管的指导方针发生了大幅度的变化；国际的原因在于，欧美等发达市场经济国家对网络借贷的监管比我国严格很多。以美国为例，美国的证券交易委员会（SEC）始终对 Lending Club 和 Prosper 等平台按照证券业的标准进行严格监管。因此，对网络借贷行业的严格监管不但是适应金融监管新思维的必然要求，是促使我国网络借贷行业规范发展的必要手段，也是学习发达国家监管法则的必由之路。

7.2

行业的未来

正如本书 7.2 章所介绍，P2P 借贷的应有模式是平台作为信息中介，撮合借贷双方完成交易。美国网络借贷市场上的主要平台，如 Lending Club 和 Prosper 均坚守了这一定位。有别于美国的纯中介模式，我国的网络借贷平台为了适应国情进行了多种创新，但随着监管趋严，这些创新陆续被禁止。

在《暂行办法》中，已经对此前市场上主要的模式创新做出了禁止性的规定：

（1）平台不得“直接或间接接受、归集出借人的资金”，因此平台设立“资金池”不合法。

（2）平台不得“直接或变相向出借人提供担保或者承诺保本保息”，因此平台通过承诺担保等实现增信的模式不合法。

(3) 平台不得“自行或委托、授权第三方在互联网、固定电话、移动电话等电子渠道以外的物理场所进行宣传或推介融资项目”，因此平台建立线下运营网点不合法。

(4) 平台不得“自行发售理财等金融产品募集资金，代销银行理财、券商资管、基金、保险或信托产品等金融产品”，因此通过互联网变相开展资产管理业务不合法。

(5) 平台不得“开展类资产证券化业务或实现以打包资产、证券化资产、信托资产、基金份额等形式的债权转让行为”，因此在资产端针对应收账款、票据、典当等各类资产的证券化业务不合法。

除了上述监管条例，在“场外配资”“校园贷”“现金贷”等网络借贷业务陷入舆论风波的时刻，监管部门也及时出台了相关通知，对这些业务创新做出了禁止性规定，以平息社会舆论并规范行业发展。比如，在《暂行办法》中同时规定平台不得“向借款用途为投资股票、场外配资、期货合约、结构化产品及其他衍生品等高风险的融资提供信息中介服务”，因此风行一时的股票场外配资业务模式被禁止；《关于进一步加强校园贷规范管理工作的通知》中规定，“未经银行业监督管理部门批准设立的机构不得进入校园为大学生提供信贷服务”，禁止了P2P平台开展校园贷款业务；《关于规范整顿“现金贷”业务的通知》中规定，平台“不得提供‘首付贷’、房地产场外配资等购房融资借贷撮合服务，不得提供无指定用途的借贷撮合业务”，从而叫停了首付贷和现金贷等业务创新。

随着这些监管措施的落地，网络借贷平台将不得不回归信息中介模式，当然，这正是监管当局期望的目标。在未来，任何有悖于信息中介属性的模式和业务创新都将可能被禁止。显然，在当前我国社会信用体系尚不健全的情况下，平台仅作为信息中介开展业务是极其艰难的，很难让投资人相信借款人的还款能力和还款意愿。此外，在互联网之上，在一个统一的市场中，借贷双方对纯粹的信息中介需求不会很大，仅需数家信息中介就可以满足整个国内市场的撮合需求。因此，在一番合并、重组、退出之后，市场上或许只有少数几家平台能得以存活。网络借贷行业终将沉寂，和其他民间借贷模式一样，成为众多非正规金融形式之一，只能作为正规金融模式的补充，不会替代更不可能颠覆正规金融系统的作用。

7.3 政策和学术研究

网络借贷模式的出现对政策研究和学术研究也有积极的意义。从政策研究的角度看，我国的民间借贷活动长期在地下运营，其规模、利率、期限等特征很难全面掌握。在监管部门的“社会融资总量”监管指标中，因而也就不能够纳入民间借贷所促成的融资。虽然民间借贷很难对金融系统全局带来冲击，但在民间借贷较为发达的地区（如温州），这种非正规金融形式时常引发局部的金融风险，并影响实体经济的运行。网络借贷模式为民间借贷的阳光化提供了难得的机遇，资金需求和交易总额完全透明，投资利率和融资利率可以成为监管指标。因此，网络借贷平台可以作为民间借贷市场的传感器，金融监管当局可以通过它实时掌握民间借贷市场的供给、需求、利率等情况，从而在风险到来之前做出预警，并提出更为恰当的监管方案。

从学术研究的角度，网络借贷市场的数据也是弥足珍贵的。我国是以间接融资为主的国家，银行业是金融业的支柱，无论是资产规模还是实现的融资量均据金融业的绝对主导地位。但查阅文献可以发现涉及间接融资的学术研究相对较少，特别是关于银行等金融中介的相关研究和它们的重要程度不相称，最主要的原因是缺乏研究数据。学术研究对数据的准确度、代表性等有着近乎苛刻的要求，而银行业的监管要求对储户、贷款者等客户的信息严格保密。网络借贷行业的出现则改变了这种局面。网络借贷平台的业务模式就是通过互联网促成借贷双方的交易，借款人向平台申请借款，平台审核，如果平台核准则需要把相关信息放到网页上，以供投资人挑选。这样的模式下，数据的获取变得相对容易，因此也诞生了一系列基于网络借贷行业投资者行为数据的实证研究。因此，只要网络借贷市场能够长期存在，基于这样数据所开展的研究成果也必将不断涌现。

除此之外，作为一种新型的金融中介模式，网络借贷对改进借款人的融资约束，对促进利率市场化，对加强地区间资金流通，对增进社会福利等方面的影响值得研究。这样的研究如能取得成果，将大大地增强人们对金融创新的认识，有较强的学术价值。同时，这样的成果也可能对监管政策的制定有重要的参考价值。

虽然网络借贷必将逐渐回归理性，但这一商业模式带来的“鲶鱼效应”已经显现。传统的商业银行迫于竞争压力，开始注意到金融科技的作用，并迅速加大在科技方面的投入。其代表性事件是，在 2018 年 4 月 9 日，中国建设银行上海市分行建成国内首家“无人银行”。该无人银行运用生物识别、语音识别、数据挖掘等信息科技最前沿成果，依靠机器人、虚拟现实（VR）、人脸识别、语音导航、全息投影等技术完成银行基本服务，完全不需柜员人工参与。从这个意义上说，尽管网络借贷模式可能会因监管趋严而走向衰落，但它短暂的繁荣为我国金融行业带来的积极改变将长期持续。

参考文献

[1] Addoum, J. M. , G. Korniotis, A. Kumar. Stature, Obesity, and Portfolio Choice [J]. Management Science. 2016, 63 (10): 3393 -3413.

[2] Aghion, B. A. , J. Morduch. The Economics of Microfinance [M]. Cambridge, Massachusetts London, England: The MIT Press, 2005.

[3] Allen, F. , G. Faulhaber. Signaling by Underpricing in the IPO Market [J]. Journal of Financial Economics. 1989 (23): 303 -323.

[4] Alter, A. L. , D. M. Oppenheimer. Predicting Short - term Stock Fluctuations by Using Processing Fluency [J]. Proceedings of the National Academy of Sciences. 2006, 24 (103): 9369 -9372.

[5] Anderson, S. , J. Baland. The Economics of ROSCAs and Intrahousehold Resource Allocation [J]. The Quarterly Journal of Economics. 2002, 117 (3): 963 -995.

[6] Angrist, J. D. , J. Pischke. Mostly Harmless Econometrics [M]. Princeton, New Jersey: Princeton University Press, 2009.

[7] Banerjee, A. V. , E. Duflo. Do Firms Want to Borrow More? Testing Credit Constraints Using a Directed Lending Program [J]. Working Paper. 2004.

[8] Banerjee, A. V. , T. Besley, T. W. Guinnane. The Neighbor's Keeper: The Design of a Credit Cooperative with Theory and a Test [J]. The Quarterly Journal of Economics. 1994, 109 (2): 491 -515.

[9] Barasinska, N. , D. Schafer. Does Gender Affect Funding Success at the Peer - to - Peer Credit Markets? [J]. SSRN Working Paper. 2010.

[10] Barberis, N., R. Thaler. A Survey of Behavioral Finance [M]. Handbook of the Economics of Finance, Constantinides G, Harris M, Stulz R, Elsevier, 2003: 1.

[11] Becker, G. S. A Theory of Marriage: Part I [J]. The Journal of Political Economy. 1973, 81 (4): 813 - 846.

[12] Belhaj, M., D. Bertrand. Optimal Investment under Credit Constraints [J]. Annals of Economics and Statistics. 2009 (93/94): 259 - 277.

[13] Besley, T., A. R. Levenson. The Role of Informal Finance in Household Capital Accumulation - Evidence from Taiwan [J]. The Economic Journal. 1996, 434 (106): 39 - 59.

[14] Besley, T., S. Coate, G. Loury. The Economics of Rotating Savings and Credit Associations [J]. The American Economic Review. 1993, 83 (4): 792 - 810.

[15] Besley, T., S. Coate, G. Loury. Rotating Savings and Credit Associations, Credit Markets and Efficiency [J]. The Review of Economic Studies. 1994, 61 (4): 701 - 719.

[16] Bolton, P., M. Dewatripont. Contract Theory [M]. London, England: The MIT Press, 2005.

[17] Conning, J., C. Udry. Chapter 56 Rural Financial Markets in Developing Countries [J]. Handbook of Agriculture Economics. 2007, Volume 3: 2857 - 2908.

[18] Diamond, D. W. Financial Intermediation and Delegated Monitoring [J]. The Review of Economic Studies. 1984, 51 (3): 393 - 414.

[19] Diamond, D. W., P. H. Dybvig. Bank Runs, Deposit Insurance, and Liquidity [J]. The Journal of Political Economy. 1983, 91 (3): 401 - 419.

[20] Diamond, P. A. Aggregate Demand Management in Search Equilibrium [J]. The Journal of Political Economy. 1982, 90 (5): 881 - 894.

[21] Duarte, J., S. Siegel, L. Young. Do individual investors form rational expectations Evidence from Peer - to - peer lending [J]. Rice University Working Paper. 2014.

[22] Duarte, J., S. Siegel, L. Young. Trust and Credit: The role of Appearance in Peer - to - peer Lending [J]. The Review of Financial Studies. 2012, 25 (8): 2455 - 2484.

[23] Einav, L., L. Yariv. What's in a Surname? The Effects of Surname Initials on Academic Success [J]. Journal of Economic Perspectives. 2006, 20 (1): 175 - 188.

[24] Fernando, C. S., V. A. Gatchev, P. A. Spindt. Wanna Dance? How Firms and Underwriters Choose Each Other [J]. The Journal of Finance. 2005, 60 (5): 2437 - 2469.

[25] Freedman, S., G. Z. Jin. Do Social Networks Solve Information Problems for Peer - to - Peer Lending? Evidence from Prosper. com [J]. NET Institute Working Paper. 2008.

[26] Freixas, X., J. Rochet. Microeconomics of Banking [M]. London: The MIT Press, 2008.

[27] Friedman, M. A Theory of the Consumption Function [M]. Princeton University Press, 1957.

[28] Gao, Q., M. Lin. Linguistic Features and Peer - to - Peer Loan Quality: A Machine Learning Approach [J]. University of Arizona Working Paper. 2014.

[29] Gonzalez, L., Y. K. Loureiro. When can a photo increase credit? The impact of lender and borrower profiles on online peer - to - peer loans [J]. Journal of Behavioral and Experimental Finance. 2014, 2 (0): 44 - 58.

[30] Herzenstein, M., S. Sonenshein, U. M. Dholakia. Tell me a good story and I may lend you my money: The role of narratives in peer - to - peer lending decisions [J]. SSRN Working Paper. 2011.

[31] Iyer, R., A. I. Khwaja, E. F. P. Luttmer, K. Shue. Screening in New Credit Markets: Can Individual Lenders Infer Borrower Creditworthiness in Peer - to - Peer Lending? [J]. SSRN Working Paper. 2009.

[32] Jiang, J., L. Liao, Z. Wang, A. X. Zhang. Government Affiliation and

Fintech Industry: The Peer - to - Peer Lending Platforms in China [J]. Working Paper. 2018.

[33] Lee, E., B. Lee. Herding behavior in online P2P lending: An empirical investigation [J]. Electronic Commerce Research and Applications. 2012, 11 (5): 495 - 503.

[34] Leland, H. E., D. H. Pyle. Informational Asymmetries, Financial Structure, and Financial Intermediation [J]. Journal of Finance. 1977, 371 - 387 (32).

[35] Li, H. Assortative Matching [M]. New Palgrave Dictionary of Economics, 2008.

[36] Ligon, E., J. P. Thomas, T. Worrall. Informal insurance arrangements with limited commitment: Theory and evidence from village economies [J]. The Review of Economic Studies. 2002 (69).

[37] Lin, M., P. N. R., S. Viswanathan. Judging Borrowers by the Company They Keep: Friendship Networks and Information Asymmetry in Online Peer - to - Peer Lending [J]. Management science. 2013, 59 (1): 17 - 35.

[38] Lin, M., S. Viswanathan. Home Bias in Online Investments: An Empirical Study of an Online Crowdfunding Market [J]. Management Science. 2015, 62 (5): 1393 - 1414.

[39] Lochner, L. J., A. Monge - Naranjo. The Nature of Credit Constraints and Human Capital [J]. The American Economic Review. 2011, 101 (6): 2487 - 2529.

[40] Morduch, J. Income Smoothing and Consumption Smoothing [J]. The Journal of Economic Perspectives. 1995, 9 (3): 103 - 114.

[41] Mortensen, D. T. Property Rights and Efficiency in Mating, Racing, and Related Games [J]. The American Economic Review. 1982, 72 (5): 968 - 979.

[42] Myers, S. C., N. S. Majluf. Corporate Financing and Investment Decisions When Firms Have Information That Investors Do Not Have [J]. Journal of Financial Economics. 1984 (13): 187 - 221.

[43] Nagarajan, G., R. L. Meyer, L. J. Hushak. Segmentation in the informal credit markets: the case of the Philippines [J]. Agricultural Economics. 1995, 12 (2): 171 - 181.

[44] Paravisini, D., V. Rappoport, E. Ravina. Risk Aversion and Wealth: Evidence from Person - to - Person Lending Portfolios [J]. NBER Working Paper Series. 2013, w16063.

[45] Paulson, A. L., R. Townsend. Entrepreneurship and financial constraints in Thailand [J]. Journal of Corporate Finance. 2004, 10: 229 - 262.

[46] Pissarides, C. A. Equilibrium Unemployment Theory [M]. Oxford: Blackwell, 1990.

[47] Pope, D. G., J. R. Sydnor. What's in a Picture? Evidence of Discrimination from Prosper. com [J]. Journal of Human Resources. 2011, 46 (1): 53 - 92.

[48] Ravina, E. Love & Loans: The Effect of Beauty and Personal Characteristics in Credit Markets [J]. Columbia University Working Paper. 2012.

[49] Rhodes - Kropf, M., D. T. Robinson. The Market for Mergers and the Boundaries of the Firm [J]. The Journal of Finance. 2008, 63 (3): 1169 - 1211.

[50] Rogerson, R., R. Shimer, R. Wright. Search - Theoretic Models of the Labor Market: A Survey [J]. Journal of Economic Literature. 2005, 43 (4): 959 - 988.

[51] Shimer, R., L. Smith. Assortative Matching and Search [J]. Econometrica. 2000, 68 (2): 343 - 369.

[52] Shleifer, A. Inefficient Markets: An Introduction to Behaviroal Finance [M]. London: Oxford University Press, 2000.

[53] Sørensen, M. How Smart is Smart Money? A Two - Sided Matching Model of Venture Capital [J]. The Journal of Finance. 2007, 62 (6): 2725 - 2762.

[54] Spence, M. Job Market Signaling [J]. The Quarterly Journal of Economics. 1973, 87 (3): 355 - 374.

[55] Stiglitz, J. E., A. Weiss. Credit Rationing in Markets with Imperfect In-

formation [J]. The American Economic Review. 1981, 71 (3): 393 -410.

[56] Stinebrickner, R., T. Stinebrickner. The Effect of Credit Constraints on the College Drop - Out Decision: A Direct Approach Using a New Panel Study [J]. The American Economic Review. 2008, 98 (5): 2163 -2184.

[57] Stokey, Lucas. Recursive Methods in Economic Dynamics [M]. Harvard University Press, 1999.

[58] Townsend, R. M. Risk and Insurance in Village India [J]. Econometrica. 1994, 62 (3): 539 -591.

[59] Udry, C. Risk and insurance in a rural credit market: An Empirical Investigation in Northern Nigeria [J]. The Review of Economic Studies. 1994, 61 (3): 495 -526.

[60] Wei, Z., M. Lin. Auction vs. Posted - Price: Market Mechanism, Lender Behaviors, and Transaction Outcomes in Online Crowd - Funding [J]. University of Arizona Working Paper. 2013.

[61] Welch, I. Seasoned Offering, Imitation Costs, and the Underpricing of Initial Public Offerings [J]. Journal of Finance. 1989 (44): 421 -449.

[62] 埃里克. 弗鲁博顿，鲁道夫. 芮切特. 新制度经济学：一个交易费用分析范式 [M]. 格致出版社，上海三联书店，上海人民出版社，2012.

[63] 艾伦，盖尔. 比较金融系统 [M]. 北京：中国人民大学出版社，2002.

[64] 安东尼·吉登斯，菲利普·萨顿. 社会学 [M]. 北京：北京大学出版社，2015.

[65] 白芸芸，罗鹏. 农村民间资金互助的弊端和完善措施 [J]. 广西金融研究. 2007 (12): 34 -36.

[66] 彼得. 兰顿. Lending Club 简史 [Z]. 第一财经新金融研究中心. 北京：中国经济出版社，2013.

[67] 车耳. 让人犯晕的头衔 [J]. 世界知识. 2013 (13): 64 -65.

[68] 陈耀芳，邹亚生. 农村合作银行发展模式研究 [M]. 北京：经济科学出版社，2005.

［69］ 费孝通．乡土中国生育制度［M］．北京：北京大学出版社，1998.

［70］ 郭峰．网络昵称与 P2P 借贷的成功率和违约率［J］．经济科学．2016（06）：102－116.

［71］ 郭玉锦，王欢．网络社会学［M］．北京：中国人民大学出版社，2005.

［72］ 国家统计局农村经济社会调查队，中国社会科学院农村发展研究所．中国农村经济形势分析与预测（1997～1998 年）［M］．社科文献出版社，1998.

［73］ 胡必亮．村庄信任与标会［J］．经济研究．2004（10）：115－125.

［74］ 胡必亮，刘强，李晖．农村金融与村庄发展［M］．北京：商务印书馆，2006.

［75］ 贾璐熙，朱叶，陈达飞．公司名称、投资者认知与公司价值——基于公司名称评价指标体系的行为金融学研究［J］．金融研究．2016（05）：173－190.

［76］ 江泽坚，孙善利．泛函分析［M］．北京：高等教育出版社，2005.

［77］ 蒋中一．动态最优化基础［M］．北京：商务印书馆，1999.

［78］ 金鹏辉．中国农村金融三十年改革发展的内在逻辑——以农村信用社改革为例［J］．金融研究．2008（10）：71－77.

［79］ 李进中．上市家族企业价值与第二大股东身份关系的实证研究［J］．河北经贸大学学报．2015（01）：84－88.

［80］ 李静．关于农村合作基金会的研究综述［J］．中国农村观察．2002（06）：69－77.

［81］ 李雪静．国外 P2P 网络借贷平台的监管及对我国的启示［J］．金融理论与实践．2013（07）：101－104.

［82］ 李悦雷，郭阳，张维．中国 P2P 小额贷款市场借贷成功率影响因素分析［J］．金融研究．2013（7）：126－138.

［83］ 廖理，吉霖，张伟强．借贷市场能准确识别学历的价值吗？——来自 P2P 平台的经验证据［J］．金融研究．2015（3）：146－159.

［84］ 廖理，吉霖，张伟强．语言可信吗？借贷市场上语言的作用——来自 P2P 平台的证据［J］．清华大学学报（自然科学版）．2015（04）：413－421.

［85］ 廖理，李梦然，王正位．聪明的投资者：非完全市场化利率与风险识

别——来自 P2P 网络借贷的证据 [J]. 经济研究. 2014 (07): 125 - 137.

[86] 廖理，李梦然，王正位. 中国互联网金融的地域歧视研究 [J]. 数量经济技术经济研究. 2014 (05): 54 - 70.

[87] 廖理，李梦然，王正位，贺裴菲. 观察中学习：P2P 网络投资中信息传递与羊群行为 [J]. 清华大学学报（哲学社会科学版）. 2015 (01): 156 - 165.

[88] 林毅夫. 解读中国经济 [M]. 北京：北京大学出版社，2014.

[89] 零壹财经. 中国 P2P 借贷服务行业白皮书（2014）[M]. 北京：中国经济出版社，2014.

[90] 零壹财经. 中国 P2P 借贷服务行业白皮书（2013）[M]. 北京：中国经济出版社，2013.

[91] 芦国荣. 中美 P2P 网络借贷行业比较研究 [J]. 经济研究导刊. 2014 (26): 208 - 210.

[92] 陆学艺. 当代中国社会阶层研究报告 [M]. 北京：社会科学文献出版社，2002.

[93] 麻勇爱，章也微. 农村资金互助社信用风险与防范 [J]. 云南民族大学学报（哲学社会科学版）. 2011 (03): 86 - 91.

[94] 麦金农. 经济发展中的货币和资本 [Z]. 卢骢. 三联书店，1973.

[95] 邱兆祥，孙成旺. 我国 P2P 网络借贷的发展现状及其对金融监管的挑战 [J]. 金融理论与实践. 2014 (11): 23 - 27.

[96] 施建军，陈辉宇，童霞. 民营企业高管政治身份、金融制度环境与企业价值 [J]. 现代管理科学. 2017 (03): 3 - 5.

[97] 宋鹏程，吴志国，赵京. 投融资效率与投资者保护的平衡：P2P 借贷平台监管模式研究 [J]. 金融理论与实践. 2014 (01): 33 - 38.

[98] 宋强，林新奇. 浅议"头衔通胀" [J]. 企业管理. 2013 (04): 34 - 35.

[99] 孙武军，樊小莹. 从业经历和教育背景是否能提高借贷成功率？——来自 P2P 平台的经验证据 [J]. 中央财经大学学报. 2016 (03): 33 - 41.

[100] 唐松，孙铮. 政治关联、高管薪酬与企业未来经营绩效 [J]. 管理世界. 2014 (05): 93 - 105.

[101] 汪昌云，钟腾，郑华懋. 金融市场化提高了农户信贷获得吗？——基于农户调查的实证研究 [J]. 经济研究. 2014 (10): 33-45.

[102] 王聪聪. 涨头衔不涨工资 74.2% 的人感觉进入“头衔通胀”时代 [N]. 中国青年报，2011 年 1 月 4 日.

[103] 王会娟，何琳. 借款描述对 P2P 网络借贷行为影响的实证研究 [J]. 金融经济学研究. 2015 (01): 77-85.

[104] 王会娟，廖理. 中国 P2P 网络借贷平台信用认证机制研究——来自“人人贷”的经验证据 [J]. 中国工业经济. 2014 (04): 136-147.

[105] 王沛，贺雯. 社会认知心理学 [M]. 北京: 北京师范大学出版社，2015.

[106] 王玮，何广文. 社区规范与农村资金互助社运行机制研究 [J]. 农业经济问题. 2008 (09): 23-28.

[107] 肖. 经济发展中的金融深化 [Z]. 邵伏军，许晓明，宋先平. 上海三联书店出版社，1973.

[108] 谢平. 中国农村信用合作社体制改革的争论 [J]. 金融研究. 2001 (01): 1-13.

[109] 谢平，徐忠. 公共财政、金融支农与农村金融改革——基于贵州省及其样本县的调查分析 [J]. 经济研究. 2006 (4): 106-114.

[110] 谢平，邹传伟. 互联网金融模式研究 [J]. 金融研究. 2012 (12): 11-22.

[111] 谢平，邹传伟，刘海二. 互联网金融手册 [M]. 第一版. 北京: 中国人民大学出版社，2014.

[112] 杨汝岱，陈斌开，朱诗娥. 基于社会网络视角的农户民间借贷需求行为研究 [J]. 经济研究. 2011 (11): 116-129.

[113] 姚博. 信用评价是否抑制了网贷行为中的地区与学历偏好 [J]. 财贸经济. 2016 (07): 147-161.

[114] 于蔚，汪淼军，金祥荣. 政治关联和融资约束: 信息效应与资源效应 [J]. 经济研究. 2012 (09): 125-139.

[115] 袁翔珠. 广西民间金融互助组织研究 [J]. 广西社会科学. 2014 (05): 22 - 27.

[116] 张海洋, 平新乔. 农村民间借贷中的分类相聚性质研究 [J]. 金融研究. 2010 (09): 69 - 86.

[117] 张旅萍. 英国征信业发展实践对我国的启示 [J]. 武汉金融. 2008 (03): 49 - 50.

[118] 张翔. 市场范围、交易费用和信息机制——一个民间金融合约选择的分析框架 [J]. 社会发展研究. 2015 (02): 104 - 119.

[119] 张兴祥. 美国征信业市场化的发展路径及其启示 [J]. 当代财经. 2005 (11): 79 - 82.

[120] 张元红, 李静, 张军. 从合作基金会事件看中国农村金融改革与发展 [J]. 中国农村经济. 2002 (08): 10 - 19.

[121] 赵孟营. 社会学基础 [M]. 北京: 高等教育出版社, 2006.

[122] 邹传伟, 张翔. 标会套利和系统性标会违约——对温州市春风镇标会会案的实证分析 [J]. 金融研究. 2011 (09): 192 - 206.

后　记

经济学家熊彼特说：创新是创造性的破坏。包括网络借贷在内的各种互联网金融活动出现之后，打破了市场上现有的金融竞争格局，传统金融机构的利益严重受损。他们为了捍卫自己的既得利益，除了自身被迫向金融科技转型之外，也必然会通过各种渠道去游说监管部门，以实现对互联网金融活动的严格监管。当然，互联网金融机构的从业者也会游说监管部门，试图维持宽松的监管。从目前的结果看，显然是传统金融机构取得了胜利，网络借贷机构被限定为信息中介机构，行为不得有任何逾越。

严格的监管导致众多网络借贷平台难以为继，因为市场上不需要那么多的信息中介。在书稿编辑的数月间，网络借贷行业正在经历有史以来最为昏暗的时刻，每周都有数家甚至数十家平台“爆雷”，让部分投资人遭受损失。并且这些平台违约的行为已经由早前的小型平台蔓延到所谓“头部平台”，即规模较大且经营时间较长的平台。尽管笔者在本书正文中已经做出预期，认为这样的时刻终究会到来，行业会逐步收敛到只有几家平台，形成寡头竞争的市场结构，但无论如何也没有想到这一时刻会来的如此之快。在笔者写后记的这几天中，也不断有平台投资人维权的新闻爆出，这也许是本书写作过程中最具戏剧性的现实背景。

好在，本书的全部内容都是学术研究，每一章的内容都基于严谨的经济逻辑进行分析，没有为网络借贷行业也没有为任何一家平台背书。写作中，笔者始终以一个旁观者的角色洞察网络借贷的本质，思考网络借贷的监管方向，并试图从网络借贷数据中发掘出有价值的信息。旁观者清，正是因为这样，笔者自认为本书的学术价值不会因为行业云波诡谲般的变化而减弱。

网络借贷的衰落促使我们反思金融民主化这一理念。这是几年前伴随网络借贷而诞生的一个概念，意思网络借贷活动中，谁能够成功融资不是由单一的信贷经理“独裁”地决定，而是由众多的投资者用其资金投票，“民主”地决定谁能获得资金。民主固然是个好东西，但在金融业务中未必成立。这是因为金融活动需要对风险进行定价，不但需要专业的知识和经验，还需要投入大量的时间和精力，普通投资者显然不具备这样条件。因此，不仅在中国，欧美等国家的普通投资者也都越来越多的使用类似于自动投标这样的投资工具去筛选标的，避免投入过多的精力，这一过程没有任何“民主投票”的痕迹。

行业在短短数月之中急速衰落，也不由地引发我们对非正规金融市场监管策略的思考。如本书中所述，网络借贷应该归类为非正规金融，针对非正规金融的监管始终处于两难之中：如果监管宽松，则很多蓄意诈骗的人会混进来；如果监管过严，则资金借贷双方的需求又很容易受到限制。当然，这不是今天才出现的问题，也不是我国特有的问题。别的行业也有类似的问题，只是由于金融活动直接接触的就是“钱”，因此监管的尺度相对更难把握。我国的监管当局对网络借贷的监管正是在“极宽”和“极严”这两个极端中摆动，先是极为宽松，后又极为严格。笔者认为，这两个极端监管策略都是不恰当的，监管方向上走极端并且发生急剧变化可能正是行业发展偏离预期的重要原因。

当然，这样剧烈的监管策略变化很大程度也是由我国的国情所决定。在计划经济时代，国家需要集中社会资源开展工业建设，建设资金的投向主要由财政部门决定，金融部门主要起到“会计”的作用。甚至在一段时间，人民银行和财政部合署办公，前者只保留牌子，所有的商业银行全部被撤销。在改革开放后，伴随着民营企业的大规模出现，伴随着农村改革的深入，企业和农户的需求越发难以从既有金融机构那里得到满足。于是，四大国有商业银行陆续恢复，并出现了一些其他类型的金融机构，但依然不能满足社会的金融需求。不仅民营中小企业和农户被这一融资难题困扰，政府相关部门也为之困扰。

在这样的背景下，政府相关部门在新的金融机构、金融组织或金融形式出现之初，大多采取观望态度，希望他们能够对中小企业、农户等传统融资较为困难的群体提供新的融资渠道，缓解其受到信贷配给的程度。城市信用社诞生于改革开放之初，由于设立门槛相对较低，在20世纪80年代后期如雨后春笋一般涌现，几乎遍布每个县市；农村合作基金会在20世纪80年代中期也曾被列入全国十大农村改革试验之一，高峰时曾有2.1万个乡级和2.4万个村级农村合作基金会。宽松监管带来的后果就是出现大规模的呆坏账，甚至有非法集资、金融诈骗等行为借助这些金融机构的名义进行。于是，治理整顿随之开展：从1989年上半年持续到1993年，中国人民银行组织了对城市信用社的清理整顿工作；1999年1月，国务院正式宣布取缔全国所有的农村合作基金会。

由此可见，不仅当今的网络借贷机构经历了这样由松到紧的监管环境变化，城市信用社、农村合作基金会等经官方许可的金融机构也曾经历了这样“冰火两重天”一般的环境变化。其背后的逻辑都是一样的，现有的金融机构无法满足实体经济的需求，政府希望金融创新能够填补空白，于是采用“先不要动它”的策略。当行业出现混乱之后，政府相关部门介入，为了快速达到目的（避免被追责），只能采取近似于“一刀切”这样严厉的治理整顿手段。网络借贷的遭遇其实在20世纪的中国都已经发生过，只是相对于它的前辈，环境的变化周期更短一些而已。

非正规金融业务到底该如何监管呢？延续改革开放至今的“先松后紧”思路显然不行，这样不但会让参与其中的民众遭受损失，还会让政府和监管部门的声誉受损。是否应该从最开始就采取严格的监管措施呢？这也未必是最好的办法，因为这样会阻碍金融创新。要知道我国经济改革的过程就是摸着石头过河，在没有历史经验作为参考的情况下，如果用制度把一切创新都扼杀在摇篮之中，那么社会就无法进步。采用“监管沙盒（Regulatory Sandbox）”也许是较为可行的办法，对于新出现的金融组织形式，划定试验区：在试验区内采用宽松的监管方式，允许突破现有法规先行先试；在试验区之外，采用严格的监管策略，所有金融行为都应符合现有法规。如果试验区内运作成功，则逐步扩大试验区，直至在全国展开。如果试验不成功，则可以关闭试验区，损失也不会太大。

网络借贷是信息技术和金融业务较为深入的一次融合，虽然目前遭遇了较大的挫折，但两者融合的趋势不会因此而改变，金融创新的脚步更不会因此而停止。此外，解决我国民间金融旺盛的需求从目前看也只能靠技术进步和金融创新。期望监管当局能吸取改革开放以来金融监管的经验和教训，采取有效措施保护和促进金融创新，并借此缓解实体经济的融资约束状况，让金融系统有效支持我国经济发展。

张海洋

2018 年 9 月 30 日于北京